"跨境电商 B2B 数据运营" 1+X 职业技能等级证书配套教材
"跨境电子商务师" 认证项目配套教材

国际搜索引擎优化与营销

"跨境电商 B2B 数据运营" 1+X 职业技能等级证书配套教材编委会　组编

本书主编：缪晨卿
本书副主编：许绍宏　徐　薇　孟令玺
本书编委：李　君　张　亮　王　艳

电子工业出版社
Publishing House of Electronics Industry
北京·BEIJING

内 容 简 介

本书依据"跨境电商 B2B 数据运营"职业技能等级标准（高级）撰写，介绍重要的跨境贸易在线营销渠道之一——搜索引擎。本书共分 7 章，包括：概述、搜索引擎优化（SEO）、Google 广告产品介绍、搜索广告操作与优化、购物广告操作与优化、展示广告操作与优化、广告账户数据分析与优化。通过本书的学习，学生能够全面掌握国际搜索引擎优化与营销的理论知识及操作技能，能够基本达到初级 SEM 专员的技能水平。

本书不仅包括国际搜索引擎营销知识的讲解，更着重于实践操作能力的培养和训练，以帮助读者在跨境贸易工作中良好地完成渠道营销任务。

本书既可作为高职院校和应用型本科跨境电商相关专业的教材，也可作为相关从业者的入门读物。

未经许可，不得以任何方式复制或抄袭本书之部分或全部内容。
版权所有，侵权必究。

图书在版编目（CIP）数据

国际搜索引擎优化与营销 / "跨境电商 B2B 数据运营"1+X 职业技能等级证书配套教材编委会组编.
—北京：电子工业出版社，2021.7
ISBN 978-7-121-41566-1

Ⅰ. ①国… Ⅱ. ①跨… Ⅲ. ①搜索引擎－系统最优化－高等学校－教材 Ⅳ. ①G254.928

中国版本图书馆 CIP 数据核字（2021）第 137295 号

责任编辑：陈　虹　　特约编辑：黄园园
印　　刷：涿州市般润文化传播有限公司
装　　订：涿州市般润文化传播有限公司
出版发行：电子工业出版社
　　　　　北京市海淀区万寿路 173 信箱　邮编：100036
开　　本：787×1 092　1/16　印张：11.75　字数：300.8 千字
版　　次：2021 年 7 月第 1 版
印　　次：2025 年 1 月第 3 次印刷
定　　价：48.00 元

凡所购买电子工业出版社图书有缺损问题，请向购买书店调换。若书店售缺，请与本社发行部联系，联系及邮购电话：(010) 88254888，88258888。
质量投诉请发邮件至 zlts@phei.com.cn，盗版侵权举报请发邮件至 dbqq@phei.com.cn。
本书咨询联系方式：chitty@phei.com.cn。

"跨境电商 B2B 数据运营" 1+X 职业技能等级证书配套教材编委会

主　　任：顾　明

执行主任：毛居华　姚　远　何　雄

委　　员：

陈一兵　邓焕玉　邓健宇　邓志超　杜晓燕

冯　笑　黄　康　胡新振　金　贝　刘学之

刘　颖　罗　艳　缪晨卿　马　宁　石　虎

孙孟洋　沈　萍　王红梅　王航鹰　王　娟

王　妮　万佳迪　温秋华　许绍宏　徐　薇

闫高杰　袁静波　杨　玲　郑辉英　周　丽

出版说明

随着"一带一路"倡议得到国际社会的广泛认可，以及互联网技术的迅猛发展，跨境电商企业面临前所未有的巨大机遇，网上丝绸之路已蔚然成势。在新业态、新技术的大背景下，人才瓶颈更为凸显，国际化、复合型数字贸易人才数量严重不足，已是制约跨境电商企业持续发展的首要问题。

为解决跨境电商企业用人难题，协助各高校、职业院校建设跨境电商专业，并满足"跨境电商 B2B 数据运营"职业技能等级证书的学习和考试需求，国家服务外包人力资源研究院联合阿里巴巴（中国）教育科技有限公司，以研究院"（跨境电商领域）应用技术型人才标准及认证体系研究"部级科技鉴定成果为基础（该成果填补国内空白，达到国际先进水平），结合跨境电商 B2B 数据运营职业技能等级标准，共同编撰开发了该套丛书。

该丛书共 7 本，其中《跨境电商 B2B 店铺运营实战》和《跨境电商视觉设计与营销》为初级考试配套教材，《跨境电商 B2B 店铺数据运营》和《海外社会化媒体营销》为中级考试配套教材，《跨境电商营销策划》、《海外客户开发与管理》和《国际搜索引擎优化与营销》为高级考试配套教材（说明：按照 1+X 考试原则，高等级考试范围涵盖低等级相关内容）。

该套丛书的出版得到了教育界和产业界的高度关注和支持。

因能力有限，时间紧迫，教材难免有疏漏甚至错误之处，敬请广大读者批评指正。

序

自我国 2013 年提出"一带一路"倡议以来，已有 200 多个国家、地区和国际组织参与和支持，联合国大会、联合国安理会等重要决议也纳入"一带一路"建设内容。"一带一路"倡议为全球经济贸易往来提供了难得的良好国际政商环境。

互联网技术的发展，为全球化贸易奠定了前所未有的信息技术基础。贸易的核心是信息，而互联网则实现了世界范围内的信息及时性、全透明、全覆盖。借助互联网上的信息，企业能够在原材料价格最低的地区购买，在加工成本最低的地方生产产品，并把产品卖给最需要的客户。

古时候，由于国家间交往的安全因素，以及信息的封闭孤立，客观上使得国际贸易只能是极少数冒险商人的专有发财机会；而在新时代，随着中国发起的"一带一路"倡议为广大国家地区和组织认可，随着世界各国的交通、通信等基础设施逐渐完善，随着互联网及其他新技术在全球普及应用，普通企业以跨境电商方式进行国际贸易成为可能。足不出户可知天下大事，身不出国可做全球贸易，新时代网上丝绸之路已成型，全球所有国家和企业都面临着前所未有的重大历史机遇。

现实亦是如此。近几年来，跨境电商快速发展，参与企业数量和贸易额每年都以两位数的速度增长。我国货物贸易出现了一般贸易、加工贸易和跨境电商三驾马车并驾齐驱的新局面，特别是在此次新冠肺炎疫情期间，跨境电商更是发挥了不可替代的独特作用，跨境电商已成为全球贸易不可或缺的重要模式。基于跨境电商的独特优势，相信其未来会有更大的发展。

不过，随着跨境电商的迅猛发展，人才瓶颈也日益凸显。据国家服务外包人力资源研究院在沿海城市的调研，超过 71%的跨境电商企业认为最大的发展瓶颈是"专业人才缺乏"，远高于国际物流等其他问题。据估计，每年跨境电商人才缺口超过 30 万人，专业人员的不足，已极大地制约了跨境电商的发展。

"硬实力、软实力，归根到底要靠人才实力"。当前，培养既掌握新信息技术又通晓国际贸易规则和技能的复合型国际经贸人才（跨境电商人才），已是重中之重，对于企业发展，对于"一带一路"沿线各国经济繁荣，都有着非常紧迫和现实的意义。

多年来，国家服务外包人力资源研究院和阿里巴巴集团一直在致力于解决跨境电商新领域的企业发展和人才培养问题。我很欣慰地看到，跨境电子商务师技能产业认证工作已取得了相当大的进展，数万家企业因之获益。

在国家职业教育改革的大背景下，跨境电商相关职业技能正式列入教育部 1+X 证书系列，这是件好事。希望借此机会，能够在更高标准、更大范围内规模化、体系化地培养产业人才，扎扎实实解决院校教改和企业发展问题，踏踏实实解决大学生就业问题，为我国产业转型，为"一带一路"区域经济繁荣做出应有贡献。

商务部原副部长　魏建国

前　言

随着全球经济一体化发展和国家对跨境贸易的扶持，如何进行基于互联网的在线营销，从而将中国制造的商品和服务快速且直接地打入国际市场并扩大市场份额，已成为外贸企业新的课题。而如何使用在海外拥有极高使用率和庞大用户群的谷歌（Google）搜索引擎进行有效的营销，更是跨境贸易在线营销的重点之一。

国际搜索引擎营销是基于搜索引擎（Google）的一项重要在线营销方式，包括搜索引擎优化和搜索引擎广告两大部分。搜索引擎优化作为一种非付费的营销方式，将网站、产品和服务等信息及相应的营销内容融入自然搜索的结果中；搜索引擎广告作为付费推广的一种模式，更加直接地通过关键字将信息传递给消费者，同时再通过人群特征、互联网浏览位置等定位方式将更丰富的内容传递给潜在消费者。两者的营销目的都是基于网站、产品和服务的信息，将精心设计的营销内容呈现给潜在消费者，以达到吸引其打开网站最终形成购买行为。

本书以 Google 搜索引擎营销为主要内容，基于跨境电商在线营销岗位的工作技能需要，以"跨境电商 B2B 数据运营"职业技能等级标准（高级）为依据，以实践为核心组织本书内容，在全面阐述营销知识的基础上，通过大量实践内容的讲解，培养理论知识扎实、技能精湛的新时代搜索引擎营销人才。

通过本书的学习，学生能够全面掌握国际搜索引擎营销的理论知识和操作技能，能够基本达到初级 SEM 专员的技能水平。除"概论"及"Google 广告产品介绍"两章外，每章在阐述理论知识的同时均包含相应的实践操作模块，读者可在掌握对应实践操作必需的理论知识基础上，完成技能学习和模拟操练，从而深化相关营销技能的运用。每章的最后还配有习题，以进行知识点巩固和操作技能强化。

本书是典型的产教融合产物，作者团队由具备多年一线实战经验的企业技术专家和丰富一线教学经验的骨干教师组成，具体包括：上海连索网络信息科技有限公司缪晨卿、许绍宏；北京工业大学耿丹学院徐薇；长春工业大学人文信息学院孟令玺；天津工业职业学院李君；哈尔滨理工大学荣成学院张亮；西安培华学院王艳。在编写过程中，还得到了阿里巴巴国际站人才经理金贝和孙孟洋，清华大学国家服务外包人力资源研究院教育中心主任何雄、研究员杨玲，以及众多产业界朋友的帮助，在此一并表示感谢。

本书配套资料有 PPT 课件、线上课程，可联系本书责任编辑获取（联系邮箱：chitty@phei.com.cn）。另外，本书还提供训练题库（含客观题和实操题）及仿真模拟系统支持。

由于编者能力有限，且时间仓促，不当之处在所难免，敬请广大读者批评指正。

缪晨卿

目　　录

第 1 章　概述 ··· 1
1.1　进出口贸易与在线销售交易模式 ·· 1
1.2　搜索引擎概述 ·· 1
1.3　搜索引擎营销概述 ·· 4
本章小结 ·· 9
本章习题 ·· 9

第 2 章　搜索引擎优化（SEO） ·· 10
2.1　SEO 介绍 ·· 10
2.2　站内 SEO ·· 11
2.3　站外 SEO ·· 20
2.4　SEO 工具 ·· 23
本章小结 ·· 37
本章习题 ·· 37

第 3 章　Google 广告产品介绍 ·· 39
3.1　Google 搜索广告介绍 ·· 39
3.2　Google 购物广告介绍 ·· 45
3.3　Google 展示广告介绍 ·· 49
3.4　转化跟踪介绍 ·· 55
本章小结 ·· 61
本章习题 ·· 61

第 4 章　搜索广告操作与优化 ·· 63
4.1　Google 搜索广告账户内容 ··· 63
4.2　搜索广告的建立 ··· 65
4.3　搜索广告优化 ·· 84
4.4　搜索广告编辑政策 ·· 99
本章小结 ·· 99
本章习题 ·· 100

第 5 章　购物广告操作与优化 ·· 101
5.1　Google 购物广告账户内容 ··· 101
5.2　购物广告的建立 ··· 102
5.3　购物广告优化 ·· 127
5.4　购物广告编辑政策 ·· 132

IX

本章小结 …………………………………………………………………………………… 132
本章习题 …………………………………………………………………………………… 133

第 6 章　展示广告操作与优化 ………………………………………………………… 135
6.1　Google 展示广告账户内容 …………………………………………………………… 135
6.2　展示广告的建立 ………………………………………………………………………… 136
6.3　建立再营销广告 ………………………………………………………………………… 142
6.4　展示广告优化 …………………………………………………………………………… 148
6.5　展示广告编辑政策 ……………………………………………………………………… 156
本章小结 …………………………………………………………………………………… 159
本章习题 …………………………………………………………………………………… 159

第 7 章　广告账户数据分析与优化 …………………………………………………… 161
7.1　流量低的广告优化 ……………………………………………………………………… 162
7.2　转化成本高的广告优化 ………………………………………………………………… 168
7.3　转化量低的广告优化 …………………………………………………………………… 172
本章小结 …………………………………………………………………………………… 176
本章习题 …………………………………………………………………………………… 176

第1章 概述

搜索引擎为跨境贸易带来高效的营销方式。

1.1 进出口贸易与在线销售交易模式

根据 2021 年 1 月 14 日中华人民共和国海关总署公布的数据，2020 年我国货物贸易进出口总值达到了创纪录的 32.16 万亿元，较 2019 年增长了 1.9%。其中，出口 17.93 万亿元，较 2019 增长了 4%。特别是在 2020 年新冠肺炎疫情影响全球经济的这一年，在国际交通受阻、传统线下贸易模式受到极大制约的情况下，进出口贸易仍能保持增长，在线交易的方式功不可没。经过 40 多年的改革开放，我国已经成为全球制造业的中心，海外对于中国生产的商品的需求仍然强劲。如何在蓬勃的外贸出口市场前景中把握住机会，将中国制造的产品源源不断地送达海外的消费者，通过互联网进行在线营销便是其中一项重要的手段。

无论是传统的线下商务交易，还是基于互联网的线上交易模式，其核心都在于信息的传递。伴随着互联网应用的快速发展，无论是传统的欧美发达国家，还是"一带一路"相关的发展中国家，无论是在营销阶段，还是在交易环节，在时间和空间上都已经突破了限制。从产品信息的触达，到交易细节的沟通，乃至货款的支付，都可以高效、安全地在互联网上进行。

特别是对于经营跨境电子商务的商家，面对地域的限制，如何为其提供的产品或服务找到潜在消费者，并将产品或服务的相关信息准确地传达给潜在消费者，是跨境电子商务营销的核心课题。其中，搜索引擎是最重要的信息呈现与传播的营销渠道之一。

1.2 搜索引擎概述

1.2.1 搜索引擎介绍及工作原理

1. 搜索引擎介绍

搜索引擎，就是根据用户需求与一定算法，运用特定策略从互联网检索出特定信息反馈给用户的一门检索技术。搜索引擎为某项或某组的内容项目提供了一种对接方式，使得搜索引擎的使用者能够通过搜索查询的方式将自己感兴趣的项目传递于搜索引擎，使搜索引擎系统寻找到匹配的内容并将其呈现给用户。广义的搜索引擎不只是常见的百度、谷歌这些网络搜索引擎，像操作系统中的桌面搜索、电商网站中的商品搜索等，都属于搜索引擎。本书介绍的营销平台的搜索引擎是指搜索引擎概念里最常见、最常用的网络搜索引擎。

2. 搜索引擎的工作原理

搜索引擎实现用户搜索信息并显示的工作主要有以下 3 个步骤。

（1）抓取收录信息。搜索引擎首先必须获取互联网上的各种信息，才能将其呈现于搜索结果中。而为了获得这些信息，搜索引擎会利用自动搜索机器人程序（又称搜索引擎蜘蛛，简称蜘蛛，英文为 Robot 或 Spider），在整个网络上抓取各种网页链接，并发出访问请求，当请求被允许后，蜘蛛就能够获取这个链接及其网页内容了。而一个网页里通常又会含有更多的链接，蜘蛛会顺着这些链接不断抓取，获得更多的网页内容。理论上，网页上只要有链接，蜘蛛就能抓取到；只要网页不拒绝蜘蛛的抓取，网页内容就能被搜索引擎获得。当蜘蛛抓取到链接及其网页内容后，会将获得的信息传送到搜索引擎的服务器中并存储下来。

（2）整理索引信息。搜索引擎收集到互联网上大量的链接及网页内容后，会对这些内容进行整理，并根据一定的规则进行编排，这个过程称为索引（index）。

在索引过程中，搜索引擎会进行重复内容的过滤、网页类型的判断、网站的权重衡量、网页内容的质量评估等一系列工作，从而对网页进行分类。这样，搜索引擎在接受各式各样的查询时，便能快速地查找到最相关的信息。

（3）接受反馈信息。用户在搜索引擎上通过输入关键字的方式发起查询，搜索引擎首先会分析用户输入的关键字，包括从关键字本身及关键字中部分字词的词意、使用频率等角度进行分析。然后，将用户查询的关键字的分析结果，与服务器中索引的大量信息进行匹配。最后，将匹配出的结果反馈给用户。当然，最终反馈的搜索结果并不局限于文字的网页链接，还能提供图片、商品、新闻等信息。

1.2.2 搜索引擎的历史与现状

随着互联网的迅速发展和搜索查询需求的爆发式增加，基于 HTTP 访问的 Web 技术的迅速普及。1994 年 1 月，第一个既可搜索又可浏览的分类目录 eiNet Galaxy 上线，它还支持 Gopher 和 Telnet 搜索。同年 4 月，Yahoo 目录诞生，随着访问量和收录链接数的增长，开始支持简单的数据库查询。

1994 年 7 月，Lycos 推出了基于 Robot 的数据发掘技术，支持搜索结果相关性排序，并且首次在搜索结果中使用了网页自动摘要。Infoseek 也是这一时期的一个重要代表。

1995 年 12 月，AltaVista 推出了大量的创新功能，使其迅速达到当时搜索引擎的顶峰。它是第一个支持自然语言搜索的搜索引擎，具备基于网页内容分析、智能处理的能力；也是第一个实现高级搜索语法的搜索引擎（如 AND、OR、NOT 等）；同时，还具有支持搜索新闻组、搜索图片等划时代意义的功能。同一时期，还有 Inktomi、HotBot 等搜索引擎。

1996 年 8 月，搜狐公司开始参与制作网络信息分类导航网站，以分类信息的形式为用户搜索提供内容反馈。

1997 年 8 月，Northern Light 公司正式推出搜索引擎，它是第一个支持对搜索结果进行简单自动分类的搜索引擎，也是当时拥有最大数据库的搜索引擎之一。

1997 年 10 月 29 日，由北京大学计算机系网络与分布式系统研究室（以下简称"北京大学网络实验室"）开发的北大天网，作为教育网最流行的搜索引擎，正式在 CERNET 上提供服务。2000 年年初，北京大学网络实验室成立天网搜索引擎新课题组，收录网页约 6000 万个，利用教育网优势，拥有强大的 FTP 搜索功能。

1998年10月，Google（中文名为谷歌）诞生。它是目前世界上最流行的搜索引擎之一，具备很多独特且优秀的功能，并且在界面等方面实现了革命性创新。关于Google及其搜索引擎将会在接下来的章节中详细讲述。

1999年5月，Fast公司发布了搜索引擎AllTheWeb。它的网页搜索可利用ODP自动分类，支持Flash和PDF搜索，支持多语言搜索，还支持新闻、图像、视频、MP3和FTP搜索，拥有极其强大的高级搜索功能。它曾经是最流行的搜索引擎之一，在2003年2月被Overture收购。

2000年1月，超链分析专利发明人、前Infoseek资深工程师李彦宏和好友徐勇创建了百度中文搜索引擎。它支持网页信息检索、图片等多信息检索。另外，百度是中文领域第一个使用点击付费广告经营模式的搜索引擎。

2003年11月，雅虎公司全资收购3721公司。2005年8月，阿里巴巴和雅虎达成战略合作，全资收购雅虎中国，并更名为阿里巴巴雅虎，将其业务重点全面转向搜索领域。

2004年8月3日，搜狐公司推出中文搜索引擎——搜狗。

2006年9月，微软公司正式推出拥有自主研发技术的Live Search，宣布进军搜索引擎市场，挑战Google在搜索引擎领域的霸主地位。

2006年12月，网易公司推出中文搜索引擎——有道。

2009年6月1日，微软公司正式上线原名为Kumo的搜索引擎——Bing，中文名为"必应"。

搜索引擎发展至今，各国、各种语言的主流搜索引擎提供的内容检索服务已相对成型，如表1-1所示。

表1-1 主要搜索引擎提供的内容检索服务

搜索引擎名称	语言	搜索内容的类型						
		网页	新闻	图片	影片	书籍	地图	购物
Bing	多语言	是	是	是	是	—	是	是
Google	多语言	是	是	是	是	是	是	是
雅虎	多语言	是	是	是	是	—	—	是
Yandex	俄语	是	是	是	是	—	是	是
百度	中文	是	是	是	是	是	是	—
搜狗	中文	是	是	是	是	是	是	是
好搜（360搜索）	中文	是	是	是	是	是	是	是

当然，在不同的国家，不同的搜索引擎占有的市场份额也不尽相同。截至2021年1月，全球（不分语言）搜索引擎市场份额如下。

Google排名第一，占有率高达91.86%。

Bing排名第二，占有率为2.71%。

雅虎排名第三，占有率为1.46%。

百度排名第四，占有率为1.23%。

Yandex（主要为俄语搜索）排名第五，占有率为0.87%。

其他搜索引擎，如Naver、网易有道、DuckDuckGo等，占有率总和约为1.31%。

在全球搜索引擎市场被Google占据的今天，在以下国家，搜索引擎的使用情况各不相同。

在日本，Google 为主流搜索引擎，但雅虎搜索引擎仍占有近 20%的市场份额。

在韩国，Google 为主流搜索引擎。本土韩语搜索引擎为 Naver，占有 15%左右的市场份额。

在俄罗斯，以及其他以俄语为官方语言的国家，如白俄罗斯、乌克兰等，Yandex 为主流搜索引擎。

在中国，中文搜索引擎主要使用百度。

1.2.3　Google 搜索引擎介绍

Google 是总部位于美国加利福尼亚州的跨国科技公司，业务范围涵盖互联网搜索、互联网广告、云计算等领域，开发并提供大量基于互联网的产品与服务。Google 搜索引擎最早可以追溯到 1996 年，由当时在斯坦福大学攻读理工博士学位的拉里·佩奇和谢尔盖·布林共同创建，一开始将其命名为 BackRub，后来更名为 Google。Google 搜索引擎最早在斯坦福大学的网站上启用，域名为 google.stanford.edu。1997 年 9 月 15 日，拉里·佩奇和谢尔盖·布林注册了 Google 域名。1998 年 9 月 4 日，拉里·佩奇和谢尔盖·布林建立了 Google 公司。

作为全球市场占有率最高、使用频次最多的搜索引擎，Google 能够处理来自世界各地超过 30 亿次的查询。除了提供最常见的网页搜索服务外，Google 还提供图片、新闻、地图、商品等搜索服务。1998 年，Google 索引数量只有 2600 万，2000 年达到 10 亿，2008 年超过一万亿，2014 年达到三十万亿……

Google 在面对如此大量的搜索查询以及内容时，如何做到能够将最高质量的网页或其他形式的搜索结果反馈给用户？核心是特有的 PR 算法。

PR，即 PageRank 的缩写，中文意思是网页排名。Google 通过这种技术配合搜索关键字来排名网页。PageRank 算法通过互联网中大量的超链接关系来确定一个页面的等级。例如，Google 把从 A 页面到 B 页面的链接解释为 A 页面给 B 页面投票，根据投票来源（甚至来源的来源，即链接到 A 页面的页面）和投票目标的等级来决定新的等级。Google 认为，等级越高，该链接及其网页内容的质量越高，在搜索结果中也有可能获得更高的排名。当然，随着互联网技术的发展及环境的变化，Google 的 PR 算法也在不断改进，同时也加入了一些其他考量项目，以保证搜索结果最大限度地符合搜索查询的内容及提升搜索引擎使用者的搜索体验。

1.3　搜索引擎营销概述

1.3.1　搜索引擎营销介绍

所谓搜索引擎营销，就是基于搜索引擎，使得商家的产品或服务的信息能够尽可能多地呈现在搜索结果中，将使用搜索查询的潜在消费者引导至相应目标网站，从而为商家带来一定商业利益的营销行为。

搜索引擎营销，特别是针对跨境电子商务的搜索引擎营销，具有以下特点。

（1）广泛性和即时性。通过搜索引擎，商家可以将产品或服务信息传递到世界上能够接入互联网的每一个角落，完全打破了地域的限制；同时，互联网上信息的传输几乎是零耗时，相应的营销信息在搜索查询时能够即刻传递给用户。

（2）用户需求的精准匹配。潜在消费者在搜索引擎上通过关键字搜索的方式主动表达自己的兴趣和需求，而搜索引擎营销能够使商家在这种查询发生时及时地将产品和服务信息传递给潜在消费者。这种极具针对性的营销方式，相较于传统线下营销"广撒网，大覆盖"的方式，显然更具有针对性，一定程度上也能降低营销成本。

（3）营销行为的高灵活度。搜索引擎营销中产生的数据能够在很短的时间内反馈给商家。与传统的线下营销模式相比，这种快速的数据收集与分析方式，使商家能够更有效地调整营销行为。此外，搜索引擎的营销平台及营销模式，使得营销行为的调整也更为灵活快速。

1.3.2　搜索引擎优化与搜索引擎广告简介

搜索引擎营销包括搜索引擎优化和搜索引擎广告两大部分，分别对应搜索结果中的自然排名和广告位，如图 1-1 所示。这两种基于搜索引擎的营销模式都旨在将商家提供的产品或服务信息更具针对性、更高效地传递给潜在消费者。

图 1-1　搜索结果

1. 搜索引擎优化与搜索引擎广告的定义

（1）搜索引擎优化（Search Engine Optimization，SEO）。搜索引擎优化是基于搜索引擎的工作原理，使自己网站的网页内容更多地被搜索引擎收录，并在搜索结果中排名更靠前，从而提升自身产品和服务信息在潜在消费者面前的曝光率的营销行为。

（2）搜索引擎广告。搜索引擎广告是基于搜索引擎或相关平台，通过关键字等定位方式，以点击付费的广告形式，将商家的产品或服务信息，呈现于搜索结果中。搜索引擎广告又称PPC（Pay Per Click，按点击付费）。商家制作一些与自身提供的产品或服务相关的关键字广告，当与潜在消费者的兴趣或需求相匹配时，该产品或服务的具体广告内容就能在搜索结果中展示出来；如果用户点击了广告，商家就需要向搜索引擎广告服务提供商支付费用。

2. 搜索引擎优化及搜索引擎广告的特点

（1）搜索引擎优化的特点。
①搜索引擎优化的优势。
- 一次性进行大量关键字的优化。在搜索引擎优化的计划阶段，便可以根据网站上的产品找到相关的关键字，直接开展针对一系列关键字的工作。
- 长期成本低。通过搜索引擎优化成功的关键字，在不违反政策的情况下，通常能在搜索结果的自然排名中持久地保持靠前位置。
- 自然搜索结果的信任度更高。相较于搜索结果中明显的广告内容，自然搜索结果给搜索用户带来的接受度和信任度相对更高。

②搜索引擎优化的劣势。
- 见效慢。关键字以及相关内容从收录到获得理想的排名，至少需要两三个月的时间。
- 控制力度小。Google的搜索引擎服务提供商为了保证用户使用搜索引擎时获得良好的体验，一直在不断地改进搜索引擎的算法。而算法变动的时间、改变的具体内容均不得而知，这就使得优化的针对性和控制力受到影响。
③工作量大。搜索引擎的优化工作不仅涉及营销人员，网站的运营人员、技术人员都需要参与其中。

（2）搜索引擎广告的特点。
①搜索引擎广告的优势。
- 见效快。准备好关键字、广告创意等广告物料后，在广告账户内建立相应的广告系列，通过政策审核后就能开始投放。广告投放后随即能为网站带来流量。
- 效果反馈快速。广告投放的效果数据能够快速呈现，从而进行快速的分析。
- 调整灵活度高。搜索引擎广告可供调整的维度，均呈现在广告账户或相关搜索引擎产品中，项目调整直观灵活。

②搜索引擎广告的劣势。
- 广告投入不得间断。为保证产品或服务乃至品牌信息的持续曝光及为网站带来流量，需要不断投入广告费用。
- 维护成本高。伴随关键字等广告物料的增多及预算投入的加大，所需维护和管理广告账户的人员也将越来越多。

从以上搜索引擎优化和搜索引擎广告各自的特点可以看出，两种营销方式都针对搜索，对搜索的,但并非二选一。从搜索结果可以直观地看出,搜索引擎优化和搜索引擎广告从信息的传递和覆盖上,基于自身的优劣势,其实是相辅相成的。在接下来的章节中,对搜索引擎优化和搜索引擎广告会有更加深入的讲解,对于整体搜索引擎营销的概念、操作与优化也会有更多的介绍。

3. Google 搜索引擎优化及搜索引擎广告的基本政策

搜索引擎本质上是为人们提供的在互联网上进行信息查询和获取的工具。为了保证搜索结果中呈现的信息尽可能与大多数搜索请求相符,而非充斥大量人为堆砌甚至不健康的内容,Google 在搜索引擎优化和搜索引擎广告两方面都制定了一些基本的政策,以保证优质内容的呈现和良好的搜索引擎使用体验。

(1) Google 搜索引擎优化需要避免的技术。

①不得自动生成内容,即不得用程序或自动化工具生成内容。内容包括:对搜索用户没有意义但包含搜索关键字的文字;从不同网页中组合而成的无价值内容;使用自动化翻译工具但未经审核造成阅读困难的内容。

②不得参与链接方案,即不得操纵 PageRank 或网站在搜索排名中的链接,包括网站的入站链接和出站链接。例如,购买或出售链接,单纯地交换链接,使用自动程序创建指向网站的入站链接等。

③网站内容要求。例如,原创内容很少或没有原创内容的网页,伪装真实的内容(搜索引擎上呈现的内容与网页上的内容不符),抄袭、侵权的内容等。

④不得使用门页。门页又称桥页,是指自动生成的大量包含关键字的网页,然后从这些网页再自动跳转到主页。其目的是希望这些以不同关键字为目标的网页在搜索引擎中得到好的排名。

⑤不得欺骗重定向,即不得将访问者引导到非搜索结果中呈现的对应网站。

⑥不得隐藏文字和链接。例如,白色字在白色背景上,或将字体大小设为 0,导致实际内容无法呈现,形成欺骗行为。

⑦不得制作包含负面或恶意行为的网页。例如,安装病毒、特洛伊木马及其他有害软件的网页。

⑧不得向 Google 发送自动查询。

(2) Google 搜索引擎广告产品政策及技术要求。

①禁止的内容。
- 仿冒产品,即使用与其他产品完全相同或高度相似的商标或徽标,或者模仿正品品牌的其他特征。
- 危险的产品或服务,即任何会造成破坏、财产损失或人身伤害的产品或服务,如毒品、武器、弹药、爆炸物和烟花、烟草制品等。
- 促成不诚实行为,构成欺骗行为的产品或服务。例如,黑客软件或指导说明,旨在人为夸大广告或网站流量的服务,伪造文件,学术造假等。
- 不当内容。不允许广告或目标网页显示或宣扬仇恨或暴力等不适当的内容。

②受限制的内容。

所谓受限制,即在有限定条件的约束下,在特定的地点,由于不同的法律体系、不同的文化背景,需要向特定的用户做局部性的定向展示。

- 成人内容。涉及成人内容的广告应符合法律规定并尊重用户偏好，某些面向成人的广告和目标页面是被允许投放的，前提是它们要符合政策的规定，且未定位到未成年人。然而，即便是这类广告和目标页面，也只能在有限的情形下显示。也就是说，它们能否显示要取决于用户搜索查询的内容、用户年龄及广告投放地的当地法律。
- 酒精饮料。在不同的国家/地区、文化、宗教、法律等背景下，对酒及含酒精饮料的界定和态度是不同的。因此，酒精、酒精饮料广告的投放应遵守当地的酒精饮料法律和行业标准。但是，某些类型的酒精饮料广告是允许投放的，前提是这些广告符合以下政策：未定位到未成年人，而且只定位到明确允许展示酒精、酒精饮料广告的国家/地区。
- 版权内容。不允许投放未经授权且受版权保护内容的广告。只有取得合法授权，才可以使用受版权保护的内容。
- 博彩和游戏。在严格遵守当地政策的前提下，某些赌博、博彩业广告是可以投放的，但需要广告客户已获得相应的 Google 广告认证。赌博广告必须定位到获准投放的国家/地区，并且其登录页必须显示有关"负责任赌博"的信息。换言之，对博彩业的广告宣传，必须进行恰当的、合理的信息披露，且须秉持严谨审慎的态度和操守。在博彩业的广告投放标准中，有一条是绝不容逾矩的：绝不能定位到未成年人。
- 保健品和药物。与保健相关的有些内容完全不允许进行广告宣传，而有些内容则允许进行广告宣传，但前提是广告客户获得了 Google 广告认证，而且广告仅定位到获准投放的国家/地区。
- 政治内容。所有政治类广告和目标页面都要遵守广告定位到的任何区域的当地法律法规。
- 金融服务。金融服务与产品的特殊性决定了用户在决策之前，需要掌握充足的信息，且对自身的状况有充分的了解与认知，在此前提之下，做出尽可能符合自身当时状况的明智的选择。因此，Google 制定了相关政策确保用户获得必要信息，以便于用户权衡与金融产品和服务有关的成本、收益、风险等核心要素，并防止用户的利益受损或遭到欺诈。宣传金融产品和服务时，必须遵守广告定位到的任何区域的国家和地方性法规。
- 商标。Google 遵守本地商标法，要求广告客户不得侵犯第三方的商标权。对于某些商标，代理商、信息类网站和获得授权的广告客户需要满足特定要求才能使用它们，否则广告宣传会受到限制。

③禁止的技术行为。
- 滥用广告网络。Google 不允许投放恶意的、试图欺骗或绕过广告审核流程的广告、内容或目标页面。对于此类违规行为，将会被严肃处理。滥用广告网络的行为包括：宣传包含恶意软件的内容；隐藏真实内容或使用其他技术隐藏应将用户实际引导至的目标位置；"套利"或以展示广告为唯一目的或主要目的来宣传目标网址；宣传只是为了将用户引导至其他位置的"桥页"或"通道页"；广告的唯一目的或主要目的是在公共社交网络上获得用户推荐；使用"障眼法"或操纵设置企图绕过政策审核系统。
- 数据收集和使用。广告客户不能滥用用户信息，也不能在没有明确目的或未采取适当安全措施的情况下收集这些信息。要谨慎处理的用户信息包括：用户姓名；出生日期；电子邮件地址；邮寄地址；电话号码；身份证号、养老金账户、社保号、税号、医疗保险号码或驾照号码；财务状况；政治派别；性取向；种族或民族；宗教信仰。不负责任的数据收集和使用行为包括：通过不安全的服务器获取信用卡信息；声称知道用户的财务状况的宣传内容；违反针对用户兴趣投放广告和再营销方面的政策。
- 虚假陈述。广告信息应真实、明确，并为用户提供所需的信息来帮助他们做出明智的决策。如果广告或目标页面有意欺骗用户，其中不含用户需要的相关信息，或所提供的产品、服务、商家信息有误导性，则不允许投放。虚假的陈述包括：闭口不提或模棱两可地陈述向用户收费的方式、收费项目和收费时间等结算详情；闭口不提或模棱两可地陈述与金融服务相关的收费项目，如利率、费用和罚款；未显示相关的税号或执照号码、联系信息或实际地址；提供虚假优惠；就产品效果或经济收益进行误导性或不切实际的声明；以虚假的理由募集捐款；谎称自己是有信誉的公司，以欺骗用户提供有价值的个人信息或财务信息。

如果广告客户违反 Google 搜索引擎优化或搜索引擎广告的政策和基本的技术要求，营销活动便无法开展或会受到限制。而政策随时都会变动，作为营销人员，需要时刻关注官方政策中心或指南里的内容，以免发生违反政策的行为。在后面的章节中，还会结合搜索引擎优化和搜索引擎广告实操的内容，对政策进行补充和深入的讲解。

本章小结

本章通过对进出口贸易背景的介绍，以及搜索引擎基础知识的讲解，带领读者初步了解搜索引擎营销。本章还阐述了在进行搜索引擎营销时必须遵守的政策和规范，可为读者学习搜索引擎营销知识和进行实践打下坚实的基础。

本章习题

简答题

1. 简述搜索引擎的工作原理。
2. Google 广告完全禁止投放的内容有哪些？
3. 搜索引擎优化要避免的技术有哪些？

第 2 章 搜索引擎优化（SEO）

SEO 不仅是对搜索的优化，还是对网站的优化。

2.1 SEO 介绍

在互联网时代，用户在面对海量的信息时常常无从选择，而搜索引擎这种根据用户需求在互联网中检索信息并反馈给用户的搜索方式，则成为用户搜索信息、产品和服务的极佳方式，很多企业网站的主要用户访问来源就是搜索引擎。因此，搜索引擎优化是企业网站推广中非常重要的推广方式。

2.1.1 SEO 原理

1. 什么是 SEO

SEO 是一种利用搜索引擎的排名规则，来提高目标网站在自然搜索结果中收录数量和排名的优化行为。其目的是从搜索引擎中获得更多的免费流量，从而产生直接的产品销售或品牌的推广。

SEO 是目前最为流行的网络营销方式之一，同时也是网络营销的一部分。它是将目标内容（广告、产品、品牌）更好地传递给目标用户的一种有效途径。经过许多专业研究机构调查发现，使用搜索引擎的用户往往只会留意搜索结果最前面的几个条目，所以不少网站都希望通过各种方式来影响搜索引擎的排序，让自己的网站可以有靠前的搜索排名。搜索引擎优化就是根据搜索引擎的规则进行优化，为用户打造更好的搜索体验。

对于任何一个网站来说，要想在网站推广中获取成功，搜索引擎优化是较为关键的一步。随着互联网的发展，搜索引擎也在不断变换着搜索排名规则，规则上的每一次改变都会让一些网站的排名受到影响，而失去靠前排名的直接后果就是失去网站原有的访问流量。可以说，搜索引擎优化是一项越来越复杂的工作。

2. SEO 原理

SEO 的研究内容包含搜索引擎是如何抓取互联网中的网页和文件的，还需要了解搜索引擎的排名规则，然后有针对性地对网站进行优化，从而使其有更多的内容被搜索引擎收录，并在搜索引擎结果页中获得更高的排名，进而提高网站访问量。

（1）搜索引擎抓取原理。搜索引擎通常会派出自动搜索机器人（俗称"蜘蛛"）来抓取网站。"蜘蛛"抓取网站的方式有两种：一是深度抓取，"蜘蛛"跟随一个链接然后不断地向其下级链接抓取,直至无链接可循;二是广度抓取,"蜘蛛"在同一层级抓取完所有的链接后才开始下一层级的链接抓取。

(2)搜索引擎过滤原理。"蜘蛛"会对抓取后的网站内容进行区分,内容质量低、用户体验不好的网页被过滤掉,保留高质量的网页存入索引库中。

(3)搜索引擎收录原理。搜索引擎在过滤工作完成后,会将剩下的网页按照内容质量进行排序,并存入索引库中。高质量的网页会被放入重要的索引库进行优先展示和推荐,低质量的网页只能被存放在普通库中。搜索引擎会提取出网页中出现的目标关键字,然后在索引库中建立一个对应的文件,以方便之后的查询排序。

(4)搜索引擎排名原理。网页在被搜索引擎收录后,搜索引擎会根据自己的算法来判断该页面与用户搜索关键字的相关性。用户搜索行为发生后,搜索引擎程序便开始工作,从索引库中找出所有包含搜索关键字的网页,然后根据排名算法排序,最后按照一定格式返回给搜索结果页面。

2.1.2 为什么要做 SEO

1. SEO 的意义

从表面上看,SEO 并不会给网站带来直接收益,但这并不代表 SEO 不重要。恰恰相反,SEO 可以为网站带来大量、稳定的用户,用户在网站中消费后就能产生直接的经济价值。归纳起来,SEO 可以为网站带来以下 5 个方面的提升。

(1)提升目标优化网站中的网页在搜索引擎中的收录量。SEO 首先提升了网站中的网页在搜索引擎中的收录量,使得网站的内容被搜索引擎广泛收集。

(2)提升关键字在搜索结果中的排名。SEO 可以提升网站各方面的综合性能,从而提升网站关键字在搜索引擎中的排名。

(3)提升网站访问流量。关键字排名的提升会带来网站访问流量的提升,进而促进从流量到成交额的转化。

(4)改善网站用户体验。网页的加载速度、互动性等都是 SEO 要改进的项目,在优化的过程中同时也改善了网页及网站的用户体验。

(5)提升品牌知名度。网站访问流量的提升会增加网站曝光度,进而加大对产品的推广宣传,提升品牌知名度。

2. SEO 的目标

SEO 的目标是增加特定关键字的曝光率,以增加网站的能见度,进而增加成交的机会。具体来说就是,通过了解各类搜索引擎如何抓取网页、如何进行索引及如何排名等,来对网页进行相关的优化,以提高搜索引擎排名,从而提高网站访问量,最终提升网站的销售能力或宣传能力。

2.2 站内 SEO

站内 SEO 是每个 SEO 从业者必须认真对待的工作,它不仅影响网站在搜索引擎的排名,而且对于提高用户体验及网站转化率有着极大的帮助。

2.2.1 站内SEO的目的

站内SEO就是通过对网站内部的调整而达到对搜索引擎友好的目的。要提高网站关键字排名，就要做好站内搜索引擎优化，因为SEO是一个系统工程，不是一蹴而就的，需要大量的资源积累和持续改进。设置合理的内部链接可以极大地增强网站的SEO效果。站内SEO的目的可以总结为以下几个方面。

1．提升用户体验

网站内部链接可以快速提高用户的体验度，从而间接地增加页面浏览量和访问量。一般来说，网站内热门文章、随机文章及最新文章等内部链接较容易提高用户体验度。例如，用户在视频网站上观看电影时，播放页面下方会出现"猜你喜欢"的电影推荐，用户出于好奇心会去点击查看。因此，在网站中设置的优秀内部链接越多，页面被点击的机会就越大，页面浏览量也会增加。

2．加快网站收录

网站收录是指一种网站链接的模式，即与互联网用户共享网址。网站收录的前提是网站首页提交给搜索引擎，"蜘蛛"每次抓取网页时都会向索引中添加并更新新的网站。设置合理的网站内部链接，将网站内各个页面相互链接起来，有助于提高"蜘蛛"爬行网站的效率。"蜘蛛"爬行网站的速度越快，网站内容被收录的速度自然也越快。

3．提高网站权重

网站权重是指搜索引擎给网站（包括网页）赋予一定的权威值，是对网站（含网页）权威性的评估。网站的权重越高，其在搜索引擎中占的分量越大，在搜索引擎中的排名就越靠前。

网站内部链接的主要作用是将网站中的网页互相链接起来。因为网站的权重是基于网站中每个页面所获得的评分，然后集中起来得到综合评分，因此，如果把网站内部链接建设好，那么网站的每个页面的权重就会互相传递，从而提高网站的整体权重。

4．提升页面排名

合理布局内部链接有助于提升网站关键字的排名。因为在搜索引擎中，一个链接代表一张选票，内部链接代表着网站内部各个页面互相投票，通过大量的内部链接来支持一个页面，有助于该页面主题的集中，从而提升该页面的排名。一般来说，首页内部链接的作用最大。

2.2.2 站内SEO技术

1．内部链接优化

内部链接是指同一网站域名下的页面之间互相链接，如频道、栏目之间的链接，因此，内部链接也称站内链接。对内部链接的优化其实就是对网站的站内链接的优化。

优化网站内部链接时的注意事项如下。

（1）在网站首页设置网站地图入口并提交给搜索引擎。

网站地图是内部链接优化的重要内容之一。通过在网站首页设置网站地图入口，不仅便于用户在浏览网站时查找自己想要浏览的网页，更重要的是有利于"蜘蛛"快速地抓取网站链接。将网站地图提交给搜索引擎，可以使搜索引擎及时发现网站链接更新，提高网站收录速度。后面会具体讲述网站地图的相关内容。

（2）减少网页之间的链接层级。

对于小型网站来说，网页链接层级越多，越不容易被搜索引擎发现，网页被收录、索引、排名的机会也就越小，因此，SEO 人员在设置网页链接时应尽量减少网页之间的链接层级，最好只需 3 次点击便可直达网站内页。

（3）设置关键字锚文本。

对网页中相关关键字设置锚文本链接，搜索引擎会认为该关键字比较重要，从而通过该关键字抓取网页。这样搜索引擎就会给予该关键字比较高的关注，提高该关键字靠前排名的概率。

（4）在不排名页面中添加 nofollow 标签。

对网站首页那些不参加排名的链接可以添加 nofollow 标签，这样可以保留网站首页的权重，避免首页权重不必要的流失，还可以促进网站关键字的排名。给网站首页增加权重的方法有两种：一个是开源，另一个是节流。增加 nofollow 标签属于节流。

（5）频道页、内容页之间互相建立链接。

现在，网站多为树形结构。树形结构网站的链接应该这样做：频道页与频道页之间互相建立链接，同一个频道页下的内容页之间互相建立链接，不同频道页下的内容页之间尽量减少链接。

（6）注意链接的相关性。

相关性高的站内链接更容易被搜索引擎收录，并且有助于提升用户体验，增加网站用户黏性，进而提升网站浏览量。假如在网站中的每篇文章中都加入"SEO 诊断"这个关键字，并且将这些关键字设置为锚文本链接，在阅读时会严重影响用户体验度。此外，在设置相关阅读、推荐阅读及最新阅读等内部链接时，也要注意链接内容之间的相关性，不要滥用，否则也会降低用户体验度。

（7）内部链接要保证网址的唯一性。

一般来说，网站的网址都是被静态化处理过的链接，对于这样的网址在做内部链接时要注意链接的唯一性，每个页面只能有一个链接，不能链接多次。因为链接较多容易导致搜索引擎无法判断哪个是正确的链接页面，从而将这些相同的链接放到重复页面，最后导致网页无法获得任何权重。所以，内部链接要保证网址的唯一性。

（8）注意控制内部链接数量。

要控制每个页面的内部链接数量。如果页面中的内部链接数量超过限制，那么搜索引擎就可能忽略该页面，或者忽略页面超出限制的那部分链接指向的目标页面。一般来说，一个页面的内部链接数量应控制在 100 个以内。

2．网站地图

网站地图是根据网站的结构、框架、内容，生成的网站导航文件，是网站中所有链接的容器。很多网站的链接层次比较深，"蜘蛛"很难全部抓取，而网站地图可以引导"蜘蛛"抓取网站中难以抓取的网页。

网站地图的名称为 Sitemap，一般存放在网站根目录下，其格式有以下 3 种。

（1）HTML 格式。百度建议使用 HTML 格式的网站地图。

（2）XML 格式。Google 建议使用 XML 格式的网站地图。

（3）TXT 格式。雅虎建议使用 TXT 格式的网站地图。

手动制作网站地图比较烦琐，一般由网站的技术人员通过编写相应的程序来制作。

3．清理死链

死链即无效的、不可到达的链接。如果一个网站存在大量死链，会大大损伤其整体形象。另外，"蜘蛛"是通过链接来爬行的，如果死链太多，不但收录页面的数量会减少，而且网站的权重也会大大降低。

网站中的死链过多，不仅会严重影响用户体验，而且还会降低网站优化的效果。因此，必须及时对死链进行处理。

有些死链可以通过修改错误和设置 301 跳转来恢复访问，但有些死链无法恢复访问，针对这些无法恢复访问的死链，还需要进行专门处理。

4．404 页面

当用户访问网站上不存在的页面时，服务器会返回 404 页面。如果 SEO 专员没有在服务器端设置自定义 404 页面，用户浏览器中显示的将是一个默认错误页面。

要使用自定义 404 页面功能，首先要制作一个 404 页面的网页文件。制作 404 页面时需要注意以下 3 点。

（1）页面风格要统一。404 页面和整个网站的模板、设计风格、LOGO 及名称要统一。

（2）明确显示错误信息。404 页面应该在最醒目的位置显示错误信息，明确提示用户要访问的页面不存在。

（3）提供前往其他页面的功能。在 404 页面中可以添加一些超链接或按钮，用户点击后可以前往网站首页、重要分类页面或建议用户访问的页面，还可以添加上站内搜索框等。

制作好 404 页面并将其上传到服务器，然后在服务器中进行相应的设置即可实现自定义 404 页面的功能。

5．图片及图片 alt 属性

图片是网页中除文字、超链接之外的重要内容。目前，大多数搜索引擎都将图片优化程度作为搜索和抓取的指标之一，并且搜索结果也可以采用图文并茂的形式进行展示。由此可见，图片优化也是网页优化的重点。

图片优化是 SEO 人员的必备技能，其主要作用如下。

（1）在图片的 alt 属性中可以融入关键字，增加关键字的密度，有利于提升关键字排名。

（2）优质的图片能够第一时间吸引用户的眼球，增加网站的访问流量。

（3）图片文件的大小是影响页面加载速度的关键因素之一，做好图片优化可以有效加快文件的加载速度，从而提升搜索引擎的抓取效率。

（4）在搜索结果中显示一张图片，可以更加有效地吸引用户进行点击。

6．网站代码优化

在使用网页制作软件制作网页时，产生的 HTML 源代码中有一部分不是必需的，如注释和每一行代码前的空格等，这些都是冗余代码。这些冗余代码会增加网页文件的大小。另外，一些网页制作方式也会增加网页文件的大小。网页文件太大不仅会降低下载速度，同时也会增加网页源代码中与网页主题无关的内容比例，以及增加搜索引擎的计算量，因此，需要对网站代码进行优化。其主要有以下 5 种优化方法。

（1）使用外部 JavaScript 脚本文件。

如果为网站中的每个网页文件都添加 JavaScript 脚本程序，无疑会增加每个网页文件的大小，会增加修改 JavaScript 脚本程序的难度，因此应使用外部 JavaScript 脚本文件。

使用外部 JavaScript 脚本文件，不仅可以同时减少每个网页文件的大小，而且当需要修改 JavaScript 脚本程序时，只需修改 JavaScript 脚本文件即可。

当使用外部 JavaScript 脚本文件时，需要将所有的 JavaScript 脚本程序放入一个后缀名为.js 的文本文件中，然后在网页源代码中通过<script>标签引入。

（2）使用外部 CSS 样式文件。

在设置网页内容的样式时，应使用外部 CSS 样式文件。因为同一个网站中的网页内容的样式是类似的，如果在每一个网页文件中都添加 CSS 样式代码，无疑会增加每个网页文件的大小。

使用外部 CSS 样式文件，不仅可以同时减少每个网页文件的大小，而且需要修改页面格式时，只修改 CSS 样式文件即可。

要使用外部 CSS 样式文件，需要将所有的 CSS 样式文本放入一个后缀名为.css 的文本文件中，然后在网页源代码中通过<link>标签引入。

（3）减少或删除注释。

HTML 源代码中的注释主要用于提示程序员和设计人员。如果网页不再需要修改，可以删除注释，尽量减少其对搜索引擎的干扰。

（4）尽量满足 W3C 标准。

由于搜索引擎收录标准、排名算法等都是根据 W3C（World Wide Web Consortium，万维网联盟）标准开发的，因此，网页代码的编写也应满足 W3C 标准，这样能够提升搜索引擎对网站的友好度。

（5）启用 GZIP 压缩功能。

在网页服务器上开通 GZIP 压缩功能，可以大幅度压缩网页文件的大小，改善网站性能，并降低与网络带宽有关的费用。

7. 网页体验优化

网页体验是一组因素和指标，用于衡量用户对于网页互动的体验度（不考虑网页本身的信息价值）。它包含核心网页指标，这是一组衡量真实用户体验的指标，包括网页的加载性能、互动性和视觉稳定性。它还包含现有的搜索衡量因素，包括移动设备适合性、安全浏览、HTTPS 和无干扰性插页式广告。

（1）核心网页指标。网页应提供良好的用户体验，侧重于加载速度、互动性和视觉稳定性方面的性能。例如，网站中可见的最大图像或文本块的渲染时间控制在 2.5 秒以内；从用户第一次与页面交互（点击链接、点击按钮或使用自定义的 JavaScript 控件）到浏览器实际执行事件处理程序以响应该交互的时间控制在 100 毫秒以内。

（2）适合移动设备。网页应适合移动设备的访问及浏览。

（3）安全浏览。网页不包含恶意（如恶意软件）或欺骗性内容。
（4）HTTPS。网页采用 HTTPS 协议。
（5）无干扰性插页式广告。用户可以轻松访问网页上的内容。

8．移动设备优化

在移动互联网时代，移动设备的优化对于网站的搜索引擎优化尤其重要，因此针对移动设备优化网站也变得必不可少，甚至各大搜索引擎都提高了移动设备的浏览和内容展现的权重性。

如果网站不适合移动设备，则在移动设备上可能不太容易浏览及使用网站。用户在浏览不适合移动设备的网站时，需要放大或缩小屏幕才能浏览网站内容。这会使用户在使用时感到不便，甚至离开网站。反观适合移动设备的网站，不仅易于浏览，使用起来也极为流畅方便。

常用的能够实现移动版网站的方法有以下 3 种，可以让网站处理所有类型和尺寸的屏幕。

（1）自适应设计。通过同一网址提供相同的 HTML 代码，不考虑用户所使用的设备（如桌面设备、平板电脑、移动设备），但可以根据屏幕尺寸以不同方式呈现内容。

（2）动态提供内容。使用相同的网址，而不考虑用户所使用的设备，但会根据服务器对用户所用浏览器的了解，针对不同设备类型生成不同版本的 HTML 代码。

（3）单独的网址。该方法会利用单独的网址向每种设备提供不同的代码。这种配置会尝试检测用户所使用的设备，然后使用 HTTP 重定向和 Vary HTTP 标头重定向到相应的页面。

移动版网站搜索引擎优化的最佳做法如下。

（1）确保"蜘蛛"能够访问并呈现移动版网站的内容和资源。

- 在移动版网站和桌面版网站上使用相同的漫游器元标记。如果在移动版网站上使用不同的漫游器元标记（尤其是 noindex 或 nofollow），那么网站启用"优先将移动版网站编入索引"机制后，搜索引擎可能无法抓取该网页并将其编入索引。
- 不要在用户互动时延迟加载主要内容。"蜘蛛"不会加载需要用户互动（如滑动、点击或输入）才能加载的内容。
- 允许搜索引擎抓取网站资源。某些资源在移动版网站上的网址不同于在桌面版网站上的网址。如果想让搜索引擎抓取网址，应确保没有使用 disallow 指令屏蔽相应网址。

（2）确保桌面版网站和移动版网站具有相同的内容。在移动版网站上使用与桌面版网站相同的明确且有意义的标题。

（3）如果网站上有结构化数据，确保移动版网站和桌面版网站这两个版本中都包含这些数据。

- 在结构化数据中使用正确的网址。确保将移动版网站上的结构化数据中的网址更新为移动版网址。
- 如果使用了数据标注工具，要在移动版网站上检查是否有提取错误。

（4）在桌面版网站和移动版网站上添加相同的元数据，确保在这两个版本上使用等效的描述性标题和元描述。

（5）检查视觉内容，确保移动版网站上使用高质量的图片，不要使用不受支持的格式或标记。对移动版网站上的图片，应使用与桌面版网站相同的描述性替代文本。对移动版网站上的图片，应使用与桌面版网站相同的描述性标题、说明、文件名和文字。

2.2.3 站内 SEO 内容优化

1. 网页标题

网页优化的基本思路是使主要关键字出现在网页关键位置上，网页标题就是网页中一个重要的关键位置。搜索引擎可以通过网页标题了解网页的主要内容，并且其在判断网页权重时也会参考网页标题。网页标题一旦确定，后期尽量不要进行大幅度的修改。

为使用户能够更加方便地通过网页标题了解网页内容，在设置网页标题时，还需要注意以下事项。

（1）网页标题的主题要明确。

一个主题明确的网页标题，可以帮助用户更方便地判断网页内容是否符合其需求。图 2-1 所示的搜索结果，其标题为"Untitled"，用户无法从中了解网页内容；而图 2-2 所示的搜索结果，其标题简洁明了，用户一看就知道网页的主要内容。

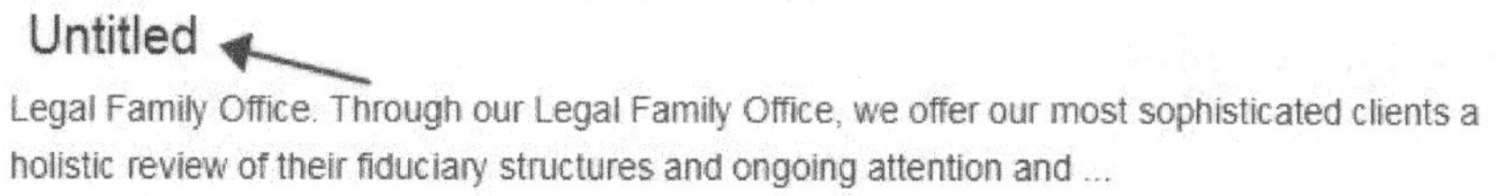

Untitled
Legal Family Office. Through our Legal Family Office, we offer our most sophisticated clients a holistic review of their fiduciary structures and ongoing attention and ...

图 2-1　主题不明确的网页标题

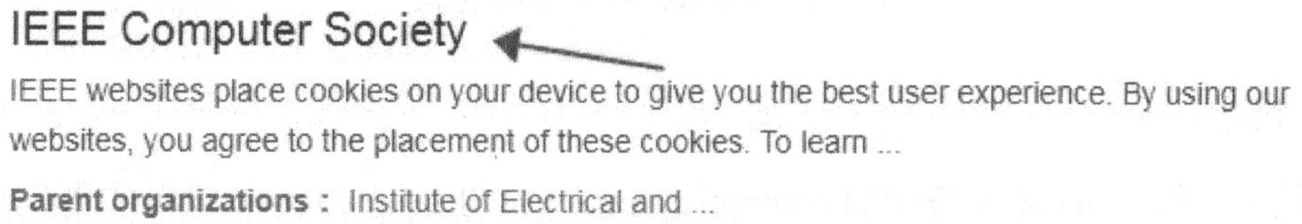

IEEE Computer Society
IEEE websites place cookies on your device to give you the best user experience. By using our websites, you agree to the placement of these cookies. To learn ...
Parent organizations : Institute of Electrical and ...

图 2-2　主题明确的网页标题

（2）网页标题字数不宜过多。

网页标题字数最好不超过 70 个半角字符，因为在搜索引擎的搜索结果中标题最多只会显示 30 个全角字符，多余的内容会被隐藏。图 2-3 所示的搜索结果，其标题字数在 70 个半角字符以内，可以正常显示；而图 2-4 所示的搜索结果，其标题字数超过了 70 个半角字符，多余的字符以"..."形式显示。

Computers | Laptops, Desktops, Workstations & 2-in-1s | CDW
CDW offers a wide variety of computers to suit your every need, from desktops to laptops and workstations to 2-in-1s, shop our top-selling brands.

图 2-3　网页标题字数在 70 个半角字符以内

CCL Computers: Desktop PCs, Gaming PCs, Laptops, PC ...
CCL specialise in desktop PC computers, laptops, notebooks, netbooks and PC components including motherboards, hard drives, CPUs, graphics cards and ...

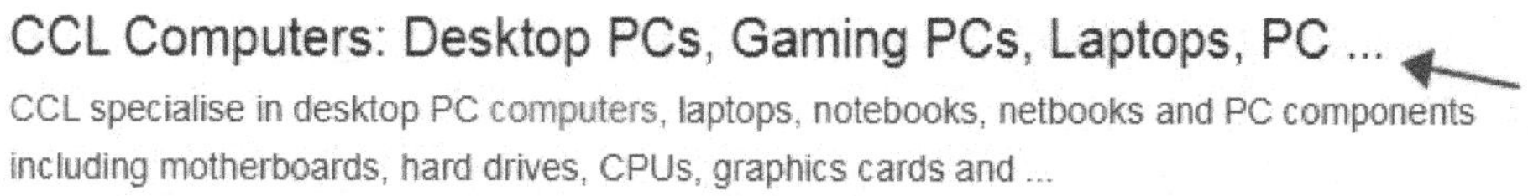

图 2-4　网页标题字数超过 70 个半角字符

另外，网页标题字数越多，其关键字就越多，每个关键字分到的权重就越少，这样每个关键字的排名就都会受到影响。

（3）不同网页的标题不能重复。

网页标题是网页主要内容的概括，搜索引擎可以通过网页标题迅速地判断网页的主题。几乎每个网站都由一个首页、几个栏目页和大量文章页组成，因此，每个网页都应该具备一个独一无二的标题，这样才能与其他页面区分开来。

有些网站所有页面的标题都是一样的，即只有一个网页标题，由于标题中缺少了相应的关键字，即使网页内容与某个关键字有关，也很难在搜索结果页中被显示出来。或者即便显示了，排名也会比较靠后，并且由于标题不能反映网页内容，也很难引起用户的注意，也就不会获得点击量。

另外，虽然有些网站并非所有页面的标题都相同，但是部分相关页面标题的关键字相同，就会产生内部竞争，不利于网站的整体排名。因此，只有为每个网页设置含不同关键字的标题，使每个网页在不同的关键字下进行排名，才能提升网站的整体排名。

通过网页代码中的<title>标签可以设置网页标题，通常该标签在网页代码的<head>与</head>之间，如图2-5所示。

```
<head>
<meta charset="utf-8" />
<meta name="data-spm" content="a2g0o" />
<meta http-equiv="content-language" content="en" />
<title>AliExpress - Online Shopping for Popular Electronics, Fashion, Home & Garden, Toys & Sports, Automobiles and More.</title>
<meta name="description" content="Online shopping for the latest electronics, fashion, phone accessories, computer electronics, toys, home&garden, home appliances, tools, home improvement and more."/>
<meta name="keywords" content="AliExpress, Online shopping, Automotive, Phones, Accessories, Computers, Electronics, Fashion, Beauty, Health, Home, Garden, Toys, Sports, Weddings"/>
<meta name="viewport" content="width=device-width, initial-scale=1.0, maximum-scale=1.0, user-scalable=no" />
```

图 2-5 网页代码中的<title>标签

2. 描述

通过网页代码<meta>标签中的 description 参数（见图2-6），可以设置网页描述。网页描述是对网页内容的精准提炼和概括，搜索引擎可以通过其了解网页内容。网页描述会出现在搜索结果中，因此，SEO人员需要根据网页的实际情况来进行设计，避免出现与网页无关的描述。

网页描述的格式如图2-6所示。

`<meta name="description" content="描述" />`

```
<head>
<!-- meta信息 -->
<title>Desktop Computer All-in-one Pc - Buy Allinone Pc,Computer All In One,Gaming Pc Product on Alibaba.com</title>
<meta name="keywords" content="Hot Pc Gaming Desktop Computer All-in-one Pc - Buy Allinone Pc,Computer All In One,Gaming Pc Product on Alibaba.com"/>
<meta name="description" content="27.2 Inch Gaming Computadoras I5 10400f Gtx All In One Pc Desktop Professional Computer - Buy Computadoras,Gaming Computadoras,Professional Computer Product on Alibaba.com "/>
<!-- 首屏css -->
<link rel="stylesheet" href="//g.alicdn.com/@g/sc-details/0.0.60/index.css">
<script>
    window.__setBBParams('time2')
</script>
```

图 2-6 网页代码<meta>标签中的 description 参数

设置网页描述时要注意以下事项。

（1）语句要通顺连贯。网页描述必须兼顾用户体验，确保语句通顺连贯，有一定的吸引力，并能够准确地概括网页内容。

（2）应融入必要的关键字。在网页描述中既可以融入标题中的关键字，还可以添加一些二级关键字以增加网页的收录率。但是不要堆砌关键字，因为这样做不仅没有意义，还容易被搜索引擎认为有作弊的嫌疑。

（3）字数要合理。网页描述的字数不要太多，也不能太少，最好控制在 40～80 个全角字符。

（4）为每个网页设置不同的描述。每个网页都必须有对应的网页描述，不要将网站中所有网页的描述都设置为相同的内容。因为每个网页的内容都是不同的，如果采用相同的描述，不利于搜索引擎对网页的搜索和抓取。

3．关键字

通过网页代码<meta>标签中的 keywords 参数可以设置网页关键字。该关键字是为了用户能通过搜索引擎搜索到某一网页而设置的词汇，并非网站的整体介绍。

关键字应该精练、简洁，与标题紧密相关，形成前后呼应，其格式如图 2-7 所示。

```
<meta name="keywords" content="关键字" />
```

```
<html>
<head>
    <title>2021 Summer Men's T-shirt Sports Fitness Short Sleeve Breathable Quick Drying Clothes V Neck T Shirts Men - Buy V Neck T Shirts Men,Men V Neck T Shirt,Men's Digital Printing T-shirts Product on Alibaba.com</title>
    <meta name="keywords" content=" Sports Fitness Short Sleeve Breathable Quick Drying Clothes Men's T-shirt V Neck T Shirts Men - Buy V Neck T Shirts Men,Men V Neck T Shirt,Men's Digital Printing T-shirts Product on Alibaba.com">
    <meta name="description" content=" Quick Drying Clothes V Neck T Shirts Men - Buy V Neck T Shirts Men,Men V Neck T Shirt,Men's Digital Printing T-shirts Product on Alibaba.com">
    <!-- 首屏 css -->
    <link rel="stylesheet" href="//g.alicdn.com/@g/sc/sc-details/0.0.60/index.css">
    <script>
        window.__setBEParams('time2');
    </script>
```

图 2-7 网页代码<meta>标签中的 keywords 参数

设置网页关键字时要注意以下事项。

（1）数量不能太多。关键字的数量不能太多，通常情况下，选择 3～5 个能够集中体现网页主要内容的关键字即可。关键字太多不仅会分散每个关键字的权重，还容易被搜索引擎判定为关键字堆砌，从而受到降权处罚。

（2）以半角逗号隔开。每个关键字之间应该以半角逗号隔开，因为全角逗号对搜索引擎的抓取有影响。

（3）不要使用生僻词汇。生僻词汇的用户搜索量很少，能够带来的浏览量也就很少，不适合作为关键字。

4．图片的 alt 属性

网页代码中用于插入图片的<img>标签中的 alt 属性可以为图片添加描述文本。在对网页中的图片进行优化时，可以根据图片的内容来进行设置。

alt 和 title 属性都可以为图片添加描述文本，它们的作用既有相同点，也有不同点。

（1）相同点在于：为图片设置了 alt 或 title 属性后，当图片由于某种原因不能被加载时，在图片的位置上会显示 alt 或 title 属性的内容，用户据此能够知道图片的大致内容；另外，搜索引擎也可以通过 alt 和 title 属性来了解图片内容。

（2）不同点在于：当设置了 title 属性后，将鼠标指针移动到图片上时，会弹出一个提示框并显示 title 属性的内容，可以帮助用户了解图片的内容，而 alt 属性无此功能；如果同时为 alt 和 title 属性设置了不同的内容，且图片未能正常加载，在图片的位置处会显示 alt 属性的内容，将鼠标移动到图片位置处，在弹出的提示框中会显示 title 属性的内容。

设置 alt 和 title 属性时，只需在网页代码中找到图片对应的<img>标签，在其中添加 alt 和 title 属性，并设置属性值即可。

2.3 站外 SEO

站外搜索引擎优化一直以来都是 SEO 中的重要问题，因为在搜索引擎排名因素中，站外部分所占的比例非常大，很多时候站外因素甚至起到了主导作用。

2.3.1 站外 SEO 的目的

站外 SEO 是脱离自身网站站点的优化技术，外部因素是超出自身网站控制的。外链建设对 SEO 的重要作用在于提升网站权重、增加网站流量和提升网站收录率。

1．提升网站权重

搜索引擎排名算法以外链为主要判断因素，这意味着外链被搜索引擎当作判断网站权重的依据，导入链接内容相关性及锚文本成为判断排名的重要因素。假设有外链 1、外链 2 和外链 3 这 3 个外链同时在网站 A 中，那么当搜索引擎查询到网站 A 有很多外链时，会认为网站 A 比较重要，就会提升网站 A 的权重。

2．增加网站流量

一个优质的外链可以为网站带来很大的流量，如热门论坛外链等。假设有两个网站分别是网站 A 和网站 B，用户通过点击网站 A 上的一个外链跳转到网站 B，就可以为网站 B 带来新流量。与合作伙伴互相推荐链接，与行业网站、相关性网站进行链接交换，可以增加网站流量。

3．提升网站收录率

"蜘蛛"是靠链接在互联网中抓取网页的，一个网站或网页如果没有外链导入就无法被"蜘蛛"抓取并收录。例如，建立一个新网站后，可以通过发布一些外链来吸引"蜘蛛"，最常见的就是在一些论坛网站上发布外链或在门户网站上发布新闻软文，以吸引"蜘蛛"。对于一个新网页来说，如果没有入口，是无法被"蜘蛛"发现的，所以网站一定要想办法给新页面带来较多的外链，以便被"蜘蛛"发现和抓取，增加网站的收录率。

2.3.2 外链建设

外链建设是网站优化工作的重要内容，掌握合理的外链建设原则及方法，对网站快速稳定提升排名有很大的帮助。由于搜索引擎对外部链接的重视程度较高，因此，获取高质量的外部链接是网站外部链接优化的重点工作之一。

1．外链添加原则

在学习外链建设的方法前，需要先了解寻找外链及添加外链时需要遵循的基本原则。

（1）内容相关性。

寻找外链时，网站的内容相关性是衡量外链质量的重要标准之一。内容具有相关性的网站对于彼此的价值要高于那些与它们的内容无相关性的网站,并且相同行业网站之间的外链质量更高。因此,可以访问同行业中其他人的博客并留言,相互沟通。

(2) 难度越大,价值越高。

外链建设是一项费时费力的工作,并且很难保证有投入就有产出,想要获得好的外链,难度很大。不过一般来说,外链添加难度越大,效果越好。SEO 专员千万不能因为第一次联系时被拒绝就灰心丧气而放弃。很多时候从权重较高的博客、新闻网站、论坛获得链接,需要与对方联系多次,才有机会获得好的外链。

(3) 外链的质量比数量更重要。

外链的质量比数量更重要,因为低质量的外链发得再多,也比不上一个高质量的外链带来的推广效果。添加外链时要将链接的质量作为考察指标,而不要盲目追求外链数量,否则只会是做无用功。另外,不要使用群发软件发布低质量的外链,这样做可能会取得一时的效果,但是从长久来看可能会导致网站被降权。

(4) 链接来源广泛。

在添加网站外链时,应该使外链的构成来源广泛一些,形成自然状态,否则容易被搜索引擎认为是刻意为之。所以,在发布外链时要注意网站种类的多样性。对于 PR 值的要求也不应过于严格,如果一个网站的外链全部来自 PR 值高的页面,也会引起搜索引擎的怀疑。

(5) 平稳增加链接。

外链建设一定要循序渐进,不要急于求成,特别是对于新网站来说。如果一个网站一夜之间突然增加了很多外链,很容易被搜索引擎认为存在作弊行为,那就得不偿失了。因此,在外链建设过程中,应该制订好计划,明确目标,有步骤、有原则地增加外链,这样才能取得好的效果。

(6) 查看对方网站的首页位置。

使用指令查询对方网站的域名,如果在搜索结果的前几页都找不到对方网站的首页,需要先分析对方网站是否被搜索引擎降权,再决定是否进行链接交换。

2. 外链建设方法

由于外部链接存在不可操控性,因此,添加外链是一项比较耗费时间的工作,尤其是添加高质量的外链。下面介绍几种可以高效建设外链的方法。

(1) 提交分类目录。

提交分类目录是网站外链建设的常用方法之一,尤其是新网站。向分类目录网站提交分类目录有利于快速提升外链数量。提交分类目录可以分为以下 4 个步骤。

①查找分类目录。

查找分类目录网站的方法比较简单,主要有以下 3 种方法。

- 直接通过搜索引擎搜索分类目录,搜索时所使用的关键字可多样化,如网站导航、网站目录、分类目录等。
- 查看竞争对手的网站被哪些分类目录网站收录,可以用上述提到的搜索方式进行查询。
- 找到一个分类目录网站,查找站点上有没有分类目录网站的类目,如果有则可以"顺藤摸瓜"找到更多的分类目录网站。

②判断分类目录网站的质量。

分类目录网站虽然有很多，但并不是所有的分类目录网站都适合提交，提交之前需要先判断该分类目录网站的质量。判断时需要注意以下几点。

- PR 值。之所以要将网站提交到分类目录网站，主要是看中其站点的高权重，如果分类目录网站的 PR 值仅达到 2 或 3，那就没有必要提交。
- 域名年龄。提交前需要查看网站的域名注册信息，域名年龄越长说明网站越稳定，网站权重和相关性也会更高。
- 网站快照日期。网站快照日期能反映"蜘蛛"的爬行时间，在一定程度上也能反映站点对搜索引擎的友好度。
- 网站上的垃圾站情况。俗话说"近朱者赤，近墨者黑"，如果分类目录网站上的垃圾站点很多，说明这个分类目录网站在审核上存在问题，该网站有可能被封掉。

③分类目录提交准备。

提交分类目录网站不同于"蜘蛛"的自动抓取，大部分分类目录网站是人工审核的，所以在正式提交之前，还要做好以下准备工作。

- 确保网站已经建设完成。如果分类目录网站的编辑在审核网站时发现站点还在建设中，或者出现 404 页面等，网站审核通过率很小，甚至会将网站列入黑名单。
- 做好网站的网页设计。因为是人工审核，所以审核结果容易受到审核人员的主观影响，一个看起来舒适的网站与一个页面混乱的网站带给人的感觉截然不同，并且从用户的体验度来说，也要做好网站的页面设计工作。
- 提前准备好要提交的内容。向分类目录网站提交站点时需要输入自己网站的地址、网站名称、网站描述、关键字、联系方式等网站信息。网站名称建议直接用站点的名称，网站描述中尽量少用或不用"最大""最好""第一"等字眼。在提交这些网站信息之前，可以先整理到一个文档里，使用时直接调用文档即可。

④建立分类目录提交工作表。

为了有效地控制和监测提交效果，可以建立一个工作表。因为将网站提交到分类目录网站后，通常情况下网站不会马上被收录，并且在提交分类目录时可能会提交给很多分类目录网站，所以需要建立一个分类目录提交工作表。这个工作表需要包含网站名称、网址、网站 PR、提交时间、提交结果、跟踪时间、用户注册名称、登录密码等信息。这样即使提交给很多分类目录网站，也不会出现问题。

（2）交换友情链接。

友情链接对提升网站的权重和流量有着重要的作用，交换友情链接也是网站外链建设的重要组成部分。在交换友情链接时，最好能够找到一些与自己网站内容具有相关性的高质量的网站，不要一味地追求链接数量而忽视了网站质量。

（3）论坛营销。

论坛签名外链是传统的外链形式之一。论坛签名曾经风靡一时，但现在论坛签名所能传递的权重已经大打折扣了，虽然如此，但还是有许多人坚持采用这一方式。有些论坛已不允许在签名处带链接，在这种情况下可以通过写帖子的方式，在帖子中的合适位置加入链接。由于一些论坛对垃圾链接的打击越来越严厉，所以一定要脚踏实地地写一些高质量的帖子或文章，如果帖子被管理员加精或置顶，帖子中的外链才可称得上是高质量的外链，同时也才有可能被更多人转载，从而提高网站流量和收录率。

（4）视频网站引流。

视频网站本身的流量很大，而且权重也很高。通过视频网站增加外链不但质量很高，而且还可以提高网站知名度和网址曝光率。

2.4　SEO 工具

在大数据盛行的今天，不能凭借主观意向对网站进行优化，而是要借助各种 SEO 工具，在数据分析的基础上进行网站优化。这些工具可以查询网站的基本信息、流量、权重和排名等数据。

2.4.1　Google Search Console

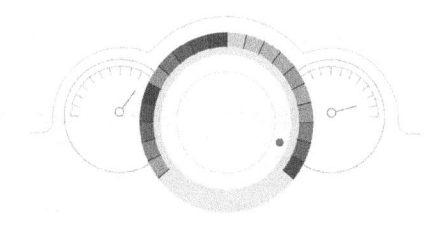

Google Search Console 是 Google 的一项用于监控和维护自身网站的产品，帮助用户在 Google 搜索结果中衡量网站的搜索排名情况及解决相关问题。

1．注册 Google Search Console 账户并验证网站

注册一个 Google 账户，如 Gmail，就可以将这个账户注册成为 Google 旗下的任意一款产品的账户，包括 Google Search Console、广告账户等。如图 2-8 所示，直接使用 Google 账户即可登录 Google Search Console。

图 2-8　登录 Google Search Console

首次登录 Google Search Console 账户后的第一步是验证网站的所有权，通常采用网址前缀的方式，然后输入完整的网站链接进行验证，如图 2-9 所示。

Google Search Console 会提供一个 HTML 文件，网站技术人员将这个文件下载后放置在网站的根目录下，然后点击"验证"按钮即可完成网站验证，如图 2-10 所示。

2．Google Search Console 常用报告及其功能

（1）效果报告。通过效果报告可以查看关键字、网页等在一定时间段内自然搜索的表现，如图 2-11 所示。

图 2-9　选择验证方式

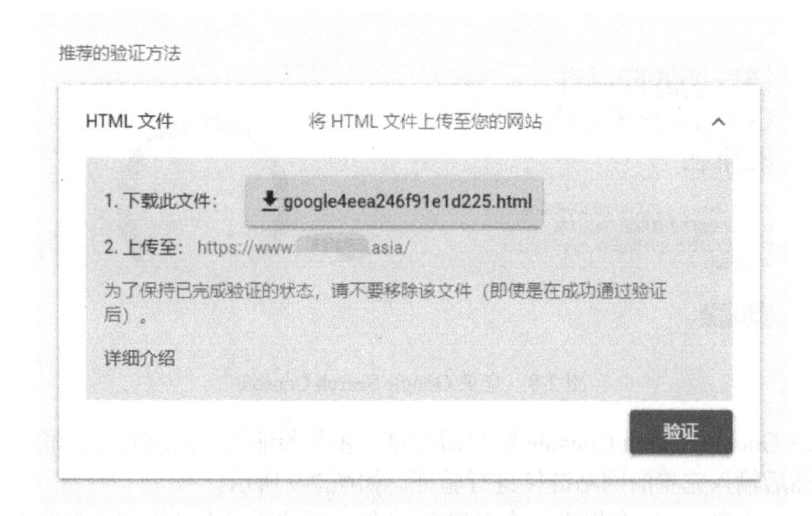

图 2-10　验证所有权

（2）提交网站地图。在网站中，网站地图会被制作成一个文件放置在网站的目录中并形成一个链接，将该链接输入 Google Search Console 即可上传网站地图，如图 2-12 所示。

（3）覆盖率报告。在覆盖率报告中，可以查看网页是否存在问题，如是否禁止抓取、无法索引等，如图 2-13 所示。

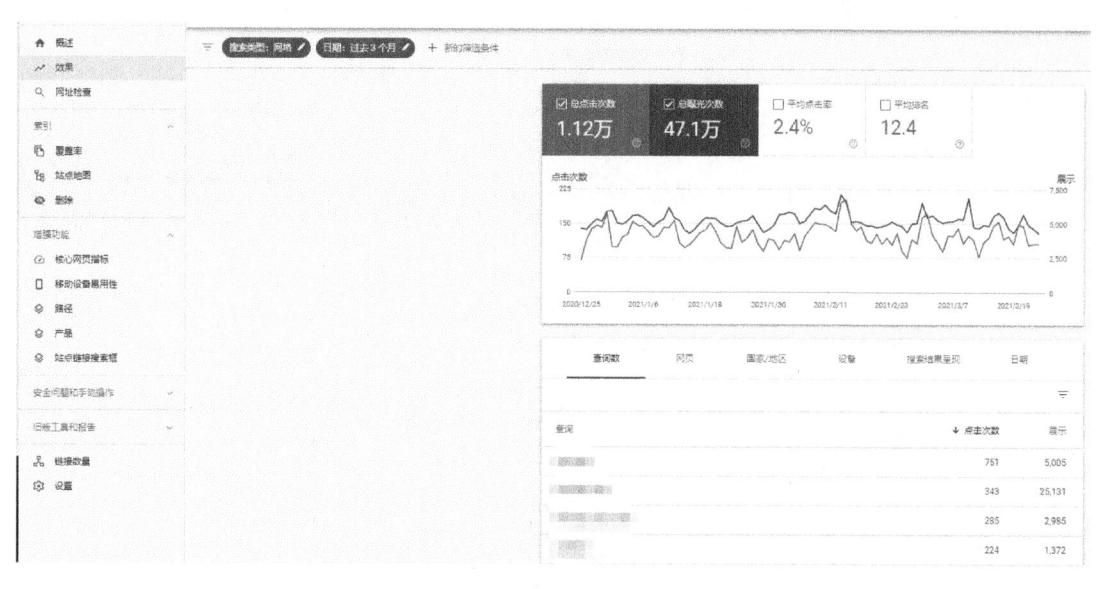

图 2-11　效果报告

图 2-12　提交网站地图

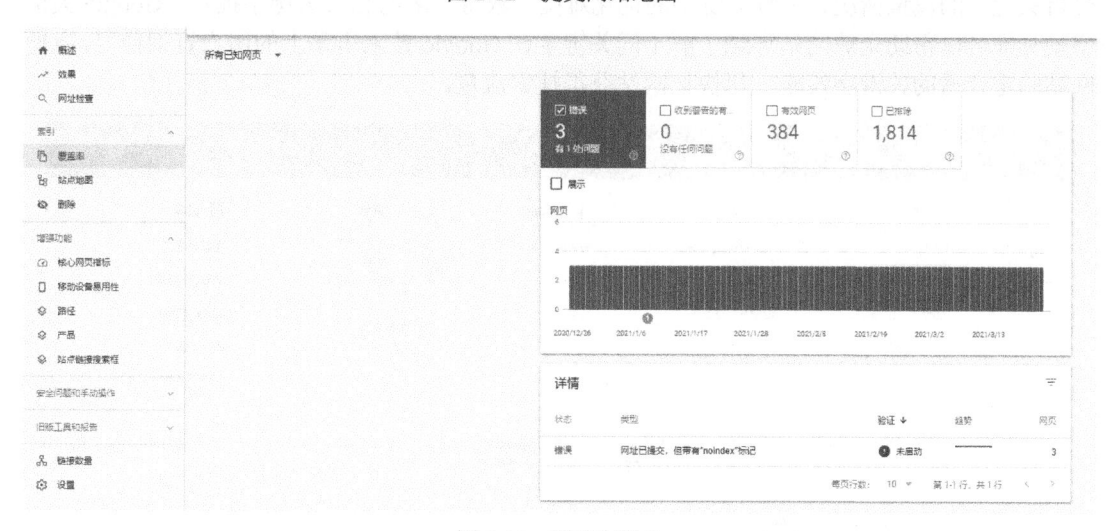

图 2-13　覆盖率报告

（4）链接数量报告。在链接数量报告中，可以查看网站外链和内链的情况，如图 2-14 所示。

图 2-14 链接数量报告

2.4.2 Google 关键字规划师（Keyword Planner）

对于企业网站建设，关键字是最为关键的一个因素，一个网站是不是能够具有良好的营销效果就在于关键字的选择是不是合理，因此，对关键字进行分析极有必要。Google 关键字规划师就是这样的一种工具，可以帮助企业网站进行关键字的选取和分析。

关键字规划师是 Google 广告系统中的一项工具，如图 2-15 所示。当然，关键字规划师不仅仅为广告服务，任何对关键字的研究都可以使用关键字规划师。关键字规划师可以统计分析关键字的流量情况，了解关键字的优化难度，获得更多的相关关键字提示。Google 关键字规划师可以帮助企业网站详细了解不同关键字在 Google 搜索引擎上的用户查询情况，方便网站制定合适的关键字策略，尽快让网站获得搜索流量。

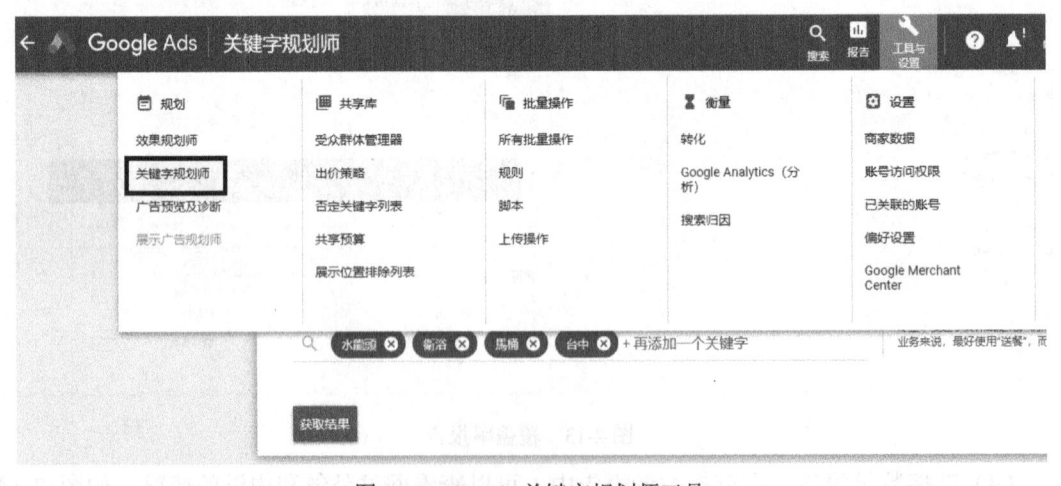

图 2-15 Google 关键字规划师工具

(1)选择"发现新关键字"选项，如图2-16所示。

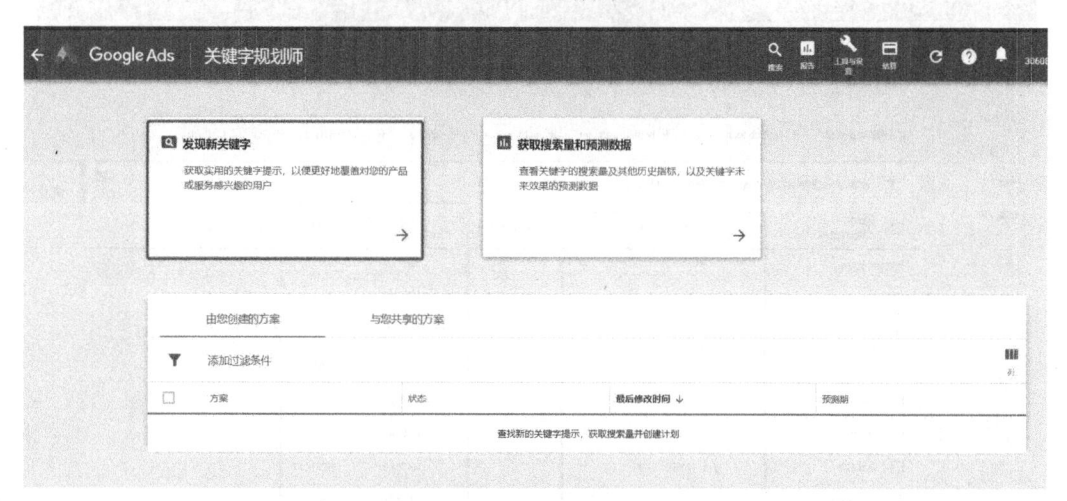

图2-16 选择"发现新关键字"选项

(2)在"发现新关键字"页面中输入关键字，选择需要查找的语言和国家，点击"获取结果"按钮，如图2-17所示。

图2-17 "发现新关键字"页面

(3)从结果页面中可以看到关键字的搜索量与出价信息，以供参考，如图2-18所示。

2.4.3 SEMRUSH

SEMRUSH是搜索引擎优化工具之一，提供多种搜索引擎优化功能，用它可以了解竞争对手的关键字策略。SEMRUSH在搜索引擎优化的竞争者研究中是一款不可或缺的工具。SEMRUSH在在线营销市场上占据着举足轻重的地位，帮助众多营销人员了解如何优化来自Google搜索引擎的流量，进行关键字研究和竞争性分析，以提高网站流量。

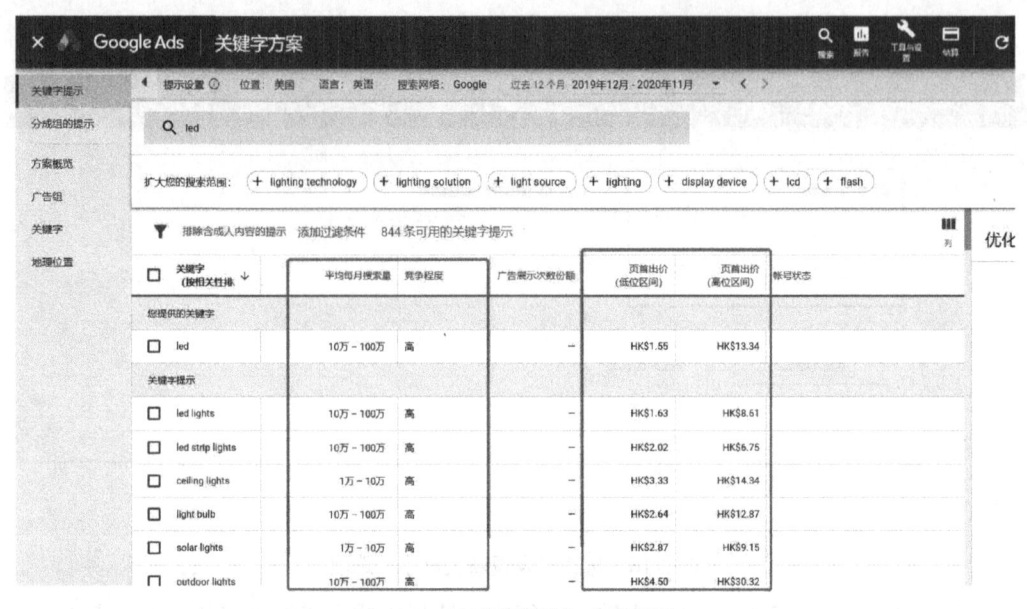

图 2-18 显示搜索量与出价信息

登录 SEMRUSH 官网，在搜索栏输入竞争对手的网址后，点击"Search"按钮，就会生成一份报告，可以看到包括自然搜索及付费搜索的整体分析，还可以深入查看细分报告，如 Top 关键字来源、Top Landing Pages（最热门着陆页）、广告投放历史、关键字的难易程度等，如图 2-19 所示。

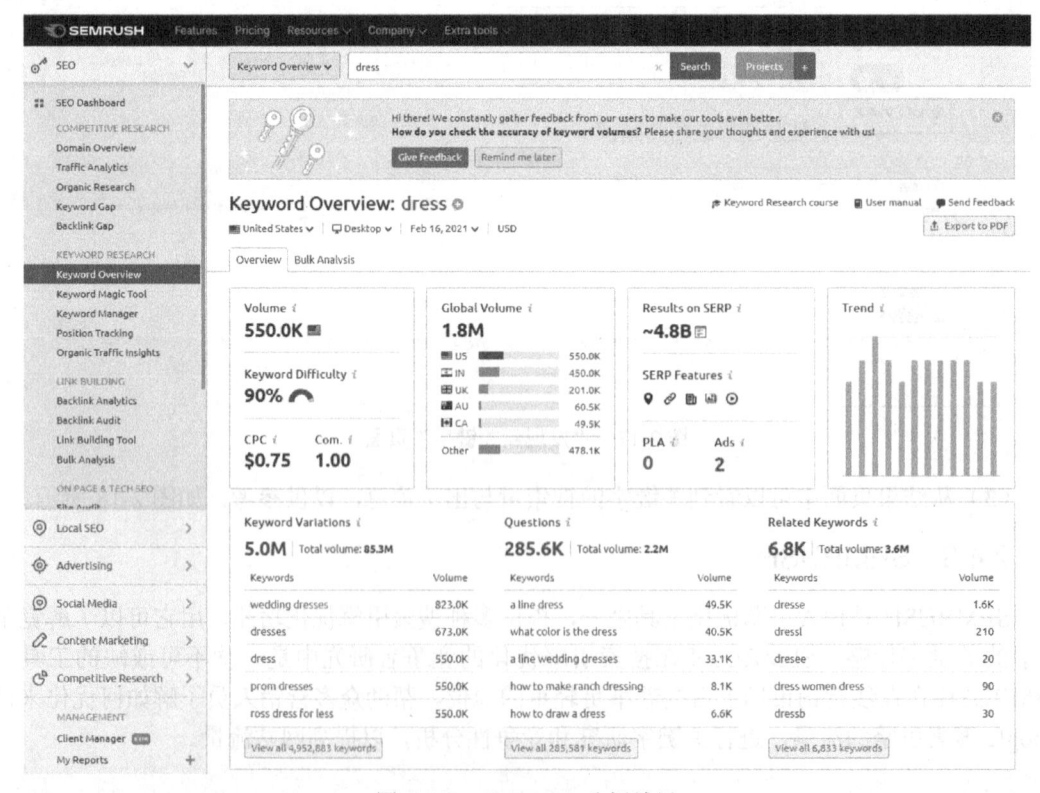

图 2-19 SEMRUSH 分析结果

2.4.4 AnswerThePublic

AnswerThePublic 是一个可视化关键字搜索工具,可以进行问句式短语搜索。AnswerThePublic 能够高效地查看来自搜索引擎的自动建议结果,并自动捕获这些结果,最后提供一份颇有见地的报告。AnswerThePublic 能快速生成数百个关键字,同时还能理解潜在用户搜索的关键字,预测搜索结果。该工具没有提供搜索量或竞争相关数据,而是可视化地展示受欢迎的搜索关键字。

登录 AnswerThePublic 官网,输入和产品相关的一个单词,就会显示出大量的相关结果,主要以长尾词为主,如图 2-20 所示。该工具还能拓展很多相关用户问题,可以从问题、介词、对比等拓展分类中找到用户关心的话题,了解用户习惯使用的语言,挑选出重要的关键字。

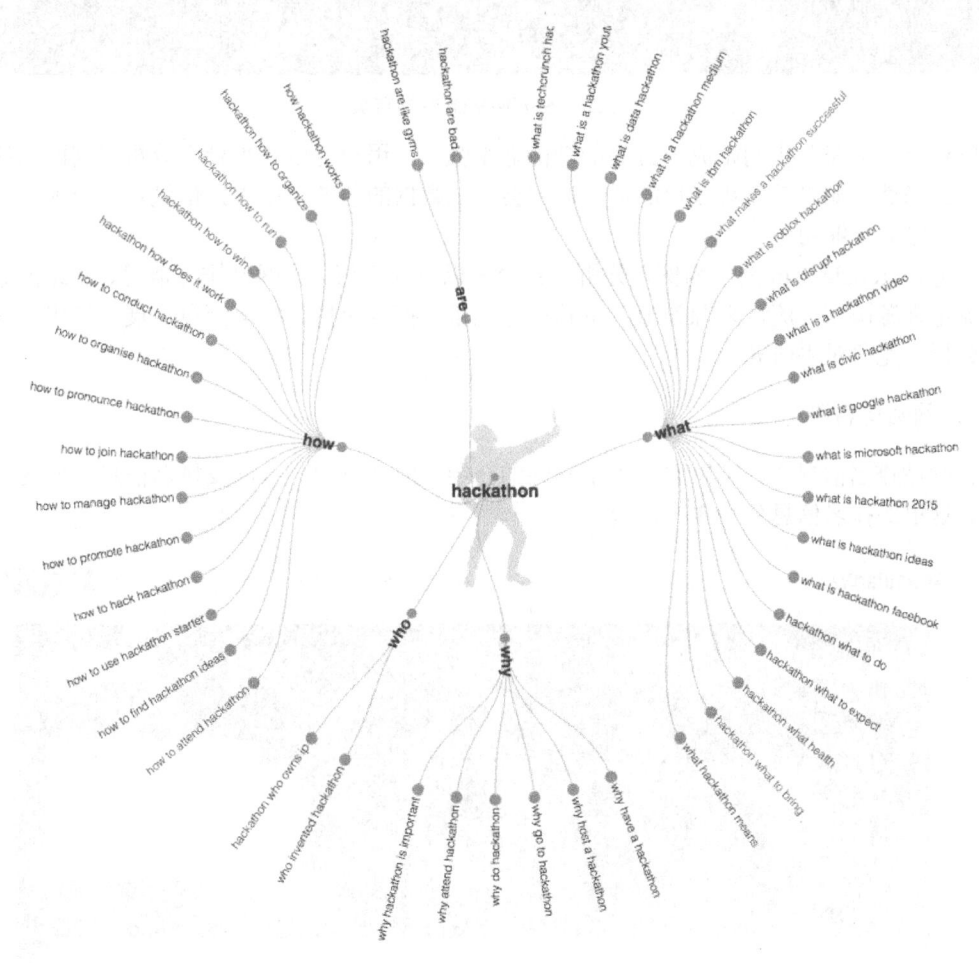

图 2-20　AnswerThePublic 分析结果

2.4.5 SimilarWeb

SimilarWeb 是全球十分受欢迎的网站分析工具之一,其主要功能包括分析网站及竞争对手网站的流量信息、网站流量来源、关键字及用户黏性(如网站停留时间、跳出率、网页浏览量)等。SimilarWeb 网站首页如图 2-21 所示。

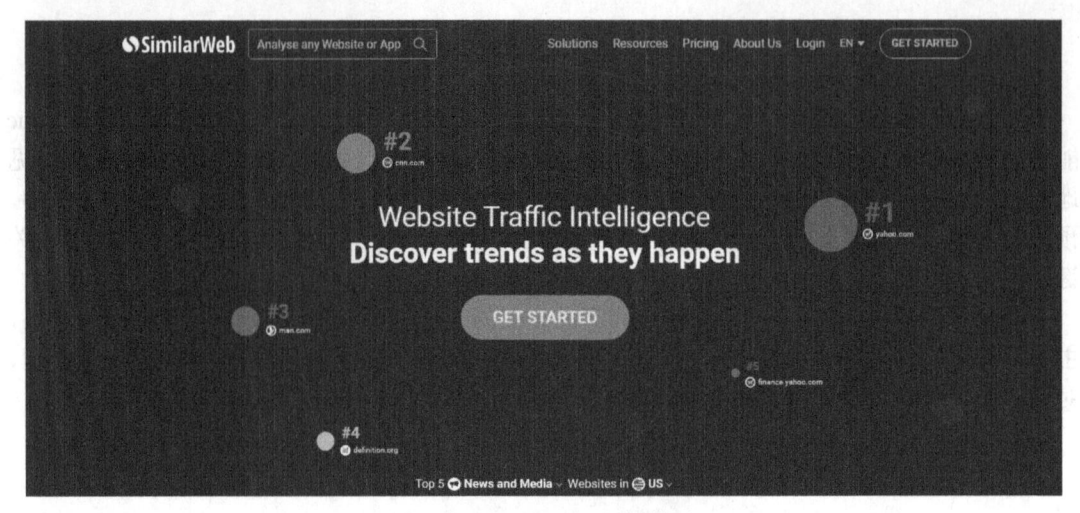

图 2-21 SimilarWeb 网站首页

SimilarWeb 在分析网站流量方面的功能非常强大，用户可以在平台上分析任何网站的流量数据。当然，如果是免费账户的话，通常会显示数据的前 5 个结果，但这对于个人或中小型企业已经完全够用了。

以分析 google.com 网站为例，分析结果分为以下几个部分：网站排名情况、网站流量情况、流量来源国家、流量来源渠道、引荐渠道流量、搜索流量、社交流量、展示广告、受众兴趣分析、竞争对手研究。

1. 网站排名情况

在网站排名情况中，可以看到关于网站的介绍、成立时间、总部及排名信息，如图 2-22 所示。这里的排名信息分为 3 个部分。

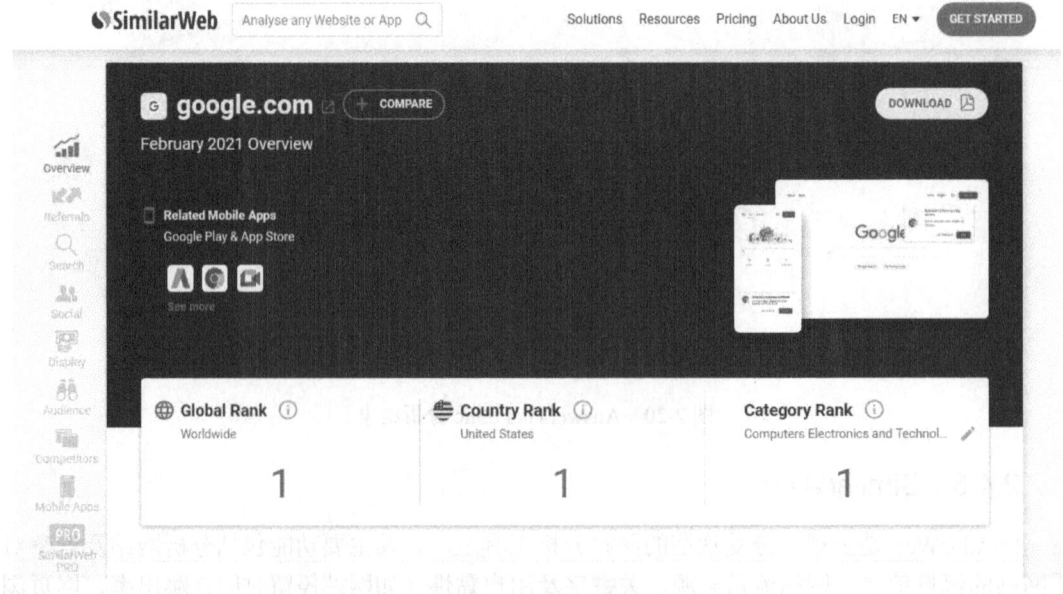

图 2-22 网站排名情况

（1）全球排名。这是网站在流量方面的排名，数字越小代表排名越高。
（2）国家排名。这是网站在使用最多的国家的排名，同样也是数字越小代表排名越好。
（3）行业排名。这是网站在同行业中的排名。该排名情况是需要特别注意的。通过 SimilarWeb 给出的行业提示，可以做相关行业的外链，也可以知道自己在行业中所处的位置。

2．网站流量情况

SimilarWeb 平台会统计网站过去 6 个月中每个月的访问总人数、停留时间及跳出率等数据。从图 2-23 中可以看出，Google 不愧是全球排名第一的搜索引擎网站，它的月平均访问次数达到了 7 800 亿次，停留时间在 11 分钟以上，跳出率也只有 27.68%。网站流量情况对于研究竞争对手网站是非常有用的，可以知道竞争对手网站的网站流量及用户黏性等情况。

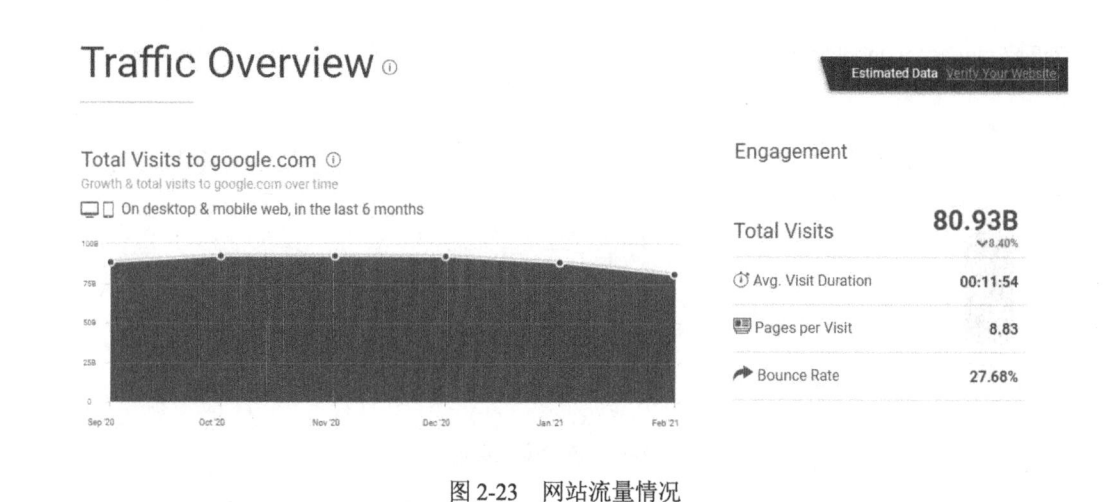

图 2-23　网站流量情况

3．流量来源国家

在此可以看到流量来源国家。google.com 是主域名，Google 在其他国家还有一些子域名，如 google.com.br、google.fr 等。从图 2-24 中可以看出，使用 google.com 最多的国家是美国（United States），巴西（Brazil）和英国（United Kingdom）次之。

从流量来源国家可以大体判断出自己网站或竞争对手网站的主要市场，了解市场的流量占比。

4．流量来源渠道

流量来源渠道统计显示了网站从每个来源获得的流量百分比，可以了解到网站都运用了哪些引流方式，如图 2-25 所示。

（1）Direct 代表直接输入 URL 进入的网站。如果该比例很高，则说明品牌建设得比较成功。
（2）Referrals 代表引荐流量，也就是外链引流或站外引流。如果该比例很高，则说明网站外链建设得比较成功。如果是竞争对手网站，可以仿照其外链对自己的网站进行引流。
（3）Search 代表从搜索引擎引过来的流量。如果该比例较高，则说明网站在搜索引擎上的排名比较靠前。如果是竞争对手网站，可以重点研究它的关键字、内容及排名情况。

United States	27.61%	▼7.46%
Brazil	4.63%	▼6.21%
United Kingdom	4.15%	▼10.42%
India	3.77%	▼6.30%
Japan	3.41%	▼7.35%

See 247 more countries

图 2-24　流量来源国家

Traffic Sources for google.com
google.com's marketing strategy is focused on Direct with 94.65% of traffic coming from this channel, followed by Social with 2.35%.

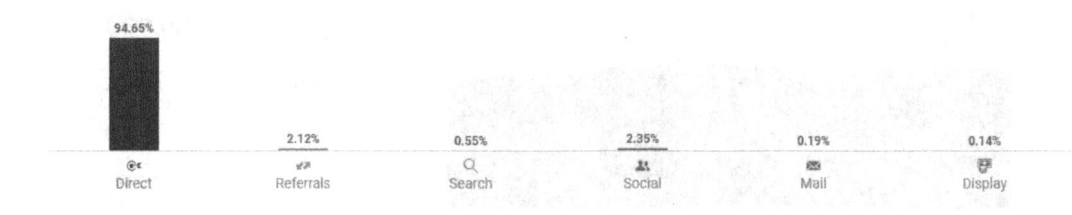

On desktop

Direct	Referrals	Search	Social	Mail	Display
94.65%	2.12%	0.55%	2.35%	0.19%	0.14%

图 2-25　流量来源渠道

（4）Social 代表从社交渠道引过来的流量。如果这一项有数据的话，说明网站使用了社交营销的手段。

（5）Mail 代表邮件营销引过来的流量。

（6）Display 一般代表投放展示广告引过来的流量。

5．引荐渠道流量

引荐渠道流量主要是指外链引流，如图 2-26 所示。从这里可以了解到哪些网站给其带来了流量，可以用来洞察网站或竞争对手的外链情况，尤其是引荐渠道流量排名前 5 的网站最具有参考价值。通过这些数据，可以分析以下几个问题。

（1）网站的外链来源都有哪几种（如博客、Directory、Forum 等）？

（2）竞争对手是从哪些网站获得高流量的？

（3）如何复制或改进外链策略？

6．搜索流量

搜索流量分为付费流量和免费流量，如图 2-27 所示。其中，付费流量来自广告；免费流量是搜索引擎排名带来的流量。

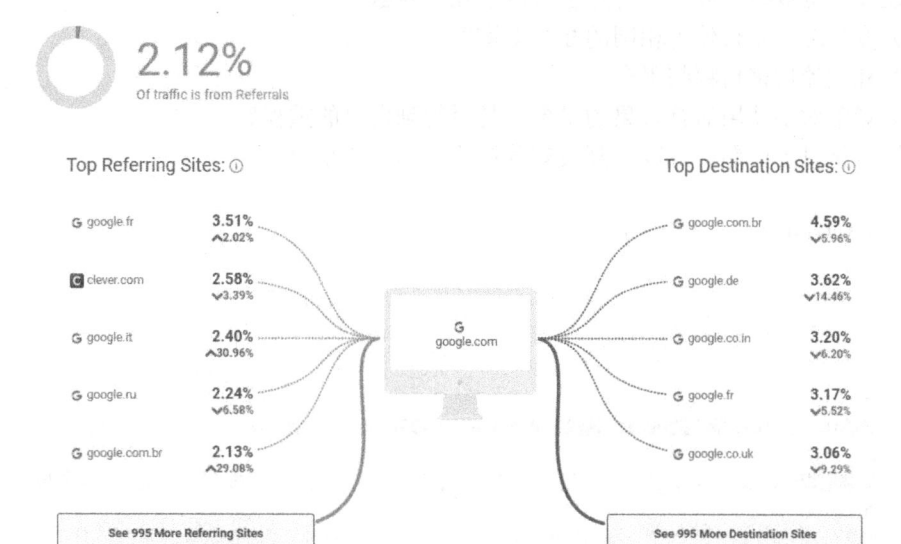

图 2-26 引荐渠道流量

引申到网站或竞争对手研究，可以知道为网站带来流量排名前 5 的关键字是什么，以及网站是否有投放 Google 广告。如果关键字和产品相符合，就可以放到网站上去排名。

图 2-27 搜索流量

7．社交流量

通过社交流量可以了解到竞争对手是否进行了 YouTube、Facebook、Twitter 等社交平台的营销，如图2-28所示。其不仅包含网站社交运营的渠道，而且显示了哪些渠道的引流效果最佳。通过这些数据，可以分析并思考以下几个问题。

（1）竞争对手是否使用相同的社交渠道？
（2）社交流量来自哪些平台？
（3）竞争对手使用后有效果的平台，是否得到自己的重视？

通过分析以上问题，可以找到最有营销价值的社交平台。

图 2-28　社交流量

8．展示广告

通过展示广告分析，首先可以知道网站是否投放了展示广告，接着可以看到给网站带来流量排名前 5 的展示广告平台以及排名前 5 的展示广告网络，如图2-29所示。如果想投放展示广告，可以直接使用竞争对手使用后效果最好的广告渠道，既省时又省力。

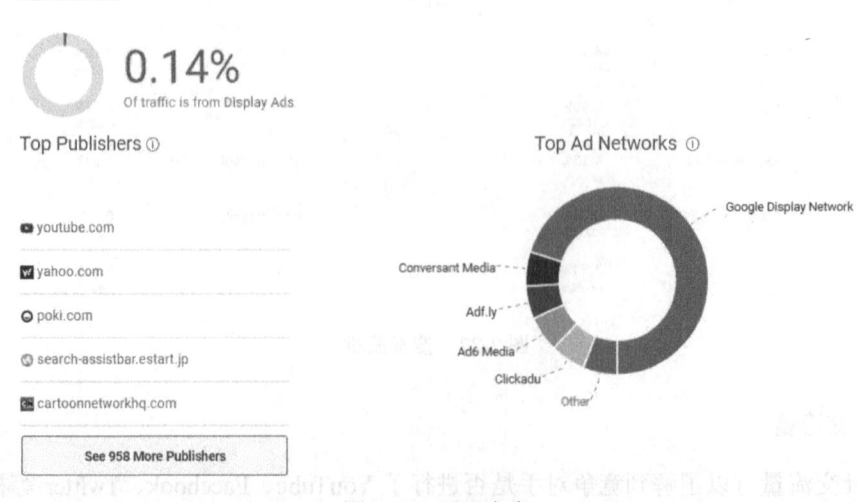

图 2-29　展示广告

9. 受众兴趣分析

受众也可以说是网站用户，转化用户的前提是了解用户。通过受众兴趣分析可以知道，对该网站感兴趣的受众及其对其他行业、平台、话题是否感兴趣，如图2-30所示。可以在受众感兴趣的平台上宣传或为网站做外链，也可以根据受众感兴趣的话题撰写文案。

图 2-30　受众兴趣分析

10. 竞争对手研究

SimilarWeb 为网站提供了对其 10 个竞争对手的研究，可以按照相似度进行排序，或者按照排名进行排序，如图 2-31 所示。可以直接点击竞争对手的网站，将两个网站进行对比，分析两者之间的差距。

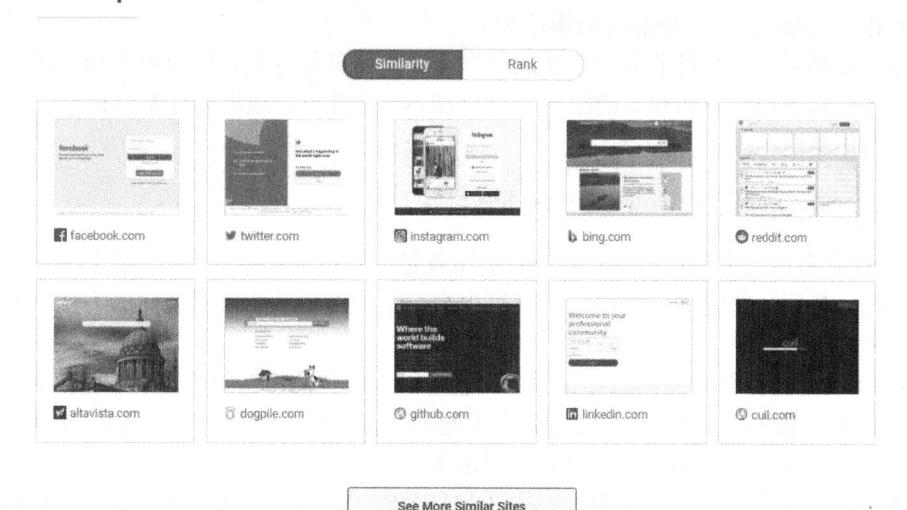

图 2-31　竞争对手研究

2.4.6 Socialmention

Socialmention 是一个免费的社交媒体搜索和分析平台。可以实时检索各方面的数据，包括博客、评论、书签、新闻、视频、微博等。支持监控的社交媒体超过 100 个，包含 Facebook、Twitter、Digg、Google 等。借助于 Socialmention，页面如图 2-32 所示，可以快捷地搜索到一个公司的品牌名称和产品情况。另外，它还支持将讨论里面排前几名的用户信息导出下载。

图 2-32 Socialmention 网站

Socialmention 提供了以下 META 数据。
（1）强度（strength），一个品牌在社交媒体被谈论到的可能性。
（2）态度（sentiment），正面和负面评价的比率。
（3）热情（passion），从一个品牌被重复提到的次数判断其受欢迎程度。
（4）程度（reach），一个品牌的影响力。

在社交媒体里，用户可能会对一个品牌做出评价或其他行为，如果商家想保留这方面的记录，那么可以下载这方面相关的报告并保存在.csv 文件里，或者通过邮件提醒、RSS 等渠道跟踪数据更新情况。

2.4.7 SEO META in 1 CLICK 插件

对于 SEO 专员而言，每天必不可少的工作就是分析竞争对手网站。一般会通过观察对方网站的标题、描述、关键字、图像、链接等内容，了解对方搜索引擎优化的方法，从而更好地制订计划并与其竞争。

许多 SEO 专员都会用到浏览器自带的"查看网页源代码"这一功能，去查看对方网站的信息。但是这样操作相对来说比较复杂，查看起来需要花费大量的时间。而用 SEO 插件就能快速地完成以上操作，如 SEO META in 1 CLICK。

打开这款插件后，便能立刻弹出含有 SUMMARY、Headers、Images、Links、Social、Tools 等信息的窗口，可以一目了然地看到对方网站的所有信息，如图 2-33 所示。

当然，这款插件的功能还远不止这些，它还能查看对方网站上 H1、H2 等标题的数量，以及图片是否添加了<alt>标签等内容。可以说，这些功能非常符合 SEO 人员的需求。

图 2-33　SEO META in 1 CLICK 插件

本 章 小 结

本章主要介绍了 SEO 的基础知识。首先介绍了 SEO 原理、为什么要做 SEO；然后介绍了站内 SEO，包括站内 SEO 的目的、站内 SEO 技术、内容优化；接着介绍了站外 SEO，包括站外 SEO 的目的、外链建设；最后介绍了一些常用的 SEO 工具。通过对本章内容的学习，读者可以全面了解什么是 SEO，为后面的学习打下坚实的基础。

本 章 习 题

一、选择题

1. 在使用标签参数 keywords 时，应注意的事项有（　　）。

A. 一个网页的 keywords 参数里应该包含 3~5 个最重要的关键字，不要超过 5 个

B. 确定使用的关键字出现在网页文本中

C. 每个网页的关键字都应不同

D. 不要重复使用同一个关键字

2．网站内部链接的作用是（　　）。
　A．提高网站权重　　　　　　　　　B．提升用户体验
　C．提升页面排名　　　　　　　　　D．加快网站收录
3．不属于添加外部链接的注意事项的是（　　）。
　A．提升网页 PR 值　　　　　　　　B．内容相关性强
　C．注重质量，不要单纯追求数量　　D．循序渐进，不要一下增加很多

二、判断题

1．同行业之间的外链质量不高，所以选择外链时应避免与同行业交换链接。（　　）

2．关键字的数量不能太多，通常情况下，选择 3~5 个能够集中体现网页主要内容的关键字即可。（　　）

3．小明为网页做了两个版本，一个提供给用户浏览，另一个提供给"蜘蛛"抓取，这样既对搜索引擎友好，又能兼顾用户。（　　）

三、实训题

打开一个销售女装的网站，对其 dresses 品类下涉及的产品列表页和产品详情页进行网页标题、关键字及描述的优化，并为图片设置 alt 属性。

第 3 章　Google 广告产品介绍

掌握各种 Google 广告产品的用法，为广告投放打下坚实的基础。

3.1　Google 搜索广告介绍

Google 搜索广告是以文字的形式，在 Google 搜索结果页面和 Google 搜索合作平台上，展示商品或服务相关内容的广告形式。

3.1.1　Google 搜索广告的原理及投放目的

1. 搜索广告的原理

当广告主投放了搜索广告，用户在 Google 上进行关键字搜索后，Google 广告系统会从数据库中筛选出广告主投放的关键字和用户搜索的关键字最相关的广告进行展示。当用户搜索某个关键字时，不同广告主的广告会进入竞价阶段，广告系统根据竞价结果，首先决定可以在搜索结果中有资格展示的广告，然后按照评级的高低对这些有资格展示的广告进行排名并展示。如图 3-1 所示为搜索广告排名展示样式，有 "Ad" 标志的便是搜索广告。

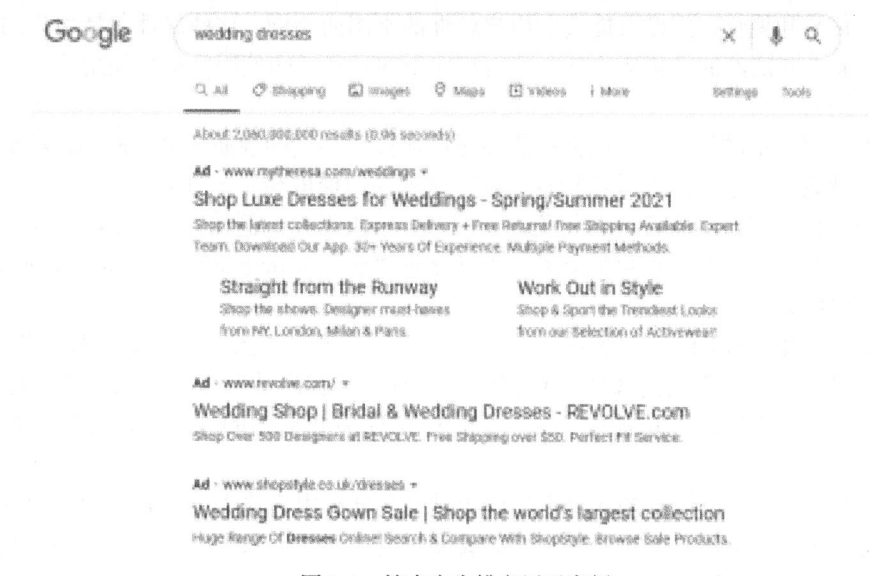

图 3-1　搜索广告排名展示案例

通过 Google 搜索广告的原理可以看到，用户先通过关键字搜索表达出需求，然后相应的广告才会展示在用户面前。针对用户的每一次搜索都会有不同数量的广告主对相应的广告进行竞价，Google 搜索广告通过广告竞价确定某次搜索会展示出的广告及最终有资格展示广告的顺序。广告评级决定着谁在竞价中赢得广告展示机会及相应的广告排名。广告评级是根据关键字出价、质量得分、广告附加信息和其他广告格式的预计效果而计算出的分数。

（1）广告评级。

Google 为了避免大量低质的付费广告仅通过出高价就能获得展示和高排名，从而影响用户对搜索引擎的使用体验度，便采用了一种专门的算法来决定广告展示的资格和排名。这种算法就是广告评级。广告评级包括以下 6 个方面的内容。

①出价。出价通常又称最高每次点击费用，即广告主愿意为每次广告点击支付的最高金额。

②广告和着陆页的质量。广告系统会分析广告及所链接网站的相关程度和实用性等来判断广告质量的高低。对广告质量的评估体现在质量得分中，Google 通过关键字的预计点击率、广告相关性及着陆页体验计算质量得分。质量得分是广告评级系统的核心部分，相关内容会在后面详细介绍。

广告和着陆页的质量是 Google 用于控制广告投放的重要指标。如果没有质量这个指标，那么只要关键字出价足够高，就可以永远排在搜索结果页的第一位，而无视搜索用户的真正意图。这样的广告系统也会沦为一个"只看谁出价更高"的工具，整体的搜索实用性也会大大降低，甚至误导用户。

③广告评级门槛。Google 为了确保广告的高品质，设定了最低门槛，只有达到该门槛的广告才能展示。这个门槛是广告的预订价格。如果出价低于广告的预订价格，系统就不会展示这个广告。广告评级门槛由以下几个方面确定。

- 广告质量。质量越低的广告，门槛会越高。
- 广告排名。与搜索结果页上排名较低的广告相比，排名较高的广告通常具有较高的门槛。这样一来，用户才更有可能在页面更靠上的位置看到质量更高的广告。
- 用户信号和属性。门槛可能会因用户属性的不同而不同，这些属性包括用户的地理位置（如不同国家的价格会不同）和用户使用的设备（如使用手机和使用计算机的价格会不同）。
- 搜索字词的主题和性质。门槛可能会因用户搜索字词的性质而异。例如，对于服装相关的搜索与电子产品相关的搜索而言，两者的门槛就会不一样。
- 相关竞价。门槛可能还会因相关查询的竞价结果而异。例如，"car insurance"这个搜索字词的广告评级门槛可能会参考搜索字词"auto insurance"和"collision insurance"的竞价结果。

④竞价竞争力。如果广告评级差不多的两个广告竞争同一个广告展示位置，则它们在该广告展示位置的竞争中胜出的概率大致相同。随着两个客户的广告之间的广告评级差距增大，评级较高的广告胜出的可能性更大，但同时可能需要更高的出价，以便提高胜出的可能性。

⑤用户搜索情境。广告系统计算广告评级时，会分析用户输入的搜索字词、搜索时所处的地理位置、使用的设备类型（如移动设备或桌面设备）、搜索时间，以及搜索字词的性质、网页上显示的其他广告和搜索结果等。

⑥广告附加信息及其他广告格式的预计影响。广告附加信息包括电话号码,或指向网站特定网页的更多链接等。广告系统会估算使用的广告附加信息及其他广告格式将如何影响广告的效果。

以上这些因素决定着广告评级。广告评级是很重要的,因为系统会用每位广告主的广告评级来决定广告主们的广告在何处展示,广告将使用何种附加信息和格式进行展示,以及该广告或广告格式究竟能否展示。广告评级越高,广告的位置也就越靠前。通常,广告评级最高的广告的位置最靠前,其次是广告评级第二的广告,以此类推。

(2)质量得分。

Google 对质量得分的官方定义是:"质量得分是对广告、关键字和着陆页质量的估算分数。"质量得分采用1~10 的等级表示,最低得分是 1 分,最高得分可达 10 分。质量得分主要是通过广告的预计点击率、广告相关性和着陆页体验这 3 个指标进行计算的。

①预计点击率用于衡量广告在展示后被用户点击的可能性。此得分基于广告的过往点击效果进行预估。在计算过程中,广告系统会排除广告排名的作用,以及影响广告展示率的其他因素(如附加信息)。

②广告相关性用于衡量关键字与广告内容的相关程度。

③着陆页体验用于衡量点击了广告的用户所到达的着陆页的相关性及实用性。该指标会考虑许多因素,包括着陆页内容与用户搜索字词的相关程度,以及用户浏览网页的方便程度(如网页的加载速度)。

质量得分不会被用作竞价过程中确定广告评级的依据,两者没有直接关系。但是质量得分在很大程度上可以反映广告在竞价中的综合表现,质量较高的广告能够以较低的价格获得较为理想的广告排名。

(3)实际每次点击费用。

Google 竞价推广的原则是,有人访问才需付费,广告没有被点击不收费,只有当目标受众点击了广告主的广告时广告主才需要付费。前面提到,最高每次点击费用(出价)影响广告评级,当广告评级达到一定水平后广告被展示出来,之后广告被点击所收取的费用称为实际每次点击费用。

实际每次点击费用是广告主为每次点击支付的最终费用,一般会低于最高每次点击费用,甚至有时还低很多。这是因为,对于 Google 竞价推广来说,广告主需要支付的最高费用是保持广告排名以及与广告一起展示的任何广告格式(如附加链接)所需要的最低费用。Google 广告竞价采用第二价格模式,这意味着最高出价者实际上并没有支付其出价而是支付第二高的出价或略高一些。广告主可以更安心地竞价,因为他们实际支付的金额将会比出价低一些。如果竞争对手没有资格展示广告,那么广告评价门槛(预订价格)就是广告主要为点击支付的价格。

举例来说,假设几个广告主的附加信息及其他广告格式等因素处于相同条件,广告评级则由出价和质量得分两个因素决定。实际每次点击费用可以通过以下公式进行计算。

该广告主的实际每次点击费用=排名下一位广告主的出价×排名下一位广告主的质量得分÷该广告主的质量得分+0.01

如表 3-1 所示,广告主 1 的实际每次点击费用=广告主 2 的出价×广告主 2 的质量得分÷广告主 1 的质量得分+0.01=0.6×6÷10+0.01=0.36+0.01=0.37,以此类推,计算出广告主 2 和广告主 3 的实际每次点击费用。而广告主 4 的实际每次点击费用是根据该广告的质量得分,结合最低广告竞价资格计算得出的。

表 3-1 实际每次点击费用计算

广告主	排名	出价	质量得分	出价×质量得分	实际每次点击费用
广告主 1	1	0.4	10	4	0.37
广告主 2	2	0.6	6	3.6	0.38
广告主 3	3	0.45	5	2.25	0.41
广告主 4	4	1	2	2	—

2．投放搜索广告的目的

（1）精准定位目标客户群体。

广告主通过大量相关的产品关键字，让每一种产品都有机会被潜在买家在搜索过程中发现。并且广告是在用户搜索过后才展示出来的，这种模式的高针对性更是搜索广告不容忽视的优势特性。凭借着 Google 的顶级搜索引擎技术，企业的广告能以更快的速度显示在搜索页面上，更因为其所设定的关键字与页面显示广告内容的高度关联性，相关的广告搜索用户会更容易与企业取得联系。

（2）广泛覆盖潜在目标群体。

Google 在全球范围已经连续多年市场份额第一，在大多数国家都是使用率最高的搜索引擎。利用 Google 搜索，可以将商品或服务的信息快速地传递到世界绝大多数人面前。

（3）搜索广告预算可自行控制。

与国内一些服务商要求投放广告每月最低限额不同，在 Google 搜索广告上投放关键字没有最低消费，也不用担心选择的关键字太热会超过财务预算，因为每次点击的费用和每天最高限额都是由企业自行设置的，而且可以随时修改，甚至暂停或取消搜索广告活动。

（4）搜索广告效果是实时的。

Google 搜索广告几乎是实时完成的，所有的关键字和链接都是自行设定的（可以随时修改），因此是一种高效的广告投放方式。

3.1.2 搜索广告样式

Google 搜索广告是有人搜索才会展示的广告，当用户对某些关键字进行搜索时，相应的文字广告会出现在用户的搜索结果页中。

1．展示位置介绍

搜索广告会展示在搜索结果页及搜索合作平台上。

（1）Google 搜索结果页。

在搜索结果页中，有"Ad"标志的均为搜索广告。广告会出现在自然搜索结果的上方，如图 3-2 所示，也会出现在自然搜索结果的下方，如图 3-3 所示。

一般而言，Google 广告在自然搜索结果的上方最多展示 4 个，自然搜索结果的下方最多展示 3 个。所以，广告排名在 1～7 时可能会出现在 Google 搜索结果的首页，排名在 8～14 时会出现在 Google 搜索结果的第二页，以此类推。

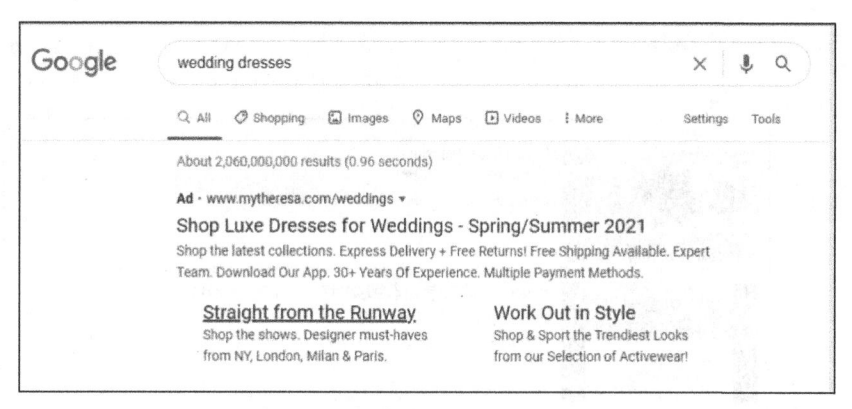

图 3-2　在搜索结果页上方展示广告

图 3-3　在搜索结果页下方展示广告

（2）Google 搜索合作平台。

搜索合作平台将 Google 搜索广告的覆盖面扩展到数百个非 Google 网站。在搜索合作平台上，广告可以在以下位置展示：搜索结果页、网站目录页或与用户的搜索有关的其他网页。这些网页有一个相似的特征，那就是都有搜索库，这是由 Google 提供的技术。图 3-4 所示为搜索合作平台的广告展示位置。

图 3-4　搜索合作平台的广告展示位置

2. 广告组成内容介绍

Google 的搜索广告以文字的形式出现。广告内容主要包含显示路径、广告标题、描述和附加信息 4 个部分，一般在搜索结果页中与自然搜索结果分开，国内的搜索引擎百度也是采取这种模式。另外在搜索结果页的顶部有一栏购物广告，即标红赞助商那里，商品图片、价格和购买渠道一目了然。图 3-5 所示为搜索广告的内容。

图 3-5　搜索广告的内容

（1）显示路径。显示路径能够帮助那些看到广告的用户更好地了解他们在点击广告后会进入哪个网页。显示路径不是点击广告后真正会到达的网站的某个落地页。

显示路径中网址的主域部分与落地页的最终到达网址相同，主域后的部分广告系统会根据实际的落地页内容自动生成。

（2）广告标题。广告标题主要用来宣传网站的产品或服务。

（3）描述。描述是指利用描述字段突出产品或服务的细节与特点。

广告主应尽可能地将产品或服务显示在广告描述中，如果用户在搜索相关产品时就能看到广告主的产品或服务优势，该用户就会有更大的可能性点击广告。因此，广告主应充分利用广告描述，为自身网站所提供的产品或服务做一个简洁有力的介绍。

（4）附加信息。该功能可以在广告中显示额外的广告主信息（如地址、电话号码、商店评分或其他网页链接）。除了广告标题和描述外，Google 提供了多样化的附加信息，希望尽可能全方位地展示广告主的形象。附加信息的元素也日益丰富，包括附加链接、附加电话信息、附加地址链接、附加结构化摘要、附加宣传信息等。

3.2 Google 购物广告介绍

随着近几年的发展，Google 购物广告已逐步成为电商最喜爱的营销渠道。据研究表明，通过展示商品，Google 购物广告的转化率比传统的文字形式的搜索引擎结果页广告高出 26%。

Google 购物广告是以产品为基础的一个 Google 广告系列，广告展示横跨了 Google 搜索结果页和购物搜索结果页，是 Google 广告平台的一部分，是专门针对于 C（Customer，消费者）端零售卖家推出的一种广告类型，其目的主要是方便消费者对产品进行在线搜索、比较和购买。

Google 购物广告最高占到了 Google 搜索广告总点击量的 63%。在 2018 年，Google 购物广告只能在 30 多个国家展示。而到了 2020 年，Google 购物广告已经可以在全球 100 多个国家的搜索结果页中展示。

3.2.1 Google 购物广告的原理及投放目的

购物广告对于跨境电商企业来说至关重要，它是产品与最新购物趋势和消费者最新动向的纽带。70%的消费者会先从 Google 上搜索自己感兴趣的东西，在多方搜索之后，最终在某一个商店中完成购买。在线零售的搜索正在从文字转向视觉搜索，购物广告直观地把产品的图片、价格、运费等信息呈现在消费者眼前，同时还可以多家店铺比价。购物广告的成败往往可决定了一个跨境电商企业的直接利润率。因此，企业首先要了解 Google 购物广告的原理及投放目的。

1. 购物广告的原理

区别于搜索广告，购物广告并不是通过关键字定位的，而是通过设置的商品信息来对产品进行定位的。广告主向 Google 上传商品信息（Feed），Google 抓取商品信息，了解产品名称、描述、价格、属性等。当用户进行搜索时，将用户的搜索词和广告主设置的商品信息进行匹配，匹配成功了才有可能获得展示机会。

购物广告与搜索广告相同，当有人点击了广告时才需要付费。制作购物广告时，需要设置最高每次点击费用。实际上，购物广告主只需支付让自己的广告位置高于次位广告所需的最低金额，因此支付的实际费用通常要低于最高每次点击费用。

2. 投放购物广告的目的

（1）广告内容更丰富，互动性更高。相较于纯文字的搜索广告，在购物广告中，包含商品图片、标题、价格等信息。消费者可以查看富有吸引力的广告内容并与之互动。

（2）触达更优质的潜在用户。通过在广告中直接展示商品信息，获得更优质的潜在用户。在购物广告系列中，消费者能够先了解商品信息，然后再决定是否打开广告。这样打开了广告的消费者就更有可能在广告主的网站上完成购买交易。

（3）更简洁地管理广告系列。不需要手动创建广告和关键字，当消费者搜索商品时，购物广告会自动选择展示最相关的商品。这里，广告系统自动匹配的主要依据是商家所指定的商品信息。

（4）展示范围更大。对于某次搜索，购物广告和文字搜索广告可以同时出现，将使得品牌曝光效果加倍。

3.2.2 Google 购物广告样式

与文字搜索广告不同，Google 购物广告会带有商品图片、商品标题、商品价格、商家名称、促销等附加信息，如图 3-6 所示。与搜索广告类似，购物广告会以"Ads"标记。

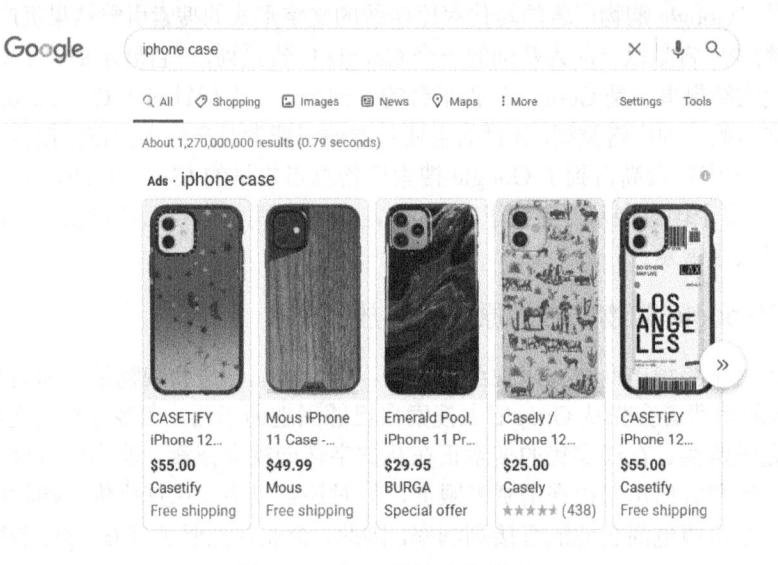

图 3-6 Google 购物广告样式

消费者可以直观地看到产品的要素，点击链接就可直接到产品详情页进行购买，效果会比文字搜索广告更加立竿见影。

1. 购物广告的展示位置

Google 购物广告通常会展示在以下位置：搜索结果页、购物标签、搜索合作平台及展示网络。

（1）搜索结果页。

Google 购物广告可以展示在搜索结果页的上方或下方，还可以展示在 Google Play、Google 购物和 Google 地图（包括 Google 地图应用）的搜索结果页的旁边、上方或下方，如图 3-7 所示。

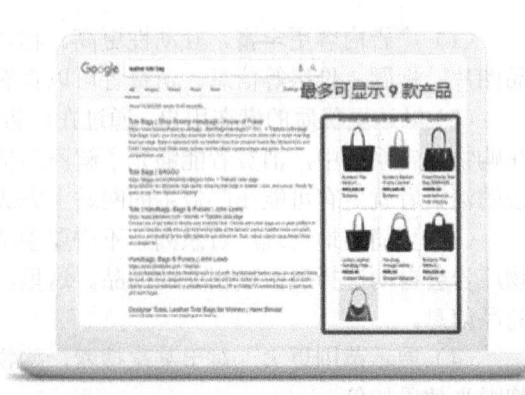

图 3-7 搜索结果页中的购物广告

（2）购物标签。

Google 购物广告可以展示在搜索结果页中的购物标签下，如图 3-8 所示。

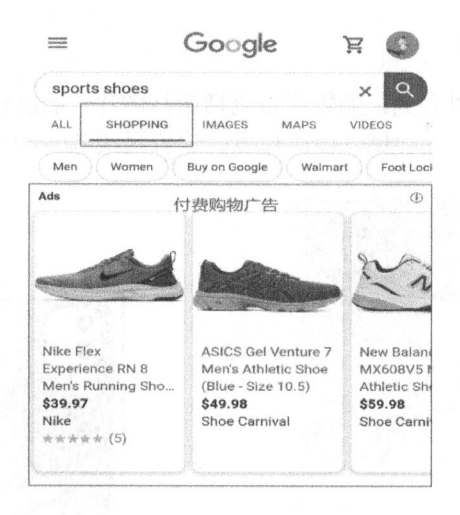

图 3-8　购物标签下的购物广告

（3）搜索合作平台。

Google 购物广告可以随用户的搜索结果一起展示在 Google 搜索合作平台上，包括数百个非 Google 网站，以及 YouTube 等应用平台上，如图 3-9 所示。

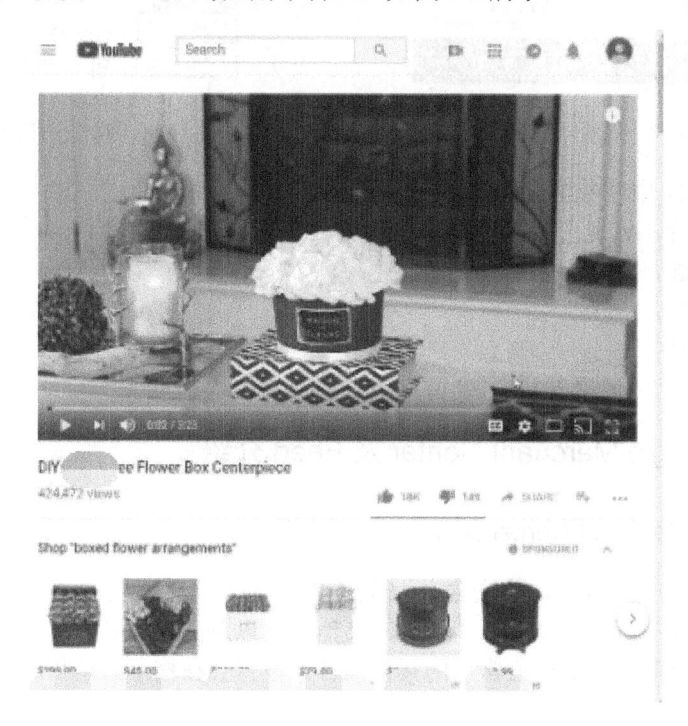

图 3-9　搜索合作平台中的购物广告

（4）展示网络。

广告主还可以选择在用户浏览网页时向其展示广告，如图 3-10 所示。

展示网络由一系列可以展示广告的网站组成，包括特定 Google 网站及移动应用等。关于展示网络在 3.3 节中还会详细介绍。

2. 广告组成内容介绍

从广告展示内容中可以看到，购物广告包括商品图片、商品标题、商品价格、商家名称及可能会展示的其他信息（如促销、商店位置、评价星级等），如图 3-11 所示。

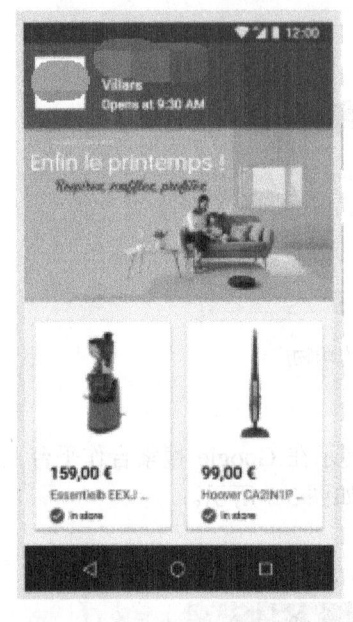

图 3-10　展示网络中的购物广告　　　　图 3-11　购物广告的组成

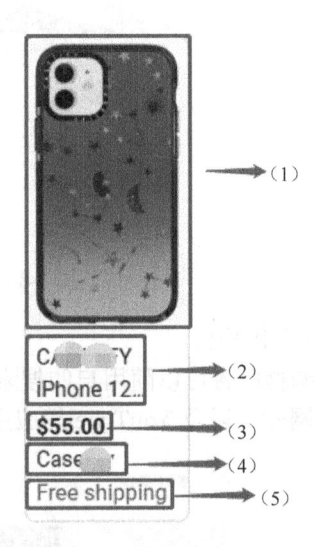

其中，图 3-11 中序号含义如下：
（1）商品图片，体现商品样貌的图片；
（2）商品标题，对商品的简练文字描述；
（3）商品价格；
（4）商家名称；
（5）其他信息，如促销信息、评价星级等。

3.2.3　Google Merchant Center 及 Feed 介绍

1. Google Merchant Center 简介

Google Merchant Center 的中文含义为商家中心，它是一个数字平台，可以存储正在销售的产品信息，包括在线销售和线下销售的产品信息，以及商家自身的各项业务信息，包括店铺名称、商铺地址等。商家中心常用的具体项目及设置会在接下来购物广告制作的章节中进行详细讲解。

2. Feed 简介

Feed 的中文含义为商品信息，它是一个存放产品信息并将其提交至商家中心的电子数据表。

Feed 是 Google Merchant Center 的重要组成部分之一，它是 Google 为产品创建购物广告所需的主要信息来源。这意味着广告主不需要自己设计关键字，也不用写传统的广告文案。广告主只需填充 Feed 中的各个字段即可，因为每个字段都向 Google 提供一条信息，用来确定产品何时与消费者的查询相关，以及消费者需要了解关于产品的哪些信息，从而让 Google 使用这些信息自动生成购物广告。

3.3 Google 展示广告介绍

Google 拥有一个由大量网站和移动应用组成的展示网络，覆盖了全球 90%以上的互联网用户。借助展示网络，商家可以根据自己的定位以多种方式展示广告，包括在特定的上下文（如"旅行指南"或"bbc.com"）中展示广告、面向特定的受众群体（如"年轻母亲"或"想买泳装的用户"）展示广告，以及在特定的位置展示广告等。

借助 Google 展示网络，无论用户是在浏览自己喜欢的网站、向朋友展示 YouTube 视频、查看 Gmail 账户，还是在使用移动设备上的应用，商家都可以向用户展示广告，如图 3-12 所示。展示广告旨在通过一系列定位选项让商家可以有的放矢，帮助商家找到合适的受众群体，在恰当的位置和时机向潜在用户展示广告内容。

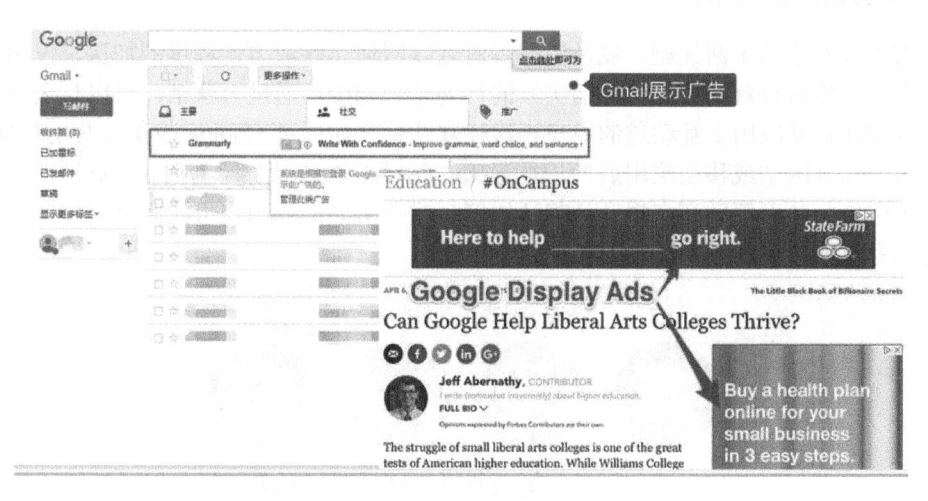

图 3-12　在 Gmail 中展示广告

3.3.1　Google 展示广告的原理及投放目的

1. 展示广告的原理

Google 展示广告通常在用户浏览的网站、移动应用或 Gmail 上显示，一般是通过 Google 展示网络（Google Display Network）投放。根据用户最近的搜索内容或喜好，Google 会为用户匹配相关的展示广告。展示广告包括再营销广告（remarketing），即向已经访问过网站的人展示广告。

同搜索广告一样，展示广告系统也会通过竞价来决定展示哪些广告、广告的展示顺序及广告每次点击的费用。

2. 投放展示广告的目的

Google 展示广告是一种获取流量的快速简便的方法，适用于各个不同规模的企业。它可以在网站的内容页上展示相关性较高的广告，并且这些广告不会过分夸张醒目。展示广告与搜索广告最大的不同在于，搜索广告是被动等待用户搜索，而展示广告是主动出击，主动展示在用户面前。展示广告的巨大用户覆盖面，很适合于企业在前期引流，提升品牌知名度，增加曝光度，让更多用户知道企业的存在。对于 B2B 企业，通过关键字内容定位，把广告投放到跟行业相关的网站上，轻松触达行业内人士。对于 B2C 企业，通过兴趣受众定位，巧用再营销，增加网站流量，提升品牌知名度，提高复购率。

Google 展示广告开创了一个新的广告模式。以前，很多广告商主要依靠在各种页面，高频率地"轰炸"用户的眼球来吸引用户，而不管这个用户对广告内容是否感兴趣。但是展示广告却是通过分析网页内容及广告潜在受众的特点后，提供更容易引起用户兴趣的相关广告，使广告成为对用户有用的信息，使用户不再感到被骚扰。

3.3.2 Google 再营销广告的原理及投放目的

1. 再营销广告的原理

随着市场竞争的不断加剧，以及消费者对互联网信息获取方便程度的加深，仅通过一次广告点击便完成最终营销目的（如购买）的行为越来越少。通过再营销，可以与之前曾在网站上浏览或在移动应用上互动过的用户再次建立联系（如通过 Cookie 收集这些用户信息）。在这些用户离开网站或移动应用后，去浏览 Google 或其合作伙伴平台时，再营销便可以有策略地展示广告，从而帮助商家提升品牌认知度，或者引导这些用户再次回到网站或移动应用中，完成商家所希望的营销行为，如图 3-13 所示。

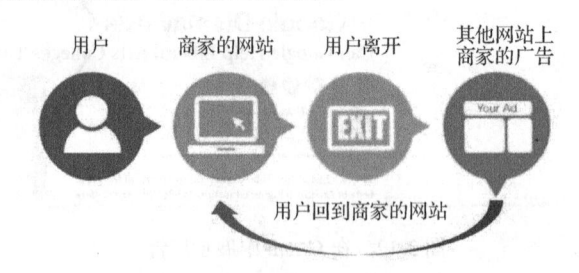

图 3-13 再营销广告的原理

再营销广告并非一种单独的广告类型，再营销广告的核心内容是再营销受众群体，因此它属于展示广告的一种特殊类型。

2. 进行再营销广告投放的目的

（1）及时收集和定位用户并推送广告。再营销受众的收集是实时进行的，受众一旦被收集进入再营销受众群体列表，系统即可立刻推送广告。在用户对网站和产品仍有印象的第一时间再次在用户面前展示营销信息，重新将其吸引回网站或移动应用。再营销受众不仅是 Google 广告带到网站的用户，还是所有访问过网站的用户。设置再营销广告后，当这些用户访问 Google 合作平台时，再营销可以有策略地展示广告，从而帮助商家提升品牌知名度，或者提醒用户进行购买。

（2）有针对性的广告内容。针对具有不同特点的再营销受众群体展示具有针对性的广告。例如，没有最终购买的用户与购买过的回头客的广告内容应该不同。

（3）广泛覆盖人群。对于已列入再营销受众群体列表的用户，可以在他们通过不同设备浏览网站和移动应用时向其展示广告。

3.3.3 Google 展示广告样式

1. 展示位置介绍

（1）计算机端网站中的展示广告。如图 3-14 所示，在计算机端，网页右侧栏有"广告"标志的图片就是 Google 展示广告。它们会以各种尺寸的图片分布在各类网站的各个页面，前提是这些网站上有 Google 的广告位（这需要该网站与 Google 签订网盟协议）。

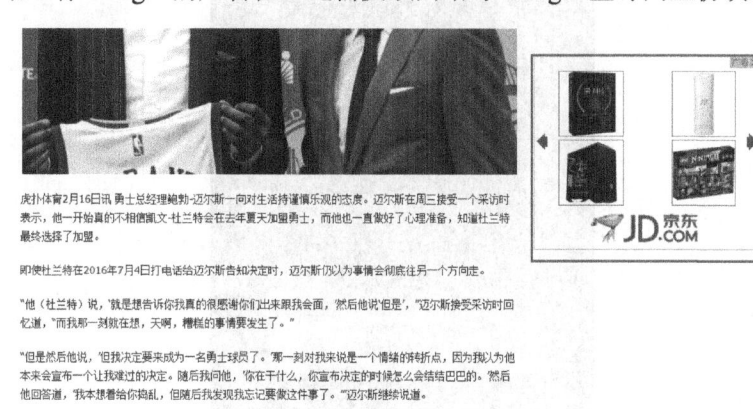

图 3-14 计算机端网站中的展示广告

（2）手机端网站中的展示广告。如图 3-15 所示，在手机端，网页下部位置便有一条展示广告。

图 3-15 手机端网站中的展示广告

（3）移动应用中的展示广告。如图 3-16 所示，在移动应用页面的底部位置便有一条展示广告。

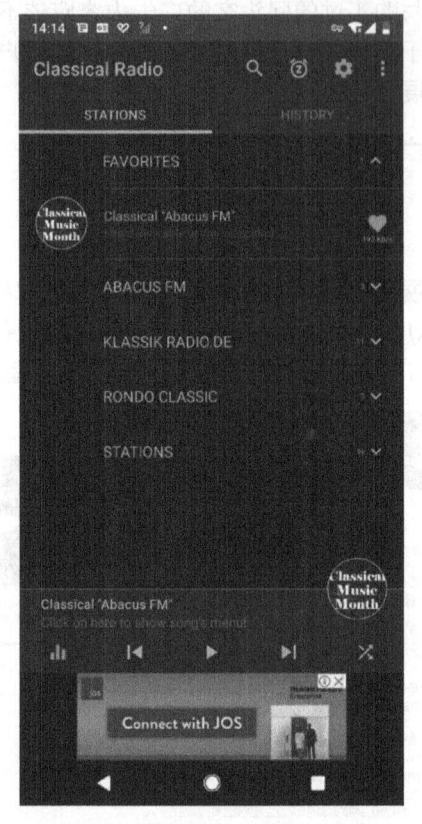

图 3-16　移动应用中的展示广告

（4）YouTube 中的展示广告。如图 3-17 所示，在视频左下角位置便有一条展示广告。

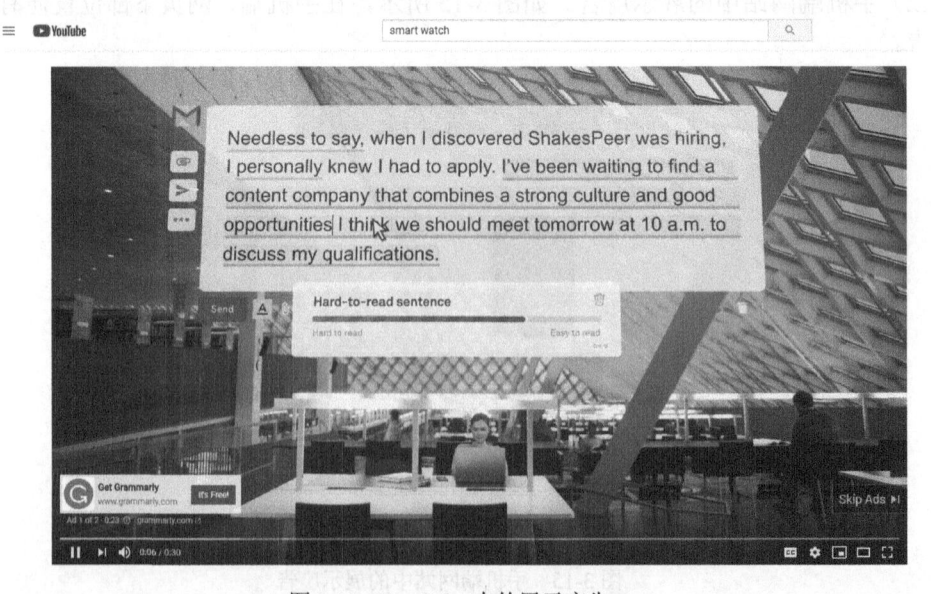

图 3-17　YouTube 中的展示广告

（5）Gmail 中的展示广告。如图 3-18 所示，Gmail 邮箱中收到的标有"Ad"字样的邮件，便是一个展示广告。

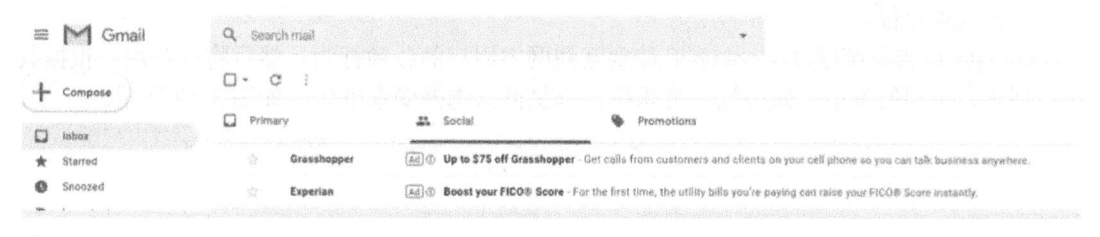

图 3-18　Gmail 中的展示广告

2. 展示广告组成内容介绍

Google 展示广告由营销图片、徽标、视频、短标题、长标题、描述、商家名称、号召性用语和最终到达网址等部分组成。下面简要介绍重要的几个。

（1）营销图片。Google 展示广告提供的素材至少需要一张横图和一张方图。

（2）标题。类似搜索广告，Google 展示广告的标题要突显产品和服务的核心卖点。

（3）描述。类似搜索广告，Google 展示广告的描述是对产品和服务细节和特点的进一步说明。

（4）商家名称。类似购物广告，Google 展示广告中会显示商家的名称。

（5）号召性用语。广告系统提供了一些号召性用语供商家选择，如立即选购等。

3.3.4　Google 展示广告定位方式

展示广告、搜索广告和购物广告最大的不同之处在于，展示广告是"主动出击"寻找其受众，因此要根据受众提供特定的广告内容。

1. 内容定位

（1）展示网络关键字定位。

只要关键字与网站的内容相关，系统就会自动将广告投放到相应的网站。当用户在 Google 展示网络上搜索商家投放的相关关键字时，广告就会展示在他们面前。

（2）主题定位。

Google 根据展示网络中的网站和移动应用的内容将这些网站和应用划分为不同的主题。通过主题定位，商家可以选取相应的主题，将广告投放到与主题相关的网站或应用上。

与关键字相似，通过主题定位，可以将广告投放到 Google 展示广告网络上任何与广告主选择的主题有关的网页上，一般能获得更多的展示次数。由于互联网上的内容会随着时间的推移而出现变化，因此展示广告的网页也会随之发生变化。要在这些网页上展示广告，需要选择一个或多个与自己的广告相关的主题。由于主题比关键字的含义更广，因此与关键字定位相比，主题定位的点击成本一般高于关键字定位的成本。

（3）展示位置定位。

商家可自选展示位置让广告在展示网络中的某个或某一组特定网站上展示。

2. 受众定位

（1）兴趣定位。

Google 广告系统通过 Cookie 追踪到互联网中用户的各种行为，然后将这些用户根据其兴趣划分为不同的类型，如科技、音乐等，以供商家选择受众群体，如图 3-19 所示。

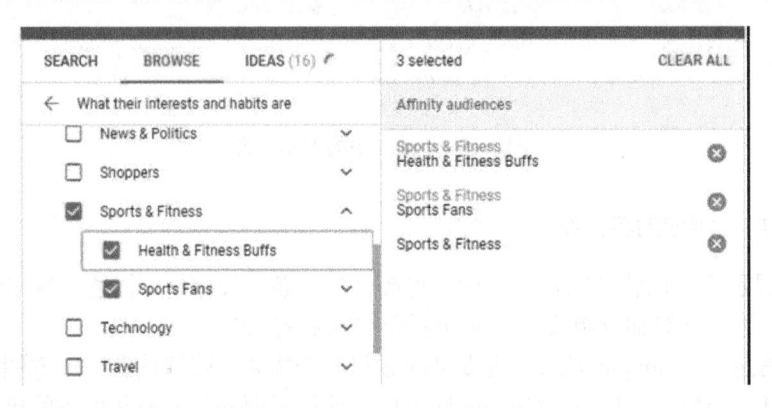

图 3-19　兴趣定位

（2）再营销受众。

利用再营销，可以将广告展示给访问过网站或使用过移动应用的用户。例如，当用户什么都没买就离开了网站时，再营销可以在用户下次访问的网站或移动应用上展示具有相关性的广告，从而与用户再次建立联系。

（3）自定义受众群体。

通过 Google 广告系统，商家能够根据与用户兴趣或意向相关的一系列关键字、浏览过的特定类型网站、使用过的特定类型应用及到访过的某个地点而匹配到受众群体，如图 3-20 所示。

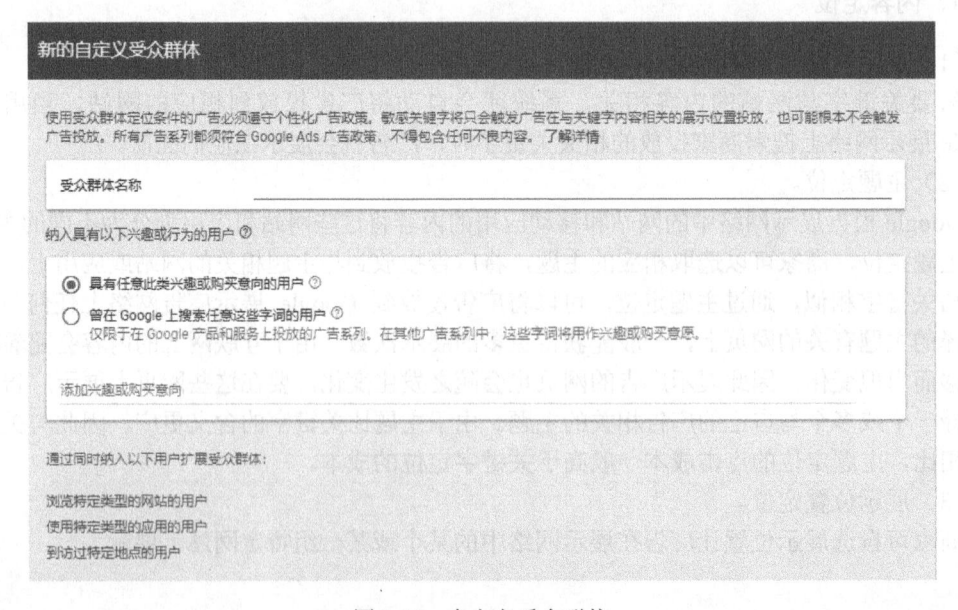

图 3-20　自定义受众群体

(4)受众特征。

利用 Google 广告系统中的受众特征定位，可以覆盖那些可能在年龄段、性别、生育情况或家庭收入方面符合特定要求的潜在用户。

3.4 转化跟踪介绍

用户点击了广告，这仅仅完成了广告投放任务的一半，对于商家而言，点击广告之后来到网站或移动应用中进行的一系列操作才是有价值的行为，这是广告投放的最终目的。这些有价值的行为包括注册账户、致电商家、邮件咨询、购买产品等，这些行为通常称为转化（conversion）跟踪。商家可以通过转化跟踪来追踪用户是点击了哪个广告后才在网站上执行的操作。例如，设置 Google 转化跟踪后，可以查看哪个 Google 广告产生的订单最多。

3.4.1 转化跟踪的原理及目的

1. 转化跟踪的原理

Google 转化跟踪是一段放置在转化页面的 JavaScript 代码块，当用户到达这个页面时，即产生一个转换。这可以是一个用户填写好注册表单后看到的"感谢"网页，也可以是一个在用户完成购物后的"收据"页面。当用户访问一个带有转化代码（conversion code）的页面时，将会在用户的浏览器里产生一个 Cookie，相关的数据信息会被发送到 Google 服务器，服务器会记录下这次转化，然后把这次转化与适当的关键字、广告组及广告系列相关联。

2. 转化跟踪的目的

（1）了解广告的最终效果。查看哪些广告的投放效果最理想，从中可以分析出在哪些地区、设备上投放广告的效果最佳。

（2）确定广告的转化率和投资回报率。了解商家投放广告的投资回报率，并做出更明智的广告支出决策。

（3）查看不同设备上的广告效果。

3.4.2 转化跟踪设置

1. 启用转化跟踪

转化跟踪是 Google 广告系统（即 Google Ads）里的一种工具。要启用转化跟踪，先要注册一个广告账户。注册广告账户只需要注册一个 Google 账户或 Gmail 邮箱（Gmail 邮箱本身就是 Google 账户），登录密码就是账户密码。

在选择直接创建账户后商家可以在账户中设置国家、时区和货币币种。可选时区要求与账单邮寄地址所在的国家对应，也就是要看账户当地的时区而不是商家所在地的时区。时区影响的是账户数据所显示的时间，商家可以根据自身需求来选择时区。需要注意的是，时区和货币币种都是一旦商家开户后就无法修改的项目。对于跨境卖家来说，最常用的货币币种是人民币和美元。区别在于人民币币种可以申请发票，但 Google 会收取 6% 的税金，而美元币种不提供发票，也不需要缴税。所以需要发票的商家可以选择人民币币种，账单邮寄地址国家可以选择中国。对于不必开发票的账户，为了节省税款支出，也可以选择美元币种，Google 广告账户设置如图 3-21 所示。

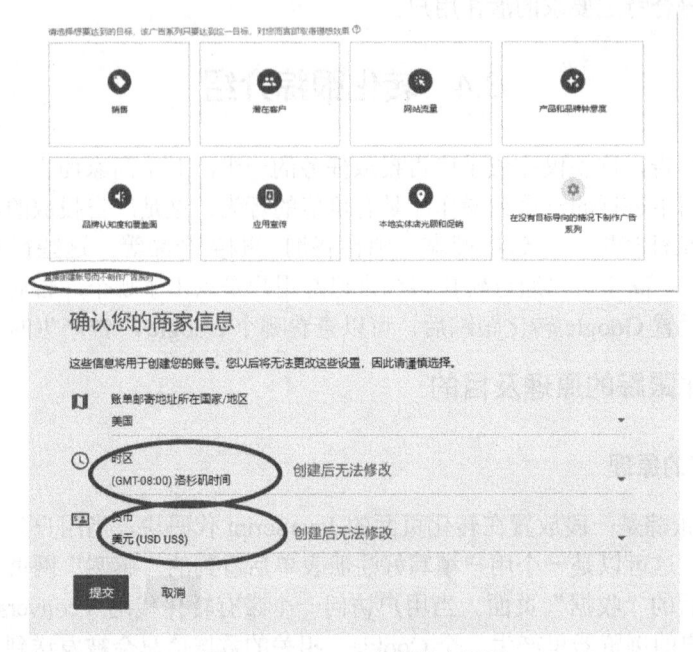

图 3-21　Google 广告账户设置

广告账户创建完成后，在广告账户后台依次选择右上方的"工具"→"衡量"→"转化"选项，如图 3-22 所示。

图 3-22　转化设置 1

点击蓝色的"+"按钮，选择要跟踪的转化类型，如图 3-23 和图 3-24 所示。

图 3-23　转化设置 2

图 3-24　转化设置 3

转化类型有以下几种。

（1）网站，即跟踪用户在网站上的行为，如提交表单、添加到购物车、完成付款等。（所有的 B 端或 C 端电商网站基本都适用）

（2）应用，主要针对推广 App 的广告，跟踪 App 的下载安装次数和 App 交互次数。

（3）来电，即跟踪用户拨打电话的次数，可以跟踪广告附加信息中添加的电话号码，也可以跟踪网站上现有的电话号码。

（4）导入，即导入其他平台中的转化数据，如将在 Google Analytics 上的转化数据直接导入 Google Ads 中。

2．创建转化操作

（1）类别。对要跟踪的转化行为进行分类，可分为购买、潜在用户、网页浏览、注册和其他 5 类，如图 3-25 所示。例如，B 端网站对提交表单的转化操作可以归类为潜在用户。

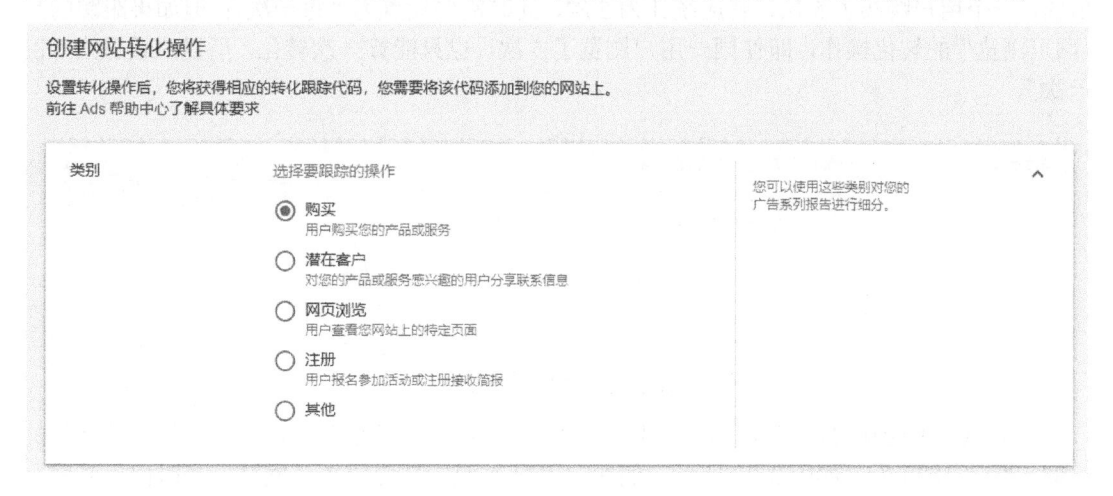

图 3-25　选择转化类别

（2）转化名称。为要跟踪的用户行为起一个描述性的名称，如提交表单、在线付款、加入购物车，如图 3-26 所示。

图 3-26　设置转化名称

（3）价值。设置这个转化行为可以给商家带来的价值，主要用于跟踪和衡量不同广告类别的投资回报率，如图 3-27 所示。例如，如果某个转化行为给商家带来 50 美元的收益，可以在此设置为 50 美元。但对于一般的 B2B 网站，则可直接设置为"不为此转化操作指定价值"即可。

图 3-27　设置转化价值

（4）统计方式。设置同一个用户进行了多次操作，是统计为一次还是多次，如图 3-28 所示，需要具体情况具体分析。例如，跟踪的是"购买"的转化操作，那么每次转化都是有价值的，一个用户购买了 5 次，就应统计为 5 次，此时需要设置为"每一次"；但如果跟踪的是"网页浏览"的转化操作，即使同一用户浏览了 5 次，也只能算一次转化，所以应设置为"仅一次"。

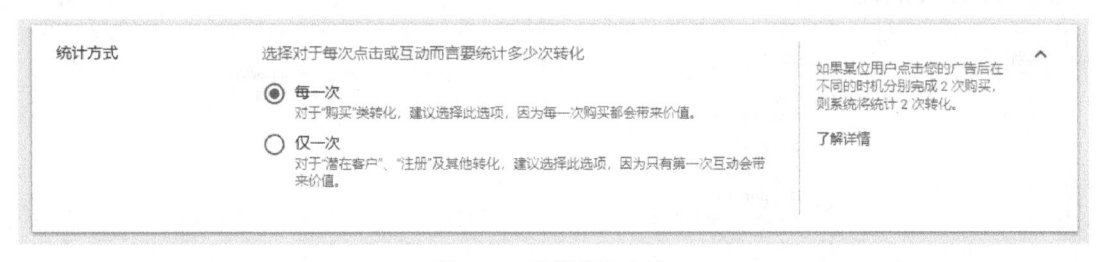

图 3-28　选择统计方式

（5）点击型转化时间范围。设置用户在点击广告或发生其他互动后，要持续跟踪转化的时间，默认为 30 天，如图 3-29 所示。例如，用户 A 点击广告进入了网站，当时由于某些原因并未进行转化操作，但是 30 天后他再次进入网站进行了转化操作，此时，如果转化时间范围设置为 30 天以上，那么这个转化就被统计到广告的转化次数中；如果转化时间范围设置为 30 天以内，那么这个转化就不会被统计到广告的转化次数中。

如果产品或服务的转化时间范围已经确定，如 25 天，那么建议设置的转化时间范围一定要大于 25 天，如 30 天、40 天。

（6）浏览型转化时间范围。设置用户看到了广告且未点击或互动，但之后在网站上完成了转化的跟踪时间范围，如图 3-30 所示。

图 3-29　设置点击型转化时间范围

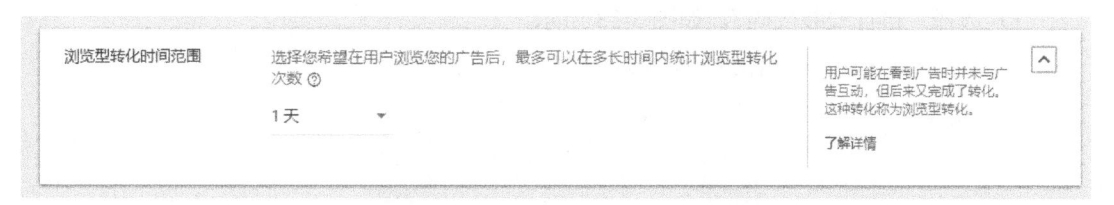

图 3-30　设置浏览型转化时间范围

注意，这个转化时间范围是针对展示广告的，与点击型转化时间范围不同的是，它跟踪的是只浏览广告但未点击广告和发生互动的用户的转化行为。浏览型转化仅适用于展示广告。

（7）纳入到"转化次数"列中。一个广告账户可以针对不同的有价值的行为设置多个转化，如果在此选择将该转化操作纳入"转化次数"列中，那么在所有转化次数的数据中就包括这个转化操作统计到的数据，如图 3-31 所示。

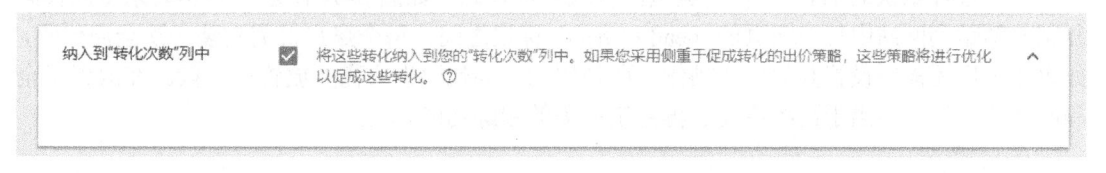

图 3-31　设置纳入到"转化次数"列中

在此建议将真正有价值的用户转化行为纳入"转化次数"列中，如询盘表单提交和在线付款成功。对于那些只浏览了"联系我们"页面等并不能保证实现最终有价值的转化的操作，就不要纳入"转化次数"列中了。

（8）归因模型。在某个转化路径中，用户可能会进行多次搜索，与同一商家的多个广告进行互动，通过指定归因模型，可以将最终的转化归功于用户的首次点击、最终点击或多次点击。归因模型共有 6 种，分别为以数据为依据、最终点击、首次点击、线性、时间衰减和根据位置。默认为"最终点击"。当有足够的转化数据时可以选择"以数据为依据"，一般选择"最终点击"，如图 3-32 所示。

所有数据会呈现在最终的用户搜索归因报告里（选择"工具"→"衡量"→"搜索归因"选项），从而更好地了解广告效果，并针对用户转化路径中的各个阶段有的放矢地采取优化措施。此设置仅适用于搜索广告和购物广告。

根据实际情况完成以上设置后，点击左下方的"创建并继续"按钮，进入代码设置。

59

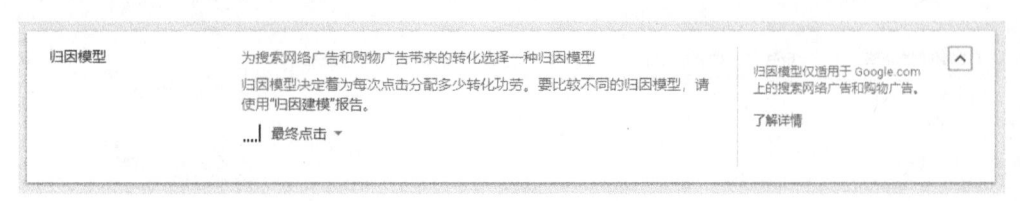

图 3-32　选择归因模型

3. 代码设置

（1）选择"自行安装代码"，如图 3-33 所示。

图 3-33　选择安装代码方式

（2）选择默认的 HTML 代码类型，获取全局代码，如图 3-34 所示。根据要求将此代码复制并粘贴到网站中每个网页的<head></head>标记之间。每个账户仅需安装一次全局代码，如果在之后还需要设置其他转化操作，所使用的全局代码也只需要放置这一段。在放置了全局网站代码后，相当于已经启动了再营销所需的跟踪功能。

图 3-34　获取全局代码

（3）添加了全局代码后，接下来需要添加事件代码。在绝大多数情况下，转化、达成都是发生在网站的某个页面，因此选择"网页加载"类型，并将获取到的事件代码添加到用户完成转化后到达的页面，如用户完成某个订单的付款后来到的"thank you"感谢页面，如图3-35所示。这段代码需要紧跟在全局代码之后，同样粘贴在所需跟踪的网页（并非像全局代码那样需要放置在网站的所有页面上）的 <head></head> 标记之间。

图 3-35　获取事件代码段

本 章 小 结

本章主要介绍了 Google 广告的 3 种经典类型，分别是搜索广告、购物广告、展示广告，介绍了每种广告类型的原理及投放目的、展示形式，还介绍了在广告投放开始前必要的转化跟踪的概念及设置，帮助读者全面了解可用于广告推广的 Google 产品，为读者接下来实操内容的学习和演练打下理论基础。

本 章 习 题

一、选择题

1．影响质量得分的因素是（　　）。
A．预计点击率　　　　B．广告相关性　　　C．关键字数量　　　D．着陆页体验
2．（　　）是购物广告中会出现的内容。
A．商品图片　　　　　B．商品标题　　　　C．促销信息　　　　D．网站名称
3．（　　）是购物广告会出现的位置。
A．Google 搜索结果页　　　　　　　　　　B．YouTube
C．任意网站　　　　　　　　　　　　　　　D．Google 搜索合作平台

4. （　　）是展示广告的定位方式。
　A．受众群体　　　　　　　　　　　B．主题定位
　C．展示位置定位　　　　　　　　　D．展示广告关键字定位
5. （　　）是再营销方式可以定位到的受众人群。
　A．回头客　　　　　　　　　　　　B．在填写收货地址时放弃的人群
　C．看过几个网站上某类商品的人群　D．没有来到查看购物车页面的人群

二、判断题

1. Google 展示网络可以让商家在任意移动应用上投放广告。（　　）
2. 展示广告可以通过婚姻状况来定位受众人群。（　　）
3. 购物广告可以在搜索结果页中展示产品的产地。（　　）

三、简答题

简述转化代码的安装过程。

第 4 章　搜索广告操作与优化

通过搜索广告，可使用户主动找到商家并最终与商家产生联系。

搜索广告又称付费搜索广告，是一种将在线广告放置在搜索引擎结果中的营销方式。搜索广告是商家为了提高商品或服务品牌在搜索引擎中的可见度，以吸引更多用户而实施的营销手段。作为全球搜索引擎巨头，Google 通过各种形式的付费搜索赢利，允许商家根据不同的搜索关键字在搜索结果页的空白处购买广告空间。Google 搜索广告允许广告主通过文本的形式建立简单有效的广告，将广告信息展示在 Google 搜索结果页以及 Google 搜索的合作平台上。

和传统的电视广告或户外广告牌相比，搜索广告可以吸引到更多的目标受众。对于跨境电商来说，Google 平台的流量是十分巨大的，也是其拓展用户的重要方式。据统计，Google 上的搜索量超过了每秒 230 万笔，并且大多数搜索结果页上都含有 Google 搜索广告。Google 搜索广告可以准确地将相关流量吸引到商家网站。例如，当位于伦敦的用户在 Google 上搜索"假发"时，在中国经营跨境假发贸易的商家们就可以出价在搜索结果中放置自己的广告。商家也可以告诉搜索引擎，当有用户点击其广告时，自己愿意支付的最高金额。商家可以在搜索引擎中通过设置关键字等多种手段来确保广告仅覆盖可能购买的用户，从而精简自己的广告预算。Google 搜索广告是跨境电商经营者进行海外推广的主要渠道。

4.1　Google 搜索广告账户内容

跨境电商经营者可以通过注册 Google 广告账户，根据自己的业务目标和预算来定制 Google 搜索广告。Google 搜索广告可以让商家选择所希望推广的关键字，通过地域筛选、时间筛选、语言筛选等筛选方式使企业所选择的关键字出现在搜索这些关键字的潜在用户面前，使得商家更为有效地锁定目标客户。因为，只有当搜索用户看到并点击了商家的广告之后，商家才需要支付广告费用，没有点击是不计费的。对于商家来说，Google 搜索广告可以让他们自主选择广告费用和投放方式，以更低的成本获取更高的回报。

4.1.1　Google 搜索广告账户结构

Google 搜索广告账户结构如图 4-1 所示。

```
                    搜索广告账户
                   /            \
              广告系列1         广告系列2
              /      \
          广告组1    广告组2
          /      \
      多个      广告文本
     关键字
```

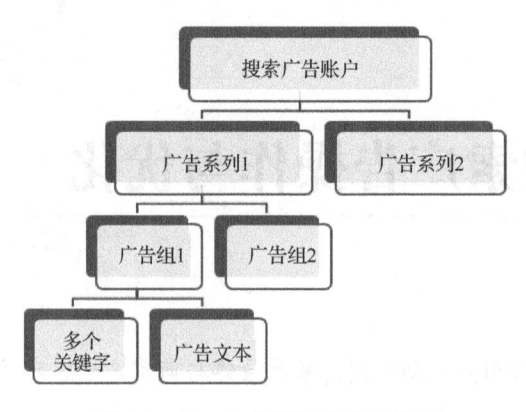

图 4-1　Google 搜索广告账户结构

4.1.2　Google 搜索广告账户各层级内容说明

1. 广告系列

一个 Google 广告系列通常由一组共享广告预算、地理位置定位和其他设置的广告组组成。广告系列的类型取决于广告主想要达成的营销目标，广告目标可以是销售量、网站的访问量、品牌的知名度或应用推广。广告系列的类型决定了用户将在哪里看到商家的广告。

通过搜索广告系列，商家可以将自己的广告在搜索引擎中展示给合适的目标用户，并且不需要为无法带来可观利润的关键字支付额外的费用。一个 Google 广告账户，最多可以建立约 10 000 个广告系列（包括有效的和暂停的广告系列）。

2. 广告组

每个广告系列是由一个或多个广告组构成的。而一个广告组则包含了一个或多个体现商家的目标用户需求的广告文本及关键字。广告组是投放在搜索市场营销活动中的关键字集合。一个好的广告组需要包含与商家的目标用户直接相关的关键字和具有吸引力的广告文本。

制作有效的广告组可以帮助商家以较低的成本吸引更多的流量和潜在用户，同时增加其在网站上的转化次数。所以商家在设置广告组之前需要考虑应该在广告组里放置什么样的关键字和广告文本来激发目标用户的兴趣。每个广告系列可以建立约 20 000 个广告组。

3. 关键字

关键字是用来使商家所投放的广告与用户正在搜索的内容相匹配的字词或词组。商家通过确定与其产品或服务最相关的关键字，就可以在竞标后将自己的广告投放在搜索引擎的相关关键字的搜索结果中。例如，商家如果是时尚鞋履品牌，就需要确保搜索关键字为"时尚女靴"或"舞会高跟鞋"之类的用户可以看到广告。

关键字从属于广告组，对于触发搜索广告的展示十分重要。搜索引擎会通过分析用户输入的关键字从而筛选出与这些词相匹配的结果。优化关键字对于企业增强品牌认知度及提高网站转化率有着至关重要的作用。

4．广告文本

广告文本是在触发搜索广告时显示的实际广告内容。这些广告内容可以位于 Google 搜索网络中有可能展示广告的任何位置。有价值的广告内容可以确保付费搜索营销活动的高效运行。用户是否点击商家广告并进入商家网站取决于商家提供的广告内容与其提供的产品或服务的相关性，以及该广告内容与用户所需要信息的相关性。

广告文本示例如图 4-2 所示。

图 4-2　广告文本示例

广告文本中的附加信息可以显示额外的业务信息，如额外的网站链接、商家电话和地址等，使投放在搜索网络上的广告更具吸引力。广告附加信息可以在用户点击之前给用户提供更多的产品或服务信息，可以在用户被定向到目标页面之前与用户有更丰富的交流。

如图 4-3 所示的这则搜索广告中有许多附加信息，可以看到商家列出了所出售的茶叶类型，如红茶、绿茶、抹茶、薄荷茶等，还设置了指向不同产品（如袋装茶叶）的链接。

图 4-3　广告附加信息示例

4.2　搜索广告的建立

4.2.1　建立搜索广告系列

（1）在注册好 Google 广告账户后，可进入广告账户后台。先点击页面中的"+"按钮，再点击"新广告系列"按钮，如图 4-4 所示。如果商家希望某个广告系列中能够有不同的广告功能，则可以考虑设置多个广告系列。例如，家具店可以选择为其销售的每种产品如餐桌或学习椅，设置不同的广告系列；再如，某滑雪场的推广，需要在不同的季节采用不同的推广方式，夏季是淡季，冬季是旺季，可以有针对性地建立两个广告系列，并分别撰写不同的广告文本。

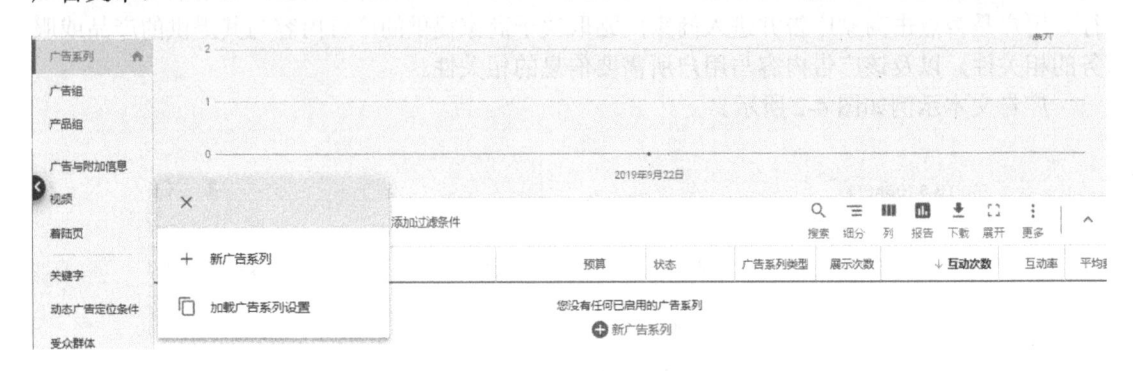

图4-4　添加新广告系列

（2）点击"新广告系列"按钮后，进入选择目标页面，如图 4-5 所示。商家可以根据自己的目的选择相应的目标。例如，商家的目的是销售，就选择"销售"选项。选择不同的目标，广告系列的类型也会随之变化。通常选择"在没有目标导向的情况下制作广告系列"。

图4-5　选择目标

（3）选择广告系列的类型。选择"搜索"选项之后需要选择自己希望以何种方式来完成目标，假设商家希望用户在自己的网站下单，可以选择"网站访问次数"复选框，如图 4-6 所示。点击"继续"按钮，进入设置广告系列页面。

第 4 章　搜索广告操作与优化

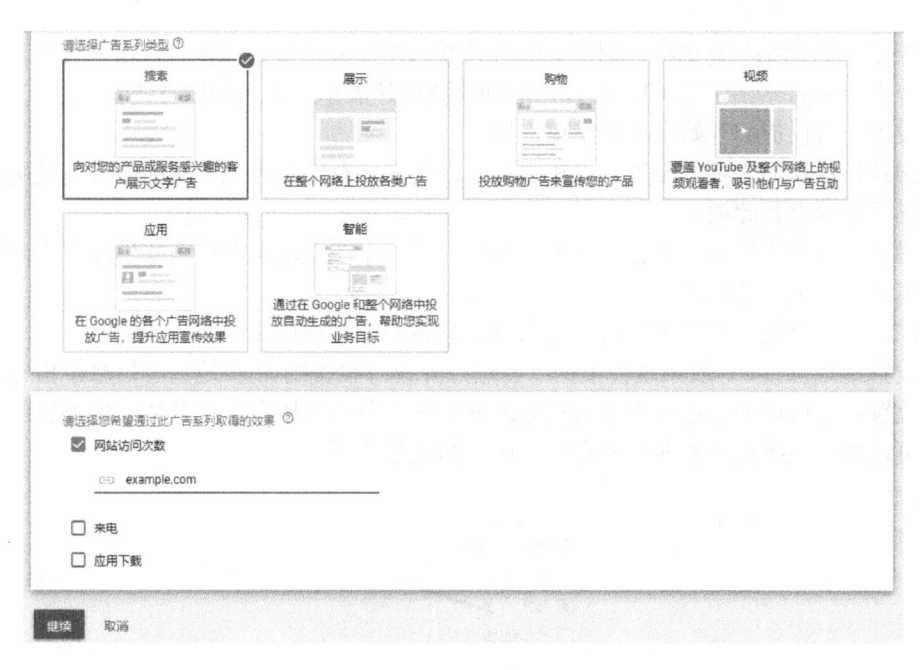

图 4-6　选择广告系列类型

（4）命名广告系列，并根据实际推广计划设置相应选项，如图 4-7 至图 4-11 所示。

图 4-7　设置广告系列

①设置广告系列名称。命名一个新广告系列其实就是细分广告系列，可根据广告系列类型、目标投放地区、用户使用的设备、投放产品等进行。例如，一个投放至美国地区且仅在手机端展示的运动鞋搜索广告，可以命名为"search-us-sneaker-m"。

②设置投放网络。如果选择"包括 Google 搜索网络合作伙伴"复选框，但不选择"包括

Google 展示广告网络"复选框,则搜索广告只展示在搜索结果页及搜索合作平台上,如需要展示广告于 Google 网络广告中,可以在后期单独创建展示广告系列以方便管理。

③设置广告投放的开始日期和结束日期。

④跟踪模板和追踪参数设置。供在跟踪广告技术上有特定方式需要的广告主使用。绝大多数情况下无须设置此项。

⑤设置动态搜索广告,根据网站上的内容,广告系统自动触发广告并生成广告内容。绝大多数情况下无须设置此项。

⑥广告投放时间,可以根据商家需求设定具体的广告投放时间。

⑦设置地理位置。一般系统会根据广告账户开设时设置的国家/地区等信息给出建议投放的地理位置;也可以通过选择"输入其他地理位置"单选按钮自定义具体广告投放的地理位置。还可以根据系统提示输入想要定位或排除的地理位置。

图 4-8　广告系列更多设置

图 4-9　设置地理位置选项

⑧设置语言。这里的语言并不是广告和关键字的语言,而是广告定位到某个国家/地区的 Google 界面语言。例如,商家想要将广告投放到加拿大,则可选择"英语"和"法语"。

⑨选择受众群体。可以在受众管理器中添加商家所需要的受众。例如,可以选择曾访问

过商家网站、观看过商家视频、与商家应用有过互动或与商家分享过自己的联系信息的用户。设置此项的目的在于进一步细化商家的目标用户，使投放目标更为精准。此项绝大多数情况下无须设置。

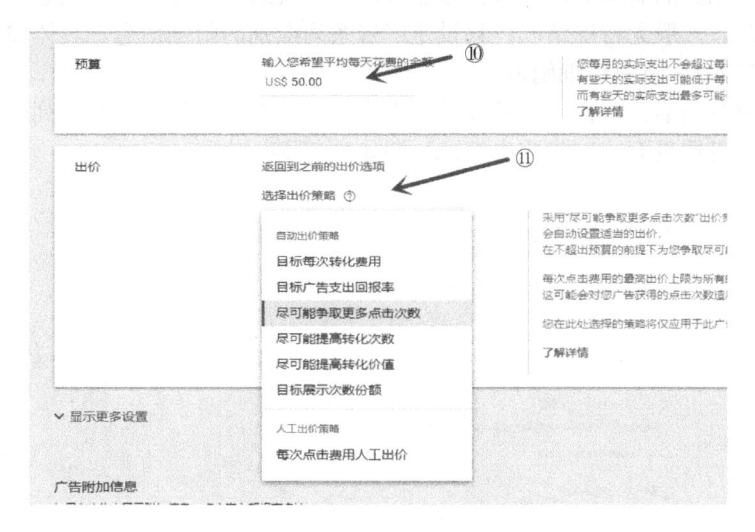

图4-10　设置广告系列预算和出价

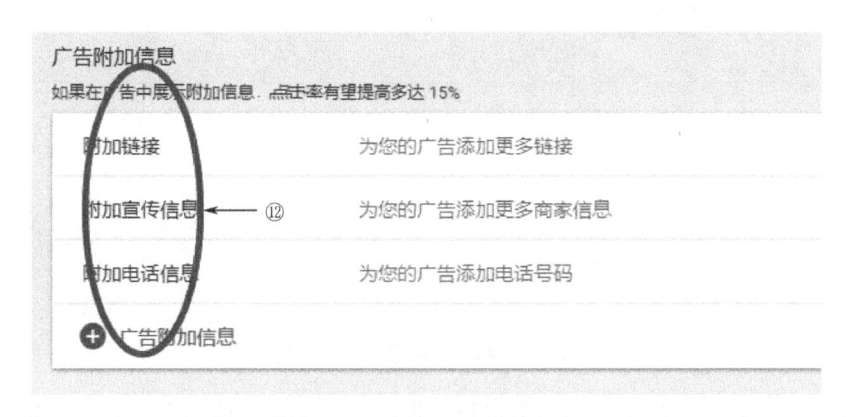

图4-11　设置广告附加信息

⑩设置预算。在此设置商家希望平均每天花费的金额。按照非转换次数付费的广告系列，广告在某些日子更受欢迎，Google 允许在平均每日预算的基础上将金额最多提高两倍，以免错失点击。但是，在一个月中，广告主需要支付的费用不会超出平均每日预算与每月平均天数（30.4）的乘积。对于在月中暂停或因为其他原因而未能整月投放的广告系列，平均每日预算与总费用可能会不一致。按转化次数付费的广告系列，广告主的每日支出可能会达到平均每日预算的2倍以上。

⑪设置出价。可使用人工出价策略，并设置每次点击费用人工出价。Google 广告系统还提供了一系列自动出价策略。自动出价是 Google 根据商家选择的广告投放目标，结合各种广告表现、竞价对手表现等信息自动调整出价的模式。本书中关于广告出价的设置，均采用每次点击费用人工出价的模式。通过设置出价金额，Google 会在此限额内产出结果，最终实际点击费用也可以最大程度地控制在商家手中。

⑫设置广告附加信息。这里设置的是广告系列级别的附加信息,可以应用到广告系列下的各个广告组。例如,添加附加链接可以向广告中添加更多产品或服务的信息,并引导潜在用户直接跳转到相应的着陆页。附加信息也可以在广告组级别增加,优先级高于广告系列中添加的附加信息,一般无特殊情况,只设定广告系列级别的附加信息。具体如何进行附加信息的撰写,将在 4.2.3 节中详细阐述。

(5)设置好各项后,点击"保存并继续"按钮,一个新的搜索广告系列就建立了。之后可以进入广告组设置页面,制作广告组,如图 4-12 所示。

图 4-12　设置广告组及上传关键字

(6)命名该广告组,广告组的命名以该广告组中关键字的核心含义为主。例如,一个销售 dress(裙装)的商家,根据网站上裙装的长度分为"long dress"和"short dress"两大类,设置了相关关键字后,可根据长度将这一系列关键字分在两个广告组里。那么,这两个广告组就可以命名为"long dress"和"short dress"。

(7)对广告组进行出价设置。在广告组内的关键字本身未设置出价的时候,该关键字会自动使用广告组设置的出价。

(8)将一系列制作好的关键字上传到相应的广告组中。关键字是 Google Ads 的核心,搜索广告的整个流程由搜索关键字开始。因此,建立强大的关键字库是至关重要的一环。一是与产品或品牌所关联的关键字放进关键字库中,理想的关键字是与产品和服务的目标客户的需求相匹配的。如果从一个关键字可以延伸出一定数量的关键字,商家就可以将该关键字作为核心关键字,并作为词根来制造出大量的关键字。二是能够挖掘出潜在用户想法的关键字,所以关键字库中应该包括可以匹配用户需求或能回答用户疑问的关键字。例如,如果用户想要购买相机,那他肯定希望搜索相机时看到的搜索结果能够展示针对相机以及相机特点等相关的关键字。三是同义词。例如，某商家可能会说自己的产品是"PC"，其他商家可能会用"notebook"来表达。也可以增加含有暗示用户转换行为的词，如 buy、purchase、order 等。关键字的制作将在 4.2.2、4.2.4 节详细介绍。

（9）关键字上传完成后，就可进入如图 4-13 所示的制作广告页面，进行广告文本的撰写。

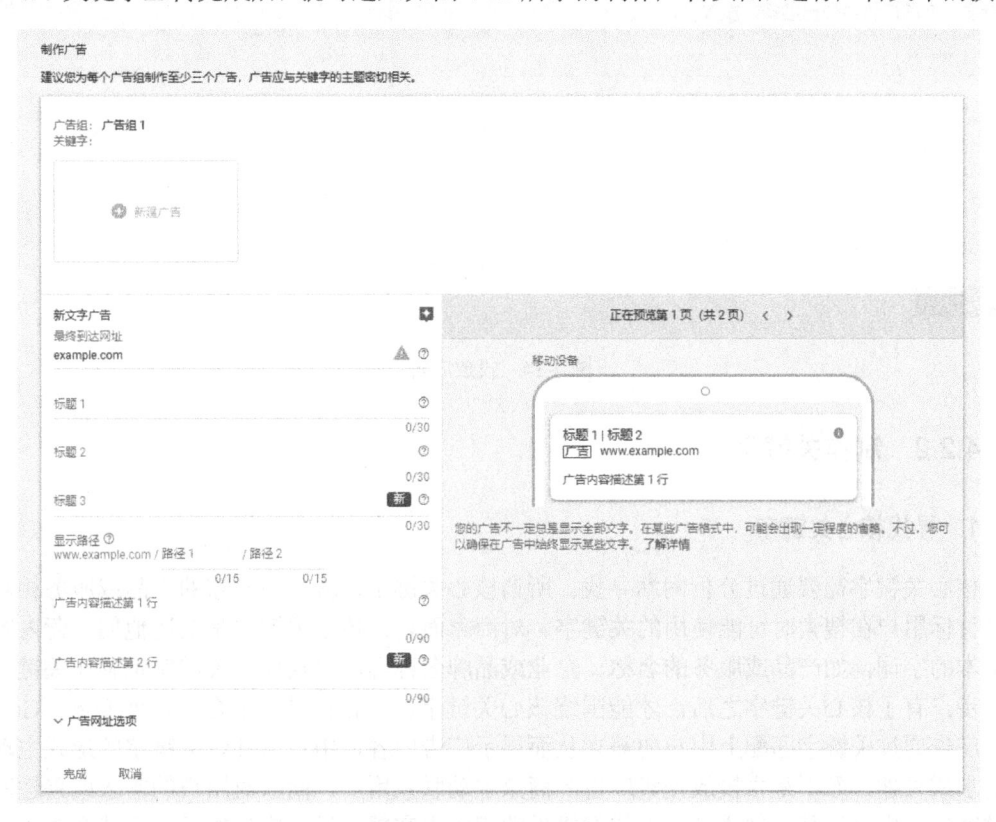

图 4-13　制作广告页面

需要注意的是，Google 对广告文本的长度是有一定字符数限制的，具体如表 4-1 所示。

表 4-1　广告文本的长度限制

字　段	长 度 上 限
标题 1	30 个字符
标题 2	30 个字符
标题 3	30 个字符
广告内容描述 1	90 个字符
广告内容描述 2	90 个字符
路径（2 个）	各 15 个字符

在搜索广告的广告文本中，长度限制对所有语言都是一样的。在计算长度限制时，韩语、日语和中文等全角文字会算作两个字符。一般建议为每个广告组至少制作 3 个广告，具体如何撰写将在 4.2.3 节详细阐述。

(10)检查完设置是否符合实际推广计划及要求后,就可以投放广告了,如图4-14所示。

图 4-14　投放广告

4.2.2　制作关键字

1. 寻找核心关键字

核心关键字需要通过分析网站寻找。所谓核心关键字,就是与商家的产品或服务相对应并且目标用户在搜索时可能使用的关键字。对商家而言,核心关键字是描述他们经营内容的最基本的字词,如产品或服务的名称、企业或品牌名称等。寻找核心关键字是制作关键字的第一步,有了核心关键字之后,才能围绕核心关键字进行各种排列组合,扩展变体。Google搜索广告通过关键字匹配上用户的需求从而展示广告内容,用户以搜索关键字的形式主动表达需求或兴趣,而不是由投放搜索广告的商家主动联系用户。商家对用户的需求或兴趣匹配得越准确,内容解释得越透彻,向他们提供的相关内容越详尽,广告的吸引力就会越强。商家可以通过查询用户搜索关键字的次数,分析竞争对手的关键字选择情况,挑选出了核心关键字。

下面以相机为例,看看如何寻找核心关键字。

首先在自己的网站中找到对应的商品或服务的名称,这些字词通常可在网站导航中找到,如图4-15所示。

图 4-15　在网站导航中寻找核心关键字

然后找出该词的单复数、同义词等,从而增加核心关键字的数量;也可以利用关键字规划师工具,了解产品的替代品和互补品名称、行业内的通用词汇、目标用户的搜索偏好等,进一步扩充核心关键字;还可以利用关键字列表帮助商家更容易地开发出更加全面的核心关键字。关键字列表是包含与企业相关的所有产品、服务或与之相关的所有词的列表。例如,在找到核心关键字"相机"后,根据网站上所销售的相机的特点或属性,可得到一系列更加具体的关键字,如表4-2所示。

表4-2 "相机"关键字列表

类　　型	限　定　词	行　　动
数码相机	便宜的相机	购买相机
时尚相机	打折相机	选购数码相机
复古相机	廉价相机	
自动相机	傻瓜相机	

2. 制造大量关键字

构建关键字列表和带形容词的列表是制造大量关键字的一种思路。假设一个商家想要制作关键字，可以打开商家自己的网站，找到产品或服务的核心关键字（词根）以及对应的产品属性修饰词（词干），将关键字输入关键字规划师中，获取核心关键字可能存在的变体（词干）以及其他修饰类的属性词（词根），将获得的词根和词干，分别列于 Excel 表中的不同列，如图 4-16 所示。

	A	B	C	D	E
1	词干1	词干2	词干3	词根	
2	digital	cheap	buy	camera	
3	fashion	discount	shop	cameras	
4	vintage	inexpensive			
5	automatic	simpleton			
6					
7					

图 4-16　词干和词根组合关键字

将词根和词干进行组合后就可获得大量关键字，如图 4-17 所示。

A	B	C	D	E	F	G	H
词干1	词干2	词干3	词根	关键词1	关键词2		
digital	cheap	buy	camera	digital camera	buy digital camera		
fashion	discount	shop	cameras	fashion camera	buy fashion camera		
vintage	inexpensive			fashion cameras	shop fashion cameras		
automatic	simple			automatic cameras	buy automatic cameras		
				vintage camera	buy vintage camera		
				cheap camera	buy cheap camera		
				discount cameras	buy discount cameras		
				inexpensive cameras	buy inexpensive cameras		
				digital cameras	buy digital cameras		
				& More	& More		

图 4-17　组合词干和词根形成关键字

考虑以下几点可使关键字库更加丰富。
- 商家用来描述用户需求或痛点的词。
- 用户在搜索网站上搜索时可能会使用的词。
- 商家给不了解产品或服务的人描述产品或服务时会使用的词。
- 相关业内人士或行业杂志描述产品或服务时喜欢用的词。

3. 关键字匹配类型

一般而言，关键字匹配的选项越广泛，关键字在搜索引擎中所能获得的流量就越多。通常在 Google 搜索中有 5 种关键字匹配类型可供选择，如表 4-3 所示。

表 4-3 关键字匹配类型

匹配类型	特殊符号	关键字示例	触发广告的搜索	搜索示例
广泛匹配	无	Men's shoes	包括错误拼写、同义词、相关搜索和其他相关变体形式	Purchase men's shoes
广泛匹配修饰符	加号，+关键字	+men +shoes	含有修饰词（或紧密变体形式，非同义词），顺序不限	Men's shoes
词组匹配	英文双引号，"关键字"	"men shoes"	词组及其紧密变体形式	Buy men's shoes
完全匹配	英文方括号，[关键字]	[men's shoes]	确切的字词及其紧密变体形式	Men's shoes
否定匹配	减号，-关键字	-men	不包含相应字词的搜索	Football shoes

（1）广泛匹配。当有人搜索与商家的关键字相关的任何字词时，营销广告就有可能会被触发。例如，如果商家的关键字是"家居设计和装修"，那么当有人搜索"家居装修"时，商家的广告就可能会被展示。意思相近的同义词，甚至在英语中的单数和复数形式的变体也可能触发广告。以英文搜索来举个例子，"bike shop"的广泛匹配有可能会匹配到"motorcycle store""cycle stores""mountain bike shops"。

广泛匹配搜索范例如表 4-4 所示。

表 4-4 广泛匹配搜索范例

广泛匹配 men's shoes	
搜索查询	搜索广告能否显示结果
Men's shoes	是
Men shoes	是
Men's sneakers	是
Red shoes for men	是
Men's fashion football shoes	是

（2）广泛匹配修饰符。可以使用"+"符号来锁定关键字中的一个或多个单词，或是这些字词的紧密变体形式，顺序可以是任意的。这种匹配类型类似于广泛匹配，但更具针对性。商家广告只会针对使用这些单词或它们的近似变体（如拼写错误或复数形式）的搜索进行展示。例如，关键字"+car"及"+shop"有可能将会匹配到"car repair shop""shop for a car"；而关键字"+carshop"将匹配到"car store"，因为 shop 前没有加"+"，所以会进行广泛匹配，变成 store、car。

（3）词组匹配。只要用户的搜索关键字与商家设置的关键字或其紧密变体形式匹配，就算前后还有其他字词,也可以触发广告展示。当用户搜索与商家的整个关键字匹配的词组时,商家的广告会被展示。例如,商家的关键字为"家居设计和装修"如果用户搜索"传统家居设计和装修",则会触发广告。但是,如果这个词组中间添加了会改变词组含义的字词,广告将不会被展示。例如,如果商家的关键字是"women's scarf",当用户搜索"blue women's scarf""buy women's scarf"或"women's scarf on sale"时,商家的广告就会出现,但如果用户搜索"women's shoes""winter scarf for women"时,广告则不会出现。

词组匹配搜索范例如表 4-5 所示。

表 4-5 词组匹配搜索范例

词组匹配 "men's shoes"	
搜索查询	搜索广告能否显示结果
Men's shoes	是
Men shoes	是
Men's sneakers	是
Red shoes for men	否
Men's fashion football shoes	否

(4) 完全匹配。完全匹配是关键字匹配类型中要求最为具体和最具限制性的,要求按照准确的顺序完全匹配商家的关键字。用户的搜索关键字必须与商家的关键字相同,或是与其相近的变体形式(如含义相同)。通过完全匹配,商家的广告仅在与其设置的关键字特别相关的搜索时才会展示。例如,如果商家的关键字是"women's scarf",那么只有当用户搜索"women's scarf"并且完全按照准确顺序排列,商家广告才会展示,而输入任何其他字词都不会触发广告。Google 现在对完全匹配规则进行了更改,使用完全匹配类型时,广告可与关键字的同义词、复数形式或其他变体的搜索相匹配。例如,当用户想要搜索"kindergarden"时,如果搜索"kindergarten"也会触发广告,因为 Google 会认为 kindergarten 是所搜索关键字的另一种说法,与用户的搜索意图一致。

完全匹配搜索范例如表 4-6 所示。

表 4-6 完全匹配搜索范例

完全匹配 [men's shoes]	
搜索查询	搜索广告能否显示结果
Men's shoes	是
Men shoes	是
Men's sneakers	否
Red shoes for men	否
Men's fashion football shoes	否

在搜索确切关键字时,点击广告的用户更有可能对商家的产品或服务感兴趣,因此使用以上 4 种关键字匹配类型可以降低不必要的成本并保持较高的转化率。但由于关键字匹配限制,商家的流量也有可能会减少。

（5）否定匹配。排除"否定"关键字是商家阻止无关搜索触发广告的一种有效方法。在关键字前添加"-"符号，可将其明确排除在外。例如，如果商家是家居设计公司，使用关键字"家居设计"时在其后添加"-book"，可确保搜索家居设计书籍时不会显示商家广告。同样，如果商家销售相机但不销售摄像机，就可以将"摄像机"设为否定关键字。使用否定匹配可以尽量避免非相关搜索来展示广告。

否定匹配搜索范例如表 4-7 所示。

表 4-7 否定匹配搜索范例

否定匹配 men's shoes-women	
搜索查询	搜索广告能否显示结果
Women shoes	否
Men shoes	是
Women's sneakers	否
Red shoes for women	否
Men's fashion football shoes	是

确定好匹配类型后，可以加上对应的匹配符号，如图 4-18 所示。

	A
1	"digital cameras"
2	"vintage camera"
3	[fashion cameras]
4	[cheap cameras]
5	[cheap digital camera]
6	digital camera discount

图 4-18 匹配符号使用示例

在表格中插入对应关键字所在的广告组和广告系列，如图 4-19 所示

	A	B	C
1	campaign	ad group	keyword
2	us-camera-m	digital camera	"digital cameras"
3	us-camera-m	vintage camera	"vintage camera"
4	us-camera-m	fashion camera	[fashion cameras]
5	us-camera-m	cheap camera	[cheap cameras]
6	us-camera-m	digital camera	[cheap digital camera]
7	us-camera-m	digital camera	digital camera discount
8			

图 4-19 插入关键字所在的广告组和广告系列

这样，相应的关键字就制作完成了，并且能方便地上传至对应的广告账户中。使用关键字匹配可以帮助商家控制预算。完全匹配给商家提供了最大的控制权，其次是词组匹配、广泛匹配修饰符和广泛匹配。在大多数情况下，应避免广泛匹配，因为广泛匹配很可能使广告出现在不相关的搜索结果中。最理想情况是将广告账户中的所有关键字都设置为完全匹配，并涵盖所有可能的关键字变体形式。这样可以最大程度地精准营销和控制预算。但是考虑到

成本及效益，还需要使用词组匹配和广泛匹配修饰符来吸引用户。

4．关键字分组

在得到了大量的关键字后，通常情况下是不能把这些关键字都放到一个广告组里，虽然每个广告组可以添加 20 000 个关键字，但是这些关键字本身具体的词义及对应的用户需求并不相同，如果把所有的关键字都放到一个广告组里，便无法针对一些不相似的用户撰写出有匹配性的广告文本。理想的关键字分组可以改善商家的 Google 广告账户的相关性，从而提高质量得分并降低点击费用，提升商家的整体账户效果。有效地组织关键字可以使企业获得更多高质量得分的广告组，更相关的广告文本，以及更高的网站转化率。

对于商家来说，要寻找的并不是最受用户欢迎的关键字，而是对自己的网站最合适的关键字。关键字分组的一个基本原则是：计划放置在某一个广告组中的所有关键字能够使用一个共用的词以便用在广告语里。如果条件允许的话，可以进行统一的出价和使用统一的目标网址。可以从产品或服务的类型、主题或产品型号等不同的维度进行分类。一个关键字列表里应该至少有一个共同的词汇，如果按这种排列方式关键字列表仍然过长，可以将有两个共同词汇的关键字放到一个组里。如果商家洞察到有很大流量的关键字，则需要将这个关键字单独建组，针对这一关键字撰写广告语和设置目标网址，从而做到针对性和相关度的最大化。

4.2.3 撰写广告文本及附加信息

1．撰写广告文本

Google 广告标题 1（与 30 个半角字符）。从预览中可以看到这个标题的字号最大，是用户第一眼就能看到的地方，特别是标题 1 的第一行，如果能够和用户的搜索对应起来，可以马上吸引用户注意力。所以，尽可能将每个单词的首字母大写，同时在标题中插入搜索量最高的关键字，最重要的是与用户的需求匹配。下面列举几种常用的标题写法：Best Cameras；Vintage Cameras free shipping；Vintage Film Cameras-Huge Selection for you。

Google 广告标题 2 和标题 3（各占 30 个半角字符）。标题 2 可以被看作是标题 1 的信息"放大器"，根据实际业务，列出几个最容易获得用户注意力的字词以提供更多信息，如"Open 24/7""Free Trial Available""With X function"。例如，标题 1 的内容是"Women's Shoes Online"，则标题 2 可以是"All Up to 50% Off"，标题 3 是对产品或服务特点的补充，可以是"Free Shipping"等。

广告内容描述用于商家更好地描述产品或服务，以提高用户采取下一步行动的机会。Google 广告提供了两个描述行，描述行 2 是对描述行 1 的信息补充。描述行 1 可以描述更多产品的特点和用途，描述行 2 则可以描述给用户带来的好处。

广告的显示网址（即显示路径，可以填写 2 个）可以填入相应的关键字。显示网址不同于广告指向的目标页面（即最终到达网址），显示网址无法被点击，也非正常访问的链接。

由于广告能够呈现的内容在字数上有限，所以要尽可能地在所有可能打动用户的地方展现自己，加强宣传。在语言的组织方面，要从用户的需求出发。以一家北京的宾馆要发布的广告为例，广告标题 1 可以是"北京平价宾馆"，广告标题 2 可以是"立即获得北京宾馆的最优惠价格"，内容描述则可以是"享受如同在自己家的感觉"之类的文案。

在撰写广告文本时要注意以下几点。

（1）标题包含广告所在广告组的关键字，适当使用关键字插入功能。关键字插入功能可以自动向广告语中添加广告组中能触发广告展示的相应关键字。关键字插入功能通过在广告语中插入"{keyword:默认关键字}"字段来实现。例如，在某个主旨为 long dress 的广告组中，包含 long black dresses、long dresses、black long half-sleeve satin dresses 这 3 个关键字，均为完全匹配。其中一条广告语标题的写法为"{KeyWord:long dresses}"，那么根据用户搜索关键字的不同，关键字插入功能体现的效果如图 4-20 所示。

用户搜索关键字	广告语标题呈现
long black dresses	Long Black Dresses
long dresses	Long Dresses
black long half-sleeve satin dresses	Long Dresses

图 4-20　关键字插入功能

例如，black long half-sleeve satin dresses 这个关键字由于字符数过多，超出广告语字符数限制，那么在展示广告语时，会使用在字段中填入的"keyword:"后的默认关键字。另外，该字段中"keyword"大小写的不同会导致呈现的关键字的大小写也不同。若要关键字全小写，如"long dresses"，则使用 keyword；若要开头用大写字母，如"Long dresses"，则使用 Keyword；若要每个单词的首字母大写，如"Long Dresses"，则使用 KeyWord；若要第一个单词全大写，后面每个单词的首字母大写，如"LONG Dresses"，则使用 KEYWord；若要前面每个单词的首字母大写，最后一个单词全大写，如"Long DRESSES"，则使用 KeyWORD。

（2）确保广告文本符合各项政策和规范，具体规范会在 4.4 节详细介绍。

（3）从用户的角度出发，描述对用户有用的信息。

（4）可以出现打折及优惠等信息，并尽可能用数字直观地表达。

（5）公司的荣誉及获得的权威证明可用于展现自己的经验，并使用户产生信赖感。

（6）使用号召性（call to action）用语，如"Shop Now""Learn More"等。

找到产品或服务的卖点，结合该广告组主题，提炼出一系列短语，然后撰写标题、描述和路径。一个广告组中应至少准备 3 条不同的广告语。

2. 撰写附加信息

Google 广告中可以显著提高付费搜索效果而又不增加额外支出的有力工具是广告附加信息。附加信息是一种广告格式，可以显示产品或服务的额外信息。有些附加信息需要手动添加，同时系统也会从网页上自动抓取一些信息生成附加信息。广告附加信息可丰富广告内容，使广告更加出色并且可以更有效地吸引用户。跨境电商搜索广告主要使用的附加信息及操作方式如下所述。

（1）附加链接。广告附加链接是 Google 广告的一项功能，可提供指向广告目标页面之外的其他链接。当用户点击此链接时，便会直接跳转到他们想要了解或购买的产品所在网页。

如图 4-21 所示，"iPad 10.2-inch""iPad Pro·Business pricing"都是广告附加链接。附加链接位于标准广告文本下方，用于宣传其他营销内容并指向相应的目标网页。例如，如果用户搜索的是"太阳镜"，那么附加链接中就可以放置特定样式的太阳镜产品，如飞行员样式，有利于用户更方便地点击链接并跳转到该样式的特定页面。

（2）附加宣传信息。附加宣传信息提供了更多可供添加文字的空间，商家可以在广告文本中展示相关的优惠信息以吸引用户点击其广告。附加宣传信息可给用户提供了更多机会了解商家产品，并能促进交易。

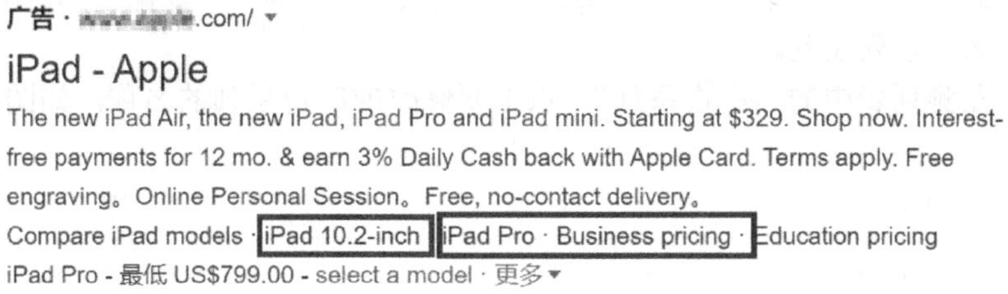

图 4-21　Google 广告附加链接

如图 4-22 所示，"Super cheap""Free shipping"之类的宣传信息可在广告附加的文字中出现，使得广告内容更加丰富，包含商家业务、产品或服务的更多详细信息，向潜在用户宣传品牌，或将某些促销或注册优惠信息通知用户。这类扩展信息使商家有机会投入更多的时间，来推广其品牌的某些特质，或以号召性用语提高交易的成功率。

图 4-22　Google 广告附加宣传信息

（3）附加结构化摘要。附加结构化摘要用于在广告中突出产品或服务的具体特点以吸引用户。商家可以列出特定的产品或服务，以文字的形式显示在广告说明下方，并且包含标题和列表。

与附加宣传信息一样，结构化摘要旨在给自己的广告分类，提供更多信息，并吸引潜在用户点击。

如图 4-23 所示，对于旅行社而言，它可以以标题（如"目的地"）和列表（如"拉丁美洲、欧洲、亚洲"等）的形式显示在广告描述下方。结构化摘要可以突出显示与业务相关的某些属性。例如，可以显示商家提供的服务或产品的技术规格的信息，这对于保持广告的高质量得分以及尝试提高转化率非常重要。如果用户在点击网站之前看到商家提供的产品或服务信息，那么意味着如果他们访问该网站，则更有可能从商家购买产品或服务。因此，它有助于将访问量缩小到仅对商家提供的产品或服务感兴趣的人群。

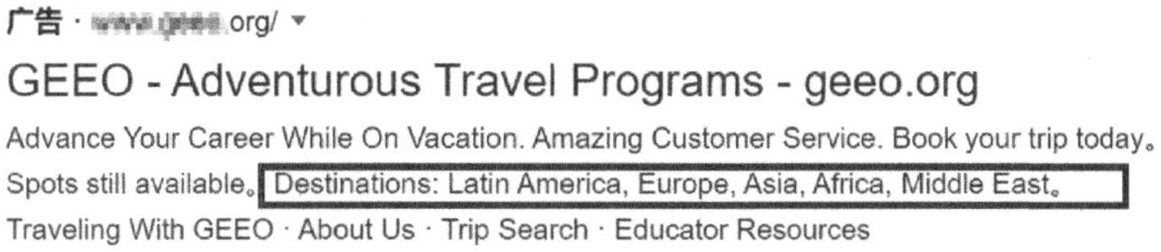

图 4-23　Google 广告附加结构化摘要

4.2.4 广告系列其他设置及修改

在广告正式投放之后，可以回到 Google 广告主页上进行预览，根据实际情况进行一些调整，完成后续的一系列设置。

点击页面左侧列表中的"广告系列"，点击要修改的广告系列的名称，如图 4-24 所示。

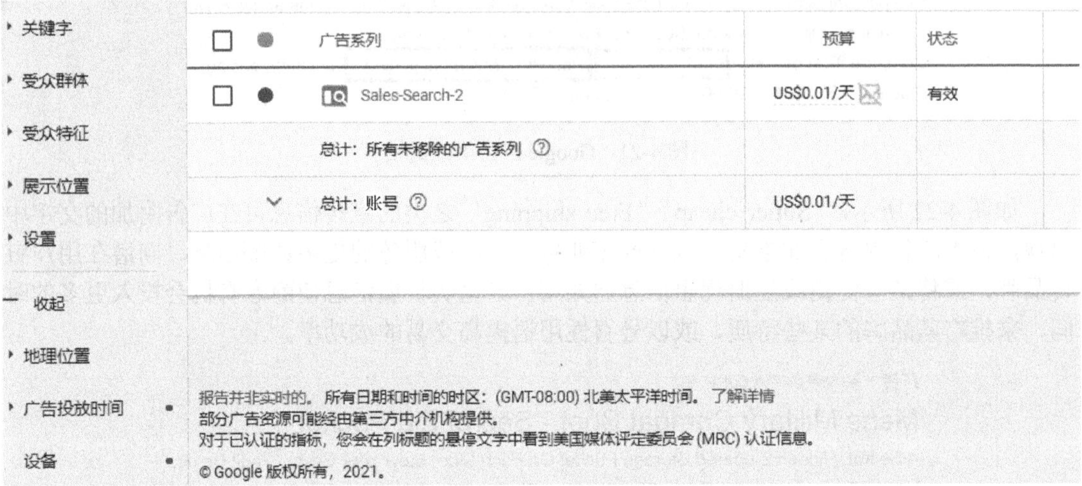

图 4-24　Google 广告系列其他设置

1．地理位置修改

依次点击页面左侧列表中的"设置"→"地理位置"，如图 4-25 所示，输入要定位到的国家/地区的名称，点击"保存"添加该地理位置。

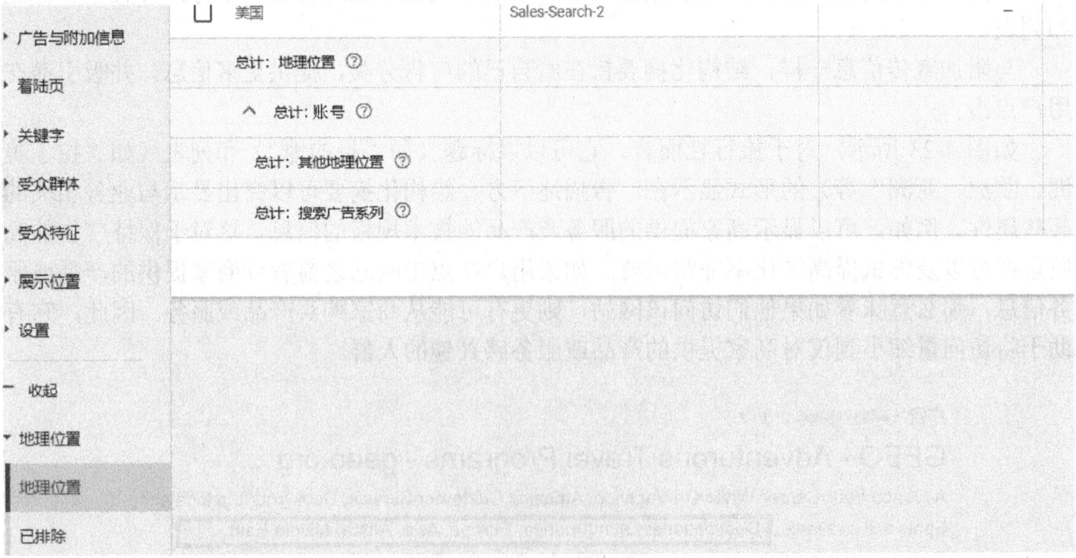

图 4-25　地理位置修改

地理位置定位以各种信息为依据,包括广告的设置、用户使用的设备以及在平台上的行为。这种定位方式能帮助商家向符合其位置设置的用户投放广告,商家可以专门针对特定区域投放广告,为其业务寻找理想用户,从而提高投资回报率。例如,通过缩小搜索范围定位,如图 4-26 所示。

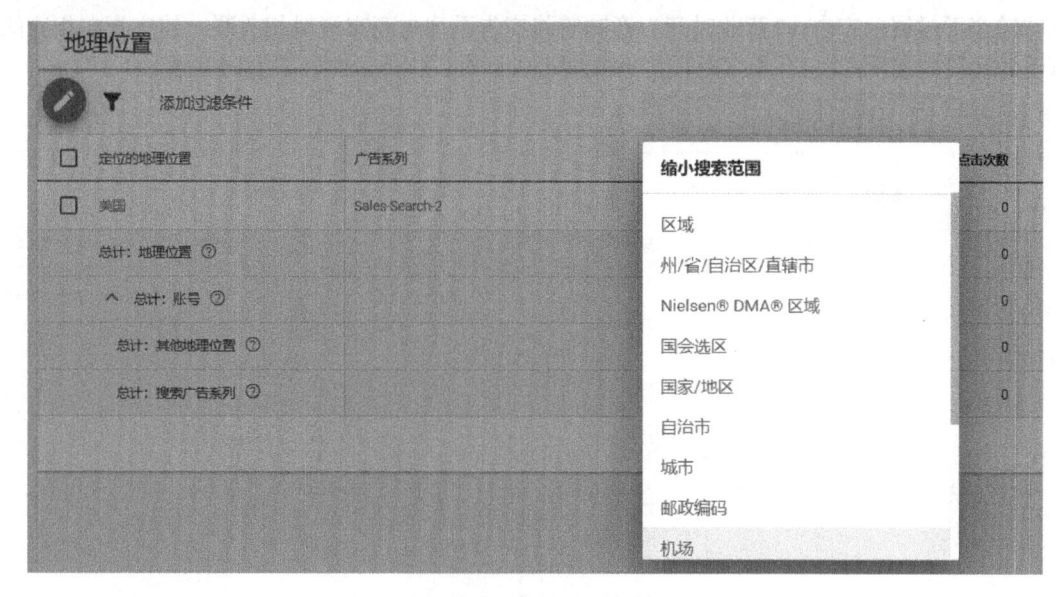

图 4-26 缩小搜索范围

2. 投放设备修改

可根据商家产品的用户是习惯用手机,还在喜欢坐在办公室里用计算机,来设置不同设备的出价。有些行业的产品属性决定了其主要用户都来自使用计算机的用户,所以,可对手机和平板电脑的流量在出价上进行限制。例如,在某款智能手机上、在某个特定时段或在某个具体地点发生的点击可能会给商家带来更高的价值,这些都可以在投放设备中进行修改。通常,在建立一个新的广告系列时,该广告系列会只投放至某种单一的设备上,此时,就需要在如图 4-27 所示的"设备"设置页面中,通过降低不投放设备的出价比例至 100%,从而实现该广告系列只针对某一种设备投放的目的。

图 4-27 投放设备修改

3. 投放时间修改

如图 4-28 所示，在要修改的广告系列中依次点击页面左侧列表中的"设置"→"广告投放时间"，再点击页面右侧的"修改广告投放时间"，在下拉菜单中选择相应选项："所有时段"意味着全天候展示广告；"营业时间"意味着将广告系列与商家资料相关联，使广告在相应的营业时间段内展示；"自行指定时段"意味着可以针对广告展示时间设置时间表。

图 4-28 投放时间修改

4.2.5 关键字研究工具

关键字研究工具提示了列表上的哪些关键字经常被用户使用，哪些关键字很少被使用，还可以通过显示关键字的变化来扩展关键字列表。但这些关键字研究工具也仅仅是工具，不能代替必须由商家自己完成的步骤，如商家根据对自己产品的深度了解收集并形成关键字列表。

在第 2 章中，介绍了 Google 关键字规划师（见图 4-29）是 Google 官方的主流关键字研究工具之一，也是商家在分析和优化网站时首选的关键字排名工具。使用关键字规划师，输入与产品相关的单词、短语会得到一系列密切相关的词语。在分析关键字搜索量、竞争度、难易度时，也可以输入 1~3 个关键字，并且每个关键字的方向要略有不同，这样可以一次性扩展更多的主词及相关长尾词。这个工具给出的数据非常精准，其他无论是免费的还是付费的关键字工具，其给出的关键字大部分都是从 Google 关键字规划师中调出来的。

下面介绍图 4-30 所示的"发现新关键字"的一些详细功能。在搜索框中输入关键字以获取新的关键字提示，以"camera"为例，关键字规划师给出了关键字平均每月搜索量的区间，以及竞争程度的参考值，如图 4-31 所示。也可以在此基础上输入短语来搜索相关关键字，以便同时获取短语内所包含的所有关键字的提示。

还可以输入域名或页面来查找关键字，关键字规划师会显示出所输入网站的关键字，如图 4-32 所示。对于商家来说，可以直接在此输入竞争对手的网站，以获取竞争对手网站的关键字，这些关键字通常是不容易收集到的。

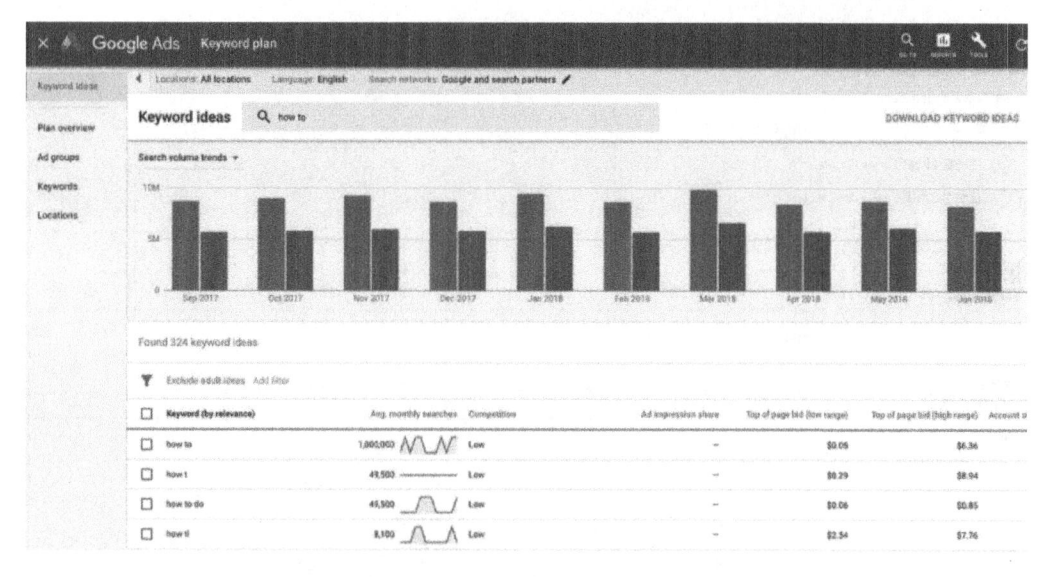

图 4-29　Google 关键字规划师页面

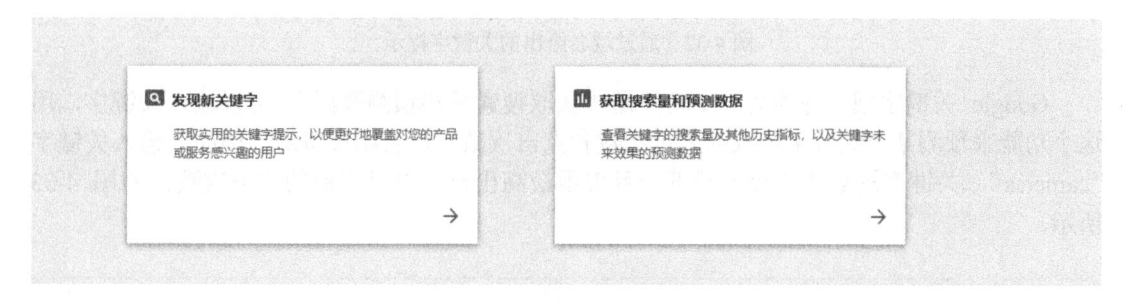

图 4-30　关键字规划师的功能

图 4-31　关键字规划师给出的关键字提示

图 4-32　通过域名给出的关键字提示

Google 关键字规划师的另一个功能是"获取搜索量和预测数据"。可以输入关键字，用这个功能来预测某个关键字获取的展示次数和点击次数，以及相关费用。例如，输入关键字"cameras"，关键字规划师就会提示下个月采用最高出价时可以获取的点击次数，如图 4-33 所示。

图 4-33　搜索量和预测数据

4.3　搜索广告优化

在 Google 广告的报告中心页面，有更加完整的数据信息。商家可以从报告中心提取所需的数据来创建与分析报告，并利用报告进行一系列的优化及操作来提高账户性能。

4.3.1　搜索广告报告及关注数据点

下面介绍报告的查看方式及应关注的数据。

1. 报告查看方式

点击 Google 广告账户右上角的报告图标，选择"预定义的报告（维度）"，然后根据要求进行参数设置，可以针对想查看的部分来生成报告，而不用每次都生成整个账户的报告，如图 4-34 所示。

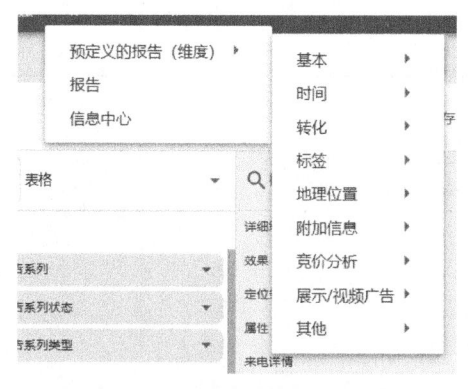

图 4-34　搜索广告报告页面

选择希望查看的数据报告，如果想要查看广告系列数据，就点击广告系列；如果想要查看广告组数据，就点击广告组。在页面右侧会显示想要查看数据的其他选项卡，如图 4-35 所示。

图 4-35　广告系列的其他选项卡

2. 主要报告及应关注的数据

在 Google 广告账户中可以自定义报告，Google 为用户提供了常用的数据报告模板，如图 4-36 所示。

图 4-36　自定义报告页面

自定义报告模板的基本样式涵盖了所有基本数据的报告模板，如图4-37所示。

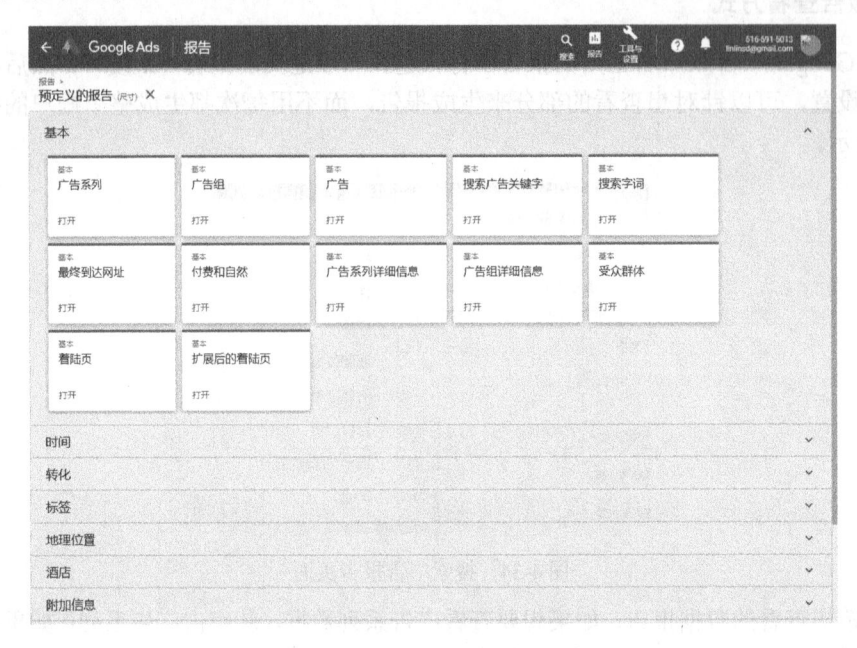

图4-37 自定义报告模板的基本样式

针对广告系列报告，主要应查看以下指标：展示次数、点击次数、点击率、转化次数、每次转化费用、地区、时间、设备、投放网络（含搜索网络合作伙伴），如图4-38所示。

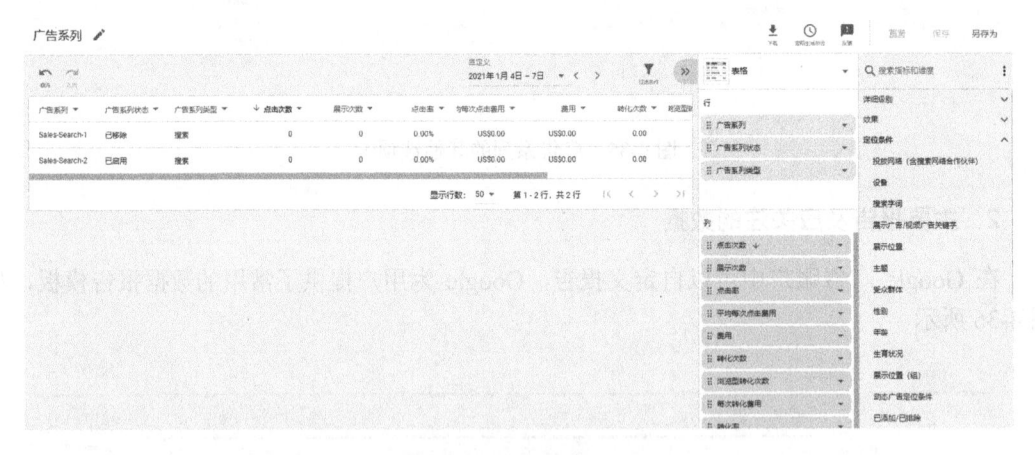

图4-38 广告系列报告

针对广告组报告，应主要查看以下指标：展示次数、点击次数、点击率、转化次数、每次转化费用、费用，如图4-39所示。

针对搜索广告关键字报告，应主要查看以下指标：展示次数、点击次数、点击率、排名、平均每次点击费用、费用、质量得分、转化次数、转化率、每次转化费用、点击辅助转化次数、展示份额，页首展示份额和绝对页首展示份额，如图4-40所示。

针对广告报告，应主要查看以下指标：展示次数、点击次数、点击率、转化率，如图4-41所示。

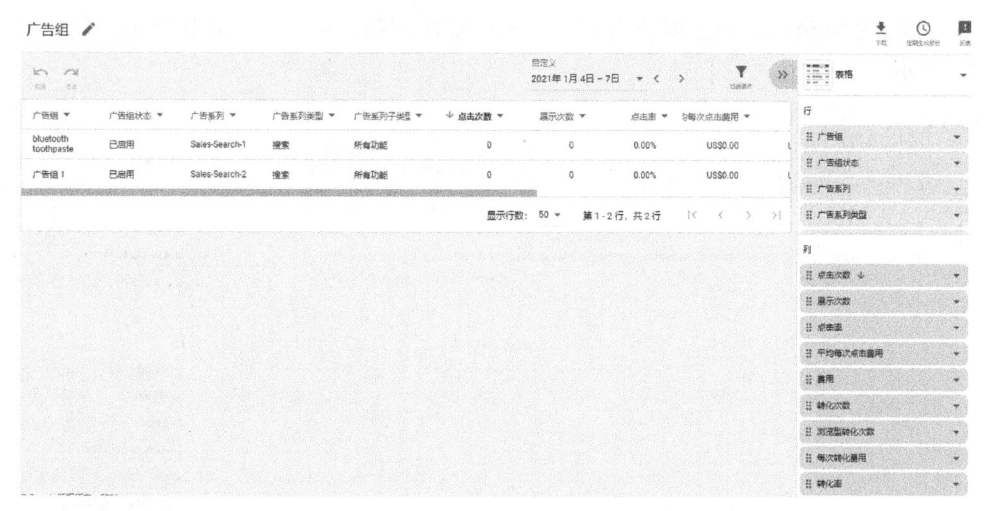

图 4-39　广告组报告

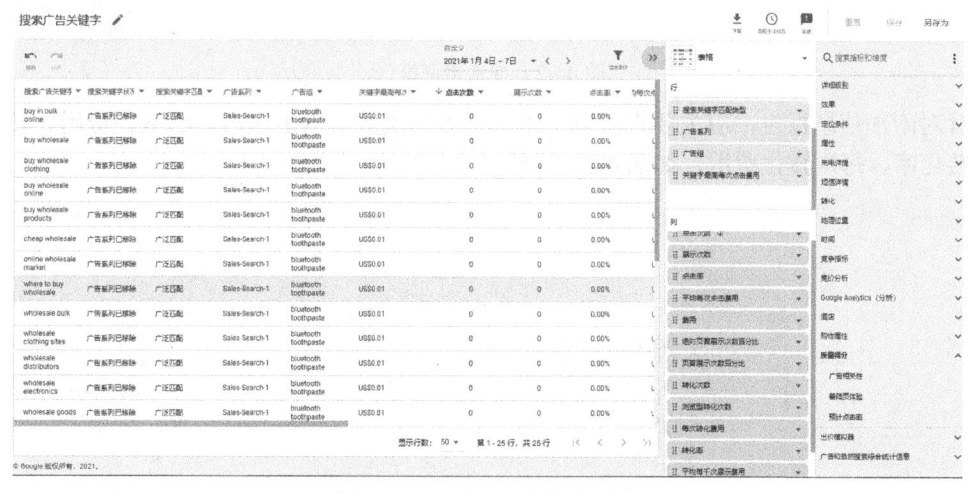

图 4-40　搜索广告关键字报告

图 4-41　广告报告

针对搜索字词报告，应主要查看以下指标：点击次数、点击率、转化次数、转化率，如图 4-42 所示。

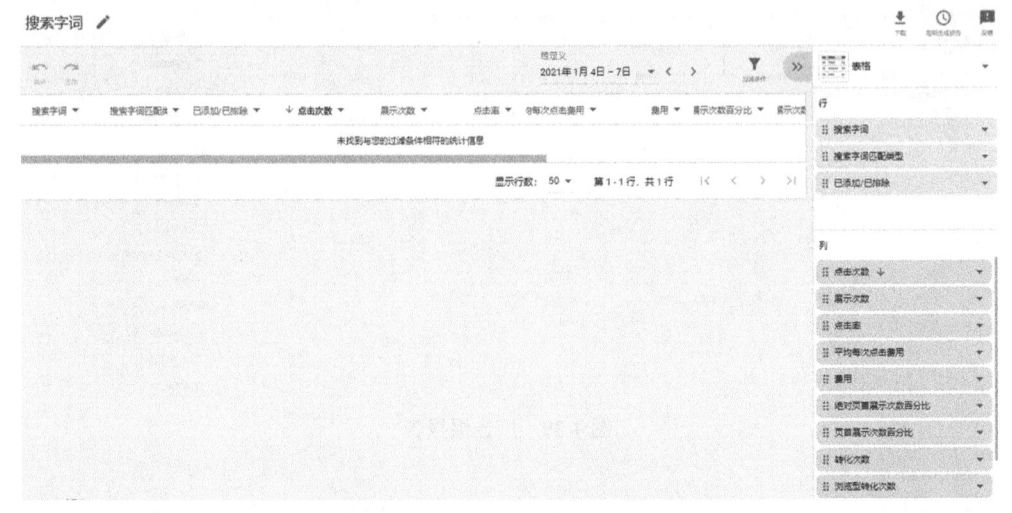

图 4-42　搜索字词报告

针对附加信息报告，应主要查看以下指标：展示次数、点击次数、CTR、费用、转化次数、转化率、每次转化费用，如图 4-43 所示。

图 4-43　附加信息报告

报告中主要数据指标的详细解释，如表 4-8 所示。

表 4-8　主要数据指标的详细解释

数据指标	解　　释
展示次数	广告在搜索结果页或 Google 合作产品中展示的次数，与点击次数不同
展示份额	广告实际获得的展示次数除以可以获得的总展示次数后所得到的百分比，即实际展示次数/符合条件的总展示次数
点击次数	用户看到并点击广告后才会产生点击次数

续表

数据指标	解释
点击率	广告点击次数与展示次数的百分比。例如，如果广告的展示次数为100，点击次数为3，那么点击率就是3%
转化次数	用户在网站中采取的有价值的活动次数，如购买产品或服务、订阅品牌资讯等
转化率	广告获得的转化次数与点击次数的百分比。例如，广告关键字获得了100次点击，产生了3次转化，此关键字的转化率就是3%
平均每次点击费用	平均每次点击所需花费的成本
每次转化成本/费用	完成每个行为的成本，表示获得转化所需要支出的平均费用，由总费用除以总转化次数得到。例如，账户支出的费用为100美元，获得20次转化，即每次转化成本为5美元
广告排名	体现广告在搜索结果页的位置。广告排名是由广告评级决定的
质量得分	对广告、着陆页或关键字之间的相关度所做出的评估。质量得分用于确定广告排名及广告是否适合竞价

4.3.2 搜索广告数据分析及优化目标

商家投放广告之后，还会遇到种种问题，如没有点击率或没有转化率等。从 Google 搜索广告报告中，商家可以得到各种数据指标并进行分析。从数据报告的角度，想要优化广告账户，主要是从提高点击率、增加相关度和改善目标网页的质量这几个方面着手。而从用户的层面，Google 的搜索引擎营销是基于用户对搜索引擎的使用，所以了解用户的搜索习惯和搜索心理也至关重要。

1. 分析账户

典型的 Google 搜索广告账户结构为：广告系列→广告组→广告文本和关键字。分析及优化广告便可从广告账户结构着手。

（1）分析预算及实际花费。合理且有效地使用广告预算，对于广告账户的管理十分重要。广告预算花不出去，表明广告没有带来足够的流量；实际花费大于/等于预算，表明广告预算不足，很可能在优质时段内，没有展示广告，甚至预算不足导致广告提前下架。显然这两种情况都不能给商家带来预期效果。评判广告系列预算是否合理的标准是，实际花费为日预算的 70%～85%。

（2）分析预算花费的产品结构。由于 Google 广告只有在广告系列中才能控制预算，所以只有架构好广告账户之后，才能控制好预算的分配。举例来说，假设商家经营一家烘焙作坊，只用一个广告系列（蛋糕），下面有很多广告组（生日蛋糕、婚礼蛋糕、纸杯蛋糕等）。在这种情况下，假设每天的广告预算是 100 元，设定在广告系列（蛋糕）上，然后账户随机分配这 100 元到各个广告组（生日蛋糕、婚礼蛋糕、纸杯蛋糕等）上。在无法准确预测广告组花费的情况下，有可能发生某一个广告组（如生日蛋糕）的转化率很高，但是广告预算却被转化率欠佳的广告组（婚礼蛋糕、纸杯蛋糕等）瓜分。在这种情况下，可以考虑把广告组（生日蛋糕、婚礼蛋糕、纸杯蛋糕等）提高一个账户次，变为广告系列，以便更好地控制价格和预算。

（3）分析预算花费的地理位置及时段结构。想要做到搜索广告的有效优化，必须将大部分预算花费在有效关键字上，以保证广告效果。另外，也可以对广告目标群体进行有针对性的投放，使广告实现高精准触达，从而提升投放效果。可以从账户报告中筛选出转化率较高的地理位置和转化率较低的地理位置，或者转化率较高的时间段和转化率较低的时间段。对于转化率较高的区域和转化率较高的时间段可以给予更高的广告预算，以便更精细化地分配预算。

通过 Google 广告地理位置定位，可以将自己的广告投放到所选区域，如特定的国家/地区、某个国家/地区内的特定区域、某个地理位置周围一定半径内的区域，或者成组的地理位置，其中包括商家可能感兴趣的地点、营业地点或按受众特征划分的区域。利用地理位置排除功能，可以阻止广告向定位到的地理位置内的特定区域投放，如某个国家/地区的特定区域，或者某个省的某个城市。这可以帮助阻止向不属于产品或服务所覆盖地域的用户展示广告，从而更合理地分配预算。例如，位于美国加利福尼亚州的房地产公司要投放广告，而这个公司在洛杉矶没有业务，就可以将广告定位到整个加利福尼亚州，但是排除洛杉矶。

商家自行指定广告时段意味着可以针对广告展示时间设定时间表。商家可以选择在哪些时段投放广告。例如，将广告设置为在正常营业时间投放，或者在可以及时应答客户致电的时段投放，或者在特定的几天或有时间处理用户垂询的时段内投放。针对企业的营业时间可以进行个性化修改，如果商家在正常营业时间营业，那么可以将广告设置为仅在商家营业期间投放，无须在非营业时为广告吸引来的来电或点击付费。而如果商家全天 24 小时营业或在线营业，那么可以把广告设置为在所有时段投放。这样，无论用户在何时搜索，广告都可以吸引他们。

（4）分析预算花费的设备结构。Google 搜索广告可展示在计算机端和移动端，根据商家的推广目的以及不同设备的实际转化效果来进行计算机端和移动端的预算分配，以达到最高的投资回报比。

在广告投放中，曝光量到点击量之间的转化率是一个重要的指标。从账户报告中可以得到点击率的数据。点击率越高，Google 广告会认为商家和用户的需求匹配度越高，关键字的质量得分也会提高，从而使广告的点击成本下降。一般认为，点击率为 2%～4%比较正常，也就是 100 次的曝光量有 2～4 次的点击量才算正常。大于 4%时需要拓展关键字，而小于 2%时需要优化关键字。根据 Google 提供的关键字报告来判断一系列关键字的效果，可以帮助商家找出哪些关键字能吸引大量浏览、哪些关键字应添加为否定关键字，以及哪些关键字触发了广告，从而可以识别性能低的关键字并加以优化。

同样，合理且有效地使用广告预算，对于广告账户的管理也十分重要。广告预算花不出去，表明广告没有带来足够的流量，显然也不能给商家带来预期的效果。

想要获得更好的广告表现，在构建 Google 广告账户时必须建立高点击率以及高转化率的广告系列。Google 会按照商家的广告系列设置决定广告展示的位置、时间及方式。在实际广告账户投放中应该根据情况灵活设置，以获得理想的广告系列流量。通常，广告系列流量会根据点击率以 1 000 次展示或 30 次点击后的结果进行评定。可以根据产品结构来划分广告系列。以手机生产商为例，可以以 5G 手机、老人机、双卡双待手机等产品系列来划分广告系列，在每种产品如 5G 手机下建立广告组，如蓝牙耳机、手机充电器、车载配件等，再以产品名为核心关键字进行扩展和构建。也可以根据地域特征划分广告系列。例如，以"三亚旅游公司"为关键字投放广告，可以建立一个只针对三亚地区投放的广告系列，在广告系列设置里将地理位置限定为三亚，关键字则为"旅游公司"。另外，可以建立一个地理位置限定为全国的广告系列，关键字为"三亚旅游公司"，这样可以涵盖更精确的用户群，提高广告系列流量。还可以设置投放时间，针对不同的时间段建立不同的广告系列。

以一个英语在线培训机构设置的关键字及关键字分组为例,观察一下如何根据转化数据对关键字分组。

从表 4-9 可以看出,如果将"英语在线学习"设为一级关键字分组的话,那么"英语辅导""商务英语课程""英语在线讲解"这 3 个关键字都比较符合用户的搜索需求,转化意向也相对较高;而"外贸英语词汇"的搜索用户可能只是想看看相关的词汇表,没有一个明确的报班学习需求;"大一新生必备物品"的搜索用户则对英语学习没有一个明确的规划,所以转化意向也并不高。因此后两个关键字需要被重新分组。与营销目标不相关的关键字点击率较低,从而得不到很好的宣传,并且可能导致每次点击成本上升,无法带来精准的流量。

表 4-9　关键字分组及点击率

关　键　字	关键字分组	转　化　意　向	点　击　率
英语辅导	英语在线学习	需求	15.58%
商务英语课程	英语在线学习	需求	9.75%
英语在线讲解	英语在线学习	需求	18.32%
外贸英语词汇	英语在线学习	欲望	3.51%
大一新生必备物品	英语在线学习	潜在欲望	4.23%

2．分析网站

当有用户在商家的网站浏览时,首先需要保证用户能够成功找到想要的信息,其次应该提高用户的转化率。如果用户不信任商家的网站,那么就会离开。现在针对网页的钓鱼式攻击、网络病毒以及支付安全等问题频繁发生,用户也越来越重视个人信息安全。网站应该既能保证用户获得良好的体验,又能确保用户进行购买转化,使得商家可以从在线广告营销投入中获得利润。

如果商家网站上的产品太多,那么就需要找出其中的核心推广产品。例如,通过分析自身的业务领域以决定需要推广的核心产品。商家必须明确自己的产品结构,需要重点推广的产品是否有不同的广告预算分配和是否针对不同地域的用户。商家需要根据网站的转化目标来展开自己的产品宣传,比如是想推广一些产品还是整个网站,又或者推广某次促销活动。这些都需要商家对网站进行事先设定,如是否有相关产品的下载说明,是否需要通过视频介绍来帮助用户完成购买,注册环节的设置流程,以及是否提供样品给用户。如果商家的产品比较专业,则需要分析产品的详细信息。竞争对手就是很好的分析对象,通过分析竞争对手和行业信息,如产品线、地理位置设置和搜索引擎表现等,可以得出自己网站的部署方案和推广重点,从而缩减分析时间和成本。广告目标页面也需要根据商家的推广需求来设置。例如,网站首页所起的作用是可以使新用户对网站的结构有一个大概的了解,那么产品的详细信息、产品的应用领域、产品的核心卖点是否放上首页,以建立企业品牌形象,都是商家需要考虑的问题。

结合网站的策划,商家可以设置整个网站关键字的部署方案,如哪些关键字放在一个页面,哪些关键字需要单独制作页面,以及不同类型的关键字需要放置在网站的不同页面等,都有一定的讲究。因为网站结构与布置和关键字的热度与搜索量都有着必然的联系,决定了商家以后的推广和优化效果。

3. 优化关键字

付费搜索广告营销中，Google 必须要保证搜索结果所展示的内容与用户所搜索词条的相关性，搜索词条由关键字构成。质量得分（quality score）就是搜索广告中 Google 所采用的衡量相关性的标准，可以帮助商家通过数值大概了解自身的广告质量。一般来说，质量得分越高，商家就能以更低的价格获得更高的广告排名。例如，对于某个关键字 X，商家的广告竞争对手出价 2 元，Google 给出的质量得分为 4，那竞争对手的广告评级分数为 2×4=8；如果商家的出价只为 1 元，而 Google 给出的质量得分为 10，则商家的广告评级分数为 1×10=10。由此可以看出，尽管付出的成本较低，但是广告排名却比竞争对手更高。质量得分与下列三个因素有关：一是预期点击率，即广告被用户点击的可能性；二是广告相关性，即商家选用的关键字与所推广的广告文本和目标网页的相关性；三是着陆页体验，对点击广告的用户来说，商家着陆页的相关性及实用性也很重要。关键字质量得分及三个因素，如图 4-44 所示。

图 4-44 关键字质量得分及三个因素

如果商家账户中存在词组匹配和广泛匹配的关键字，那么否定关键字的设定也很有必要。例如，一个出售游泳设施器材的商家，设置了"游泳服装"的词组匹配，当用户搜索"劣质游泳服装商家"这类词时，如果不设置否定关键字，那么商家投放的广告很有可能显示在搜索结果中，这显然是商家不希望出现的。如果设置的关键字仍然是"游泳服装"，但添加了否定关键字"劣质"，那么当用户搜索"劣质游泳服装商家"时就不会展示该商家投放的广告了。添加否定关键字能够减少广告所产生的无关展示次数，提高点击率，降低每次点击费用。

质量得分的分数范围为 1 分到 10 分，不到 10 分的关键字都有优化的空间。

（1）优化点击率。质量得分的点击率是指关键字在 Google 上的点击率，关键字的点击率越高，质量得分通常也越高。除了 Google 上的点击率，非 Google 合作网站上的点击率也需要考虑。当关键字含义太宽泛的时候，使用单个关键字要特别注意。例如，一家健身房连锁企业选择了"energy"这个关键字，如果点击率很低，那么意味着该关键字不是一个理想的关键字。对于此类预期点击率较低的关键字，商家应该及时更换。商家也可以利用关键字工具给出建议，查看自然搜索的结果是否和商家推广的产品是一个含义。在清楚地说明商家自身产品和服务的基础上，广告文案也要能够吸引用户去点击，低点击率的广告语需要重新撰写。可以参考竞争对手网站及点击率较高的文案，使广告语更具吸引力。还有关键字插入功能，因为用户更倾向于点击广告语里出现自己的搜索词的广告，所以动态关键字也可以被用来提高点击率。

（2）优化相关性。关键字和广告语的相关性会影响质量得分。如果广告语中包含与商家投放的关键字相同或相似的词语，那么可以提高商家账户中关键字的质量得分。广告文案能否贴切地描述关键字对广告推广有很重要的意义。例如，"鲜花"和"玫瑰花"这两个词是密切相关的，如果关键字是"鲜花"，而广告文案则试图说服用户购买玫瑰花，这两者就被认为是紧密相关的，因为玫瑰花是鲜花的一种。用户虽然在搜索鲜花，但是非常有可能要购买的是玫瑰花。对于广告相关性低于平均值的关键字，商家需要将关键字加入广告语和着陆页中，并且为相关性低的关键字制作新的广告组和撰写新的广告文案。如果同一个广告组里含有不相关的关键字的话，就需要重要分组。由于Google广告中关键字的匹配形式不同，会触发多种关键字，而触发的关键字有可能与广告相关度不高，因此有些时候需要添加否定关键字来提升该关键字的点击率。如果设置的匹配形式过于宽泛，则商家需要选择更精准的匹配形式。

（3）优化着陆页。着陆页的质量同广告文案与关键字的相关性十分相似。着陆页上不一定要出现商家设置的关键字，但是着陆页要与关键字密切相关。着陆页的目标网址应能引导用户登录网站，网站需要提供给用户想要寻找的信息。例如，商品有衣鞋帽袜等品类，但商家投放的广告只是鞋类产品，那么目标网址就是鞋类产品的网址，而不能是网站首页。对于着陆页体验低于平均值的关键字，商家需要检查所设置关键字的精准性，也可以从分析报告中查看关键字的体验数据。对于点击次数多、转化率却不好的关键字，很可能是因为其不够精准。因此，修改关键字目标网址（即着陆页）就可以对关键字与网站的相关性进行优化。在优化广告语时，也可以对着陆页进行修改，但关键字的目标网址优先级高于广告中的目标网址。

着陆页加载的速度也是影响质量得分的一个要素。Google会考察商家网页的加载速度是否在用户可以接受的范围内，广告着陆页跳出率要在30%以下才有相对较高的转化率，所以需要优化着陆页打开时间。一旦着陆页加载时间过慢，商家就需要查看主机和网站，找出网站加载速度过慢的原因。着陆页的文字和图片质量同样需要关注，如果文字语法不通，图片也不清晰，就需要进行优化。Google会根据不同类型的设备来衡量质量得分，根据移动端和计算机端设备的不同，以及用户可能会使用不同的搜索关键字，着陆页的动作也会有所不同。如果移动端可以带来巨大的流量，但着陆页的设置却对移动端不友好，那么显然会影响质量得分。另外，无论着陆页的内容是什么都需要采用 HTTPS（Hyper Text Transfer Protocol over Secure Socket Layer，超文本传输安全协议）来确保网站用户的连线安全线。

4．优化广告语

广告语应该既能体现广告账户的关键字，又能体现用户的搜索词条。商家需要做的是根据推广目标，撰写一份可为商家网站带来预期流量且最好能够带来转化率，也就是为商家带来利润的广告语。另外，高点击率的广告语，也能够提升关键字的质量得分。之前提过广告账户的结构，广告系列下的广告组内的关键字应该具有相关性。另外，广告语应该能反映广告组内的每个关键字。例如，用户搜索的是"购买智能手机"，从搜索关键字中所使用的"购买"一词可以发现，这是一个具有强烈购买愿望的搜索，用户不会选择除智能手机以外的其他手机。因此，智能手机商家应向用户显示一条智能手机广告。

之前曾讲过Google广告的格式，主要包括标题和描述两个部分。吸引用户注意的主要是广告标题。广告描述主要是传递产品和服务的内容，以及号召性用语，表述商家希望用户点击进入网站后所采取的行动，可以更能体现对用户的益处。例如，"立即打电话预约能享受折扣"或者"现在购买新电视有优惠"等。

营销的第一步是要从用户的角度出发，所以在优化广告语时，出发点应该是将自己放在用户的位置上去思考什么样的广告是用户喜欢的，以及如何体现产品能给用户带来的益处。强调自己的产品或服务的特性有助于帮助用户了解商家。消费者心理学中也有"从众"心理一说，在广告语的描述中强调自己的产品或服务获得的社会认可或给出资质证明，也有利于提高用户对商家的信任度,如"××年老字号""市场占用率达到90%"或"已有1345987次下载量"等描述。在广告语中也可以考虑使用折扣和免费等用语,因为对价格比较敏感的用户很容易被此类用语所吸引而下单。还有一些细节需要在广告语优化时注意,如文字里尽量使用褒义词,广告语的第一行最好以动词开始,经常针对账户报告的结果来更换广告语中的关键字。

5. 持续测试

在广告账户优化过程中,测试也是很重要的一环。在创建Google广告账户之后,就应该收集相关指标,分析账户的可行性及盈利性。持续测试广告文案和着陆页,不断优化完善关键字,以查看哪些优化行动可以带来更高的利润。

(1) 广告文案测试。

由于广告文案是对用户可见的部分,只有用户被广告内容吸引之后才会点击访问着陆页。如果广告文案达不到吸引用户的效果,那么再优秀的着陆页也派不上用场。对于广告文案的测试,可以针对想要投放的广告,撰写3套广告文案,如果有3个标题、2个描述行,则能得到27种组合搭配方式。多广告测试也是Google广告提供的功能之一,商家可以一次设定两个或多个广告,之后轮流显示,看看哪个广告有更好的表现。由于在撰写广告语时,可以使用的写法很多,很难直观地判断哪个更好,只能通过具体的投放来做出最佳选择。广告语的测试常使用A/B分离测试法,即投放两条不同的广告语,在投放一段时间后,观察数据的差异,然后留下数据表现更好的那条广告语。同时,也可以根据Google广告账户报告来进行数据分析,看看哪些主题最能引起用户的兴趣。最后根据商家的经营目标更换广告文案。广告文案的测试是一个持续的过程,测试的周期往往很长,在投放过程中要保证始终有一个广告文案在运行。

如表4-10所示,可以分析广告账户数据,如果希望有更多的用户,那么转化率最高的广告文案6是最佳选择;如果希望降低成本,那么转化费用最低的广告文案3是最佳选择;如果希望增加网站的访客或提高广告的质量得分,那么点击率最高的广告文案5是最佳选择。也可以将广告文案3、广告文案5和广告文案6中的标题和描述进行随机搭配,来测试什么样的搭配可以带来更高的点击率与转化率。

表4-10 广告账户数据

	展示次数	点击量	点击率	费用	转化率	每次转化费用	每次点击产生价值	投资回报率
广告文案1	30 529	899	2.94%	$1,060.82	12.35%	$9.56	$6.17	523.18%
广告文案2	30 585	754	2.47%	$889.72	11.41%	$10.35	$5.70	483.30%
广告文案3	23 942	751	3.14%	$863.65	12.52%	$9.19	$6.26	544.20%
广告文案4	31 097	759	2.44%	$903.21	11.20%	$10.63	$5.60	470.54%
广告文案5	31 184	1 546	4.96%	$1,793.36	5.69%	$20.38	$2.85	245.35%
广告文案6	23 953	696	2.91%	$953.52	13.22%	$10.36	$6.61	482.42%
广告文案7	35 326	1 018	2.88%	$1,099.44	8.25%	$13.09	$4.13	382.01%

(2) 着陆页测试。

着陆页测试主要侧重于着陆页的布局。下面以两大电商巨头AliExpress与Amazon为例进行介绍。

由图 4-45 和图 4-46 可以看出，这两个页面布局差异比较大，AliExpress 突出了购买的分类及信息，而 Amazon 则放置了大量的图片和视频信息。用户也有不同的类型，有些用户希望可以有导航以帮助迅速做出决定，有些用户则希望看到更多的视频或大图展示产品更多的细节信息，所以需要测试每种布局对总转化率的影响。有些商家的产品或服务页面可能有多种类型，可以通过新建不同类型的含有号召性用语的页面进行测试，分析哪个页面能提高转化率。着陆页上是否放置视频也可用相似的方式分析，因为宽带和视频托管的发展技术有地理分布差异，可以根据账户报告来分析含视频的网站是否可以提高转化率。

图 4-45　AliExpress 首页

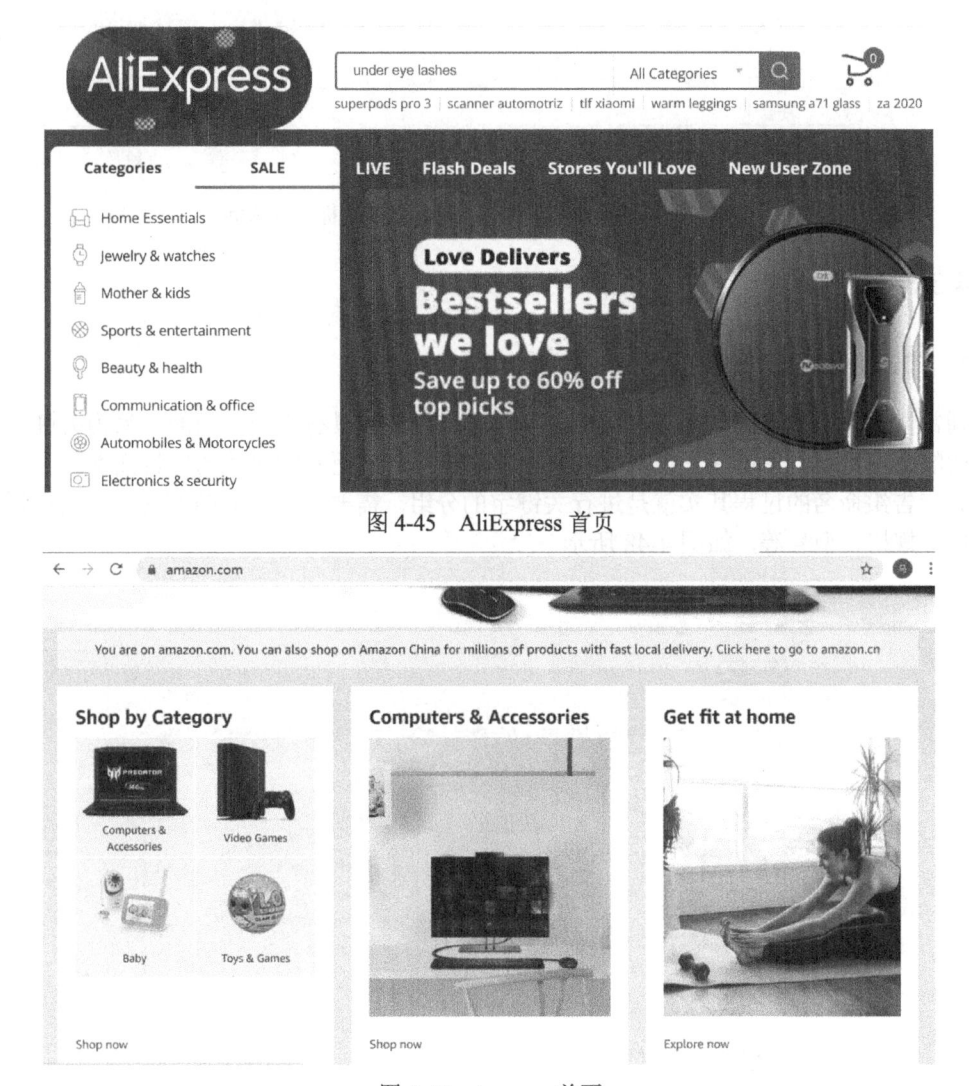

图 4-46　Amazon 首页

测试页面布局时可以从吸引流量最多的着陆页开始，因为对于流量较高的页面来说，转化率稍有提高就会使得利润大幅增加。需要测试的要素主要包括广告标题、页面布局、号召性用语、产品或服务描述等。每次点击利润与每次展示利润可以作为测试的重要指标。每次点击利润是广告文案或关键字每获得一次点击可产生的平均利润。如果某个关键字获得 50 次点击所产生的利润是 100 元，则平均每次点击利润就为 2 元。而广告文案或关键字在搜索结果中每展示一次可获得的利润被称为每次展示利润。分析这两个指标时，商家想了解的是广告文案与着陆页的组合方式对总利润的影响。商家可以撰写两个广告方案，选择两个着陆页，将广告文案1发送到着陆页1，复制广告文案1，发送到着陆页2；之后将广告文案2发送到着陆页1，复制广告文案2，发送到着陆页2。

从图4-47可以看出，A部分的测试2的每次展示利润最高，但点击率和转化率并不是最高的，并且转化成本也不低，但是组合指标却可以带来最大利润。

		每次点击成本	展示次数	点击量	点击率	成本	转化次数	转化率	转化成本	利润	每次展示利润	每次点击利润	
	广告文案1												
测试1	着陆页1	$0.73	$436,482	84174	5.86%	$61,245	5772	6.86%	$10.61	$288,616	$0.16	$2.70	A
测试2	着陆页2	$0.92	$436,482	94811	6.60%	$87,512	6926	7.31%	$12.64	$346,304	$0.18	$2.73	
	广告文案2												
测试1	着陆页1	$0.62	$436,482	119415	6.31%	$73,555	5063	4.24%	$14.53	$253,172	$0.13	$1.50	B
测试2	着陆页2	$1.16	$436,482	73841	5.14%	$85,672	6614	8.56%	$12.95	$330,691	$0.17	$3.32	

图4-47 每次点击利润和每次展示利润指标分析示例

4.3.3 优化操作

1. 广告组分组

通常情况下，设置的广告组应该至少有两个，以保证具有不同主题的一系列关键字分配到不同的广告组中，使得任一广告组有集中的主题以对应更有针对性的广告文本。

为广告组命名的过程其实就是进行关键字的分组，需要针对产品的不同性质进行划分，如材质、规格、型号等，如图4-48所示。

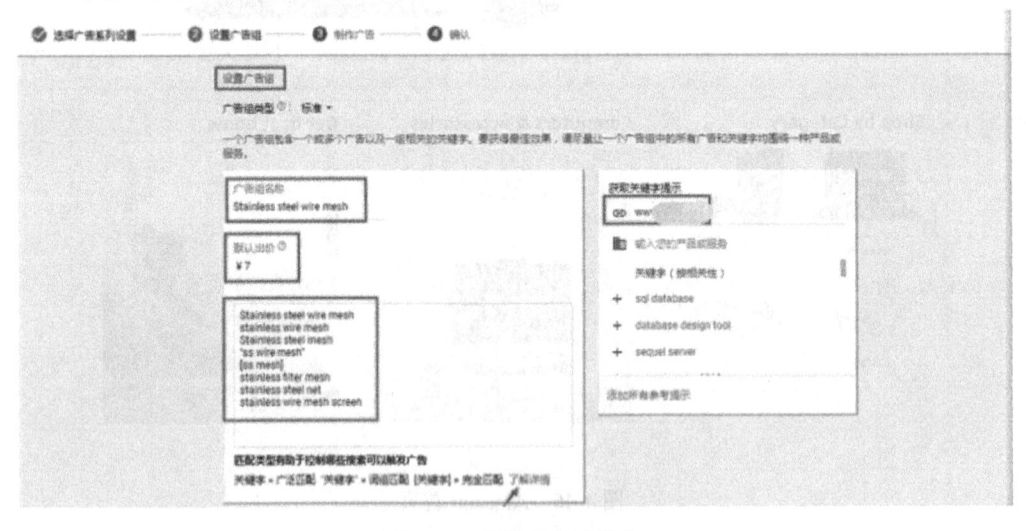

图4-48 设置广告组名称

2. 添加否定关键字

添加登录Google广告账户后，在Google广告后台选择广告组，然后点击"关键字"选项下的"搜索字词"，查看哪些关键字可以触发广告，如图4-49所示。筛选出表现不好的关键字，直接勾选添加为否定关键字，以避免不必要的成本。先在页面左侧点击"关键字"选项下的"否定关键字"，再在页面右侧点击"否定关键字"，就可以添加否定关键字了，如图4-50所示。

图4-49 查看及添加搜索关键字

图4-50 添加否定关键字

3. 更改匹配类型

在广告账户页面左侧点击"关键字"→"搜索广告关键字"，然后为广告组选择合适的关键字匹配类型，如图4-51所示。其中广泛匹配修饰符需要在关键字列中进行修改，即在关键字中进行修饰符号的添加或移出。

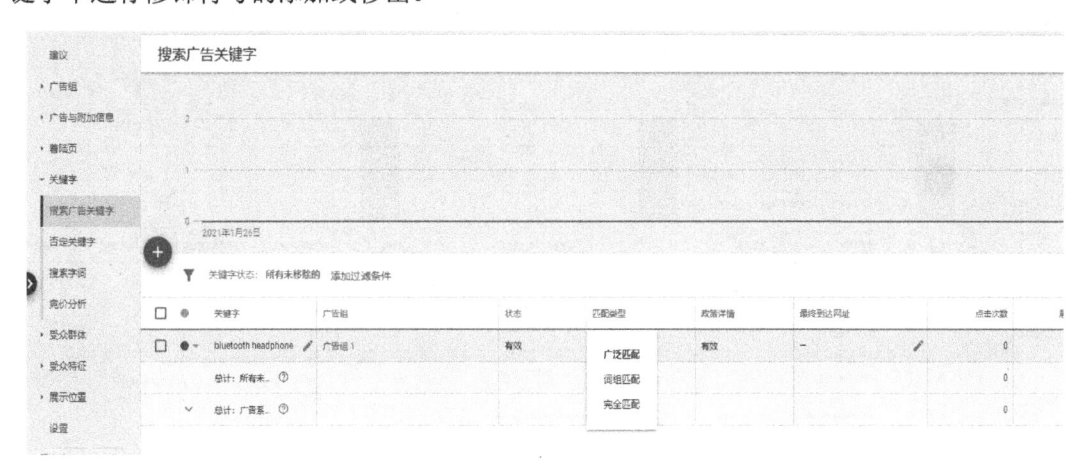

图4-51 更改匹配类型

4. 优化广告

进入某一个广告组中的"广告"页面，查看表现不好的广告。需要强调的是，在需要优化的广告组中添加一条新的广告时，先暂停或移除效果差的广告，再投放新的广告，而不是在原有的广告中进行修改，如图4-52所示。

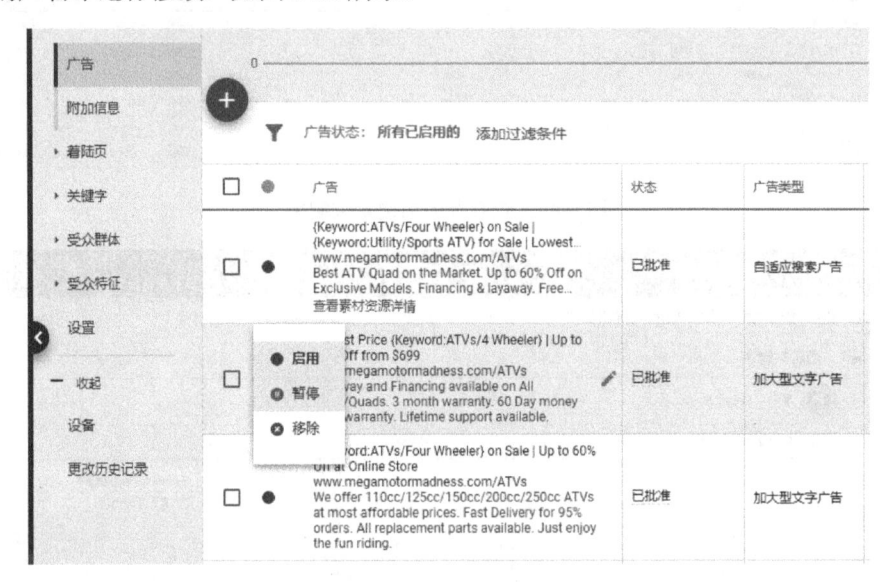

图4-52 优化广告

5. 设置关键字独立出价

进入"搜索广告关键字"页面，在最高每次点击费用栏中可以设置某个关键字独立出价，关键字独立出价优先级高于广告组中的默认出价，当为关键字设置了独立出价后，该关键字将不再沿用广告组中的出价。如图4-53所示。

图4-53 设置关键字独立出价

4.4 搜索广告编辑政策

并不是所有的广告都能够通过 Google 的审核，有些广告语可能会给 Google 带来商业甚至法律上的风险，所以 Google 制定了相应的广告编辑政策，以禁止部分广告的展示。具体的 Google 广告编辑政策可至 https://support.google.com/adspolicy/answer/6021546 查阅。

Google 广告的审核有机器审核和人工审核。广告在被提交之后，有可能被机器审核，也有可能由人工来审核。通常来说，机器审核的速度很快，广告可以在很短的时间内被投放上线。而在提交的广告中出现一些较为敏感的字词，广告就会被划分给人工审核，速度就会慢得多。所以在进行广告编辑的时候，尤其要注意遵守 Google 广告编辑政策。

Google 广告编辑政策中最基本的准则是需要商家清晰准确地描述其网站并且重点突出产品或服务的独特优势。Google 官网中已经将要求讲得十分清楚，但有一些条款还是比较容易被忽视，在此强调一下这些条款：

（1）广告语中提到的价格、折扣以及促销活动必须确保在网页上经过 1~2 次点击就可以清楚、准确地显示。如果广告语中提到会给予商品 30%的折扣或有免费赠送之类的优惠，那么商家的目标网址所链接到的着陆页就应该清楚显示优惠的价格或免费赠送的具体商品。

（2）大写形式要规范。广告语中单词的首字母是允许大写的，包括显示路径中的单词，但是不允许整个单词大写，如 FREE。大写形式过多会影响整体广告的可读性。

（3）语法的正确性。广告语需要使用符合逻辑的句式或词组，空格也需要符合语法要求，并且使用的符号、数字或字母都需要符合其本来的含义。例如，"在此处购买产品"是一个符合语法的表达，而"产品在此买"则不符合。

（4）正确使用标点符号。Google 要求正确地使用标点符号，不使用重复的、不必要的标点符号。用标点符号来修饰或代替某些单词都是不允许的。例如，"Make $ easy"，其中使用符号来代替单词，就是错误的用法。另外，还有一个比较特殊的标点符号"!"，Google 要求广告语中只能有一个感叹号，并且在广告标题中不能使用感叹号。

（5）不使用不必要的重复。Google 广告编辑政策中强调避免重复，像"立即、立即、立即下单"这种在中文传统语法中认为可以增加语气的重复在 Google 广告中是不允许的，花哨的重复甚至具有同样的业务或关键字的多个广告都不得重复投放。

以下面广告语为例，看其在哪些方面不符合 Google 广告编辑政策：

Come And Buy It !
Do U Want The Result @Low Cost??
Make It *Easy* 4 Your Future.

第一行的广告标题中含有"!"；第二行的广告语中使用了两个"?"，用字母"U"代替"You"，用符号"@"代替了"at"；第三行的广告语中用花哨的"*"符号来修饰，并且用数字"4"代替了"for"。

本 章 小 结

本章主要介绍了 Google 搜索广告的账户内容和优化。首先介绍了搜索广告账户结构与广告账户各层级的内容，搜索广告的建立步骤，如何制作搜索广告关键字及如何撰写文字广告。

然后介绍了搜索广告的具体优化手段，包括利用搜索广告账户报告进行广告投放效果的分析，以及搜索广告的优化操作。最后简单介绍了搜索广告编辑政策。希望读者在认识 Google 搜索广告、掌握搜索广告优化方式的基础上，能具体实践 Google 搜索广告的投放和优化，实现跨境电商经营者的海外市场开拓，提升产品知名度，实现利润最大化。

本章习题

一、选择题

1. Google 搜索广告的基本账户结构是（　　）。
   A. 账户—广告系列—广告组—关键字—搜索关键字
   B. 账户—广告组—广告系列—关键字—搜索关键字
   C. 账户—广告系列—广告组—搜索关键字—关键字
   D. 账户—广告系列—广告组—搜索关键字—设备

2. 通过（　　），可以在 Google 搜索广告营销中更好地定位目标消费群体。
   A. 较好的排名位置　　　　　　　　B. 选择较多的关键字
   C. 优秀的广告语撰写　　　　　　　D. 良好的目标网页设置

3. 一个做男性服装批发的网站，最佳的关键字选择是（　　）。
   A. 服装批发　　B. 男装批发　　C. 男性服装　　C. 男性服装批发

4. 某客户提交的关键字设置了精确匹配，当搜索关键字为（　　）时，最有可能触发广告展示。
   A. 搜索关键字与关键字意义相关　　B. 搜索关键字为关键字的变体形式
   C. 搜索关键字完全包含关键字　　　D. 搜索关键字与关键字完全相同

5. 投放时间段可以在搜索广告账户的（　　）层级设置？
   A. 广告系列　　B. 广告账户　　C. 关键字设置　　D. 广告组

二、简答题

如何对 Google 搜索广告的账户结构进行合理搭建？

三、实训题

波司登公司将对羽绒服进行 Google 搜索广告的推广，请帮助其完成推广过程中相关任务的实施。

（1）日预算为 10000 元，投放至英国和美国，合理建立广告系列及完成各项设置。
（2）收集关键字，至少 200 个，并合理分组。
（3）撰写相应的广告语及附加信息。

第 5 章　购物广告操作与优化

通过购物广告，可帮助 B2C 行业的商家直接销售商品。

购物广告是一种将商家的产品信息呈现在搜索结果中的广告形式。通过购物广告，商家可以直观地将商品内容、图片及价格等重要信息直接传递给潜在用户，用户在查看广告内容时便可以知晓商品的主要信息。这样的广告形式，一方面，使得潜在用户在搜索引擎上便可了解商品是否匹配自己的实际需求；另一方面，对商家而言，那些对商品有兴趣并最终点击广告进入网站的用户有着更高的转化率。

与搜索广告纯文字内容的呈现相比，显然购物广告呈现的信息更具象化，能够直击用户的需求点，从而更好地吸引有购买欲望的潜在用户。而且，用户进行一次搜索，有可能同时触发搜索广告和购物广告，那么在用户的这次搜索行为中，商家所获得的展示机会也大大增加。因此，Google 购物广告是跨境 B2C 商家做搜索引擎广告的重要渠道之一。

5.1　Google 购物广告账户内容

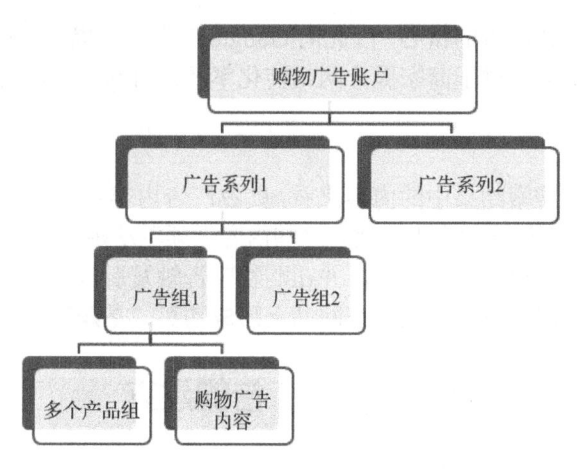

5.1.1　Google 购物广告账户结构

Google 购物广告与搜索广告有着相似的账户结构，如图 5-1 所示。

图 5-1　Google 购物广告账户结构

购物广告账户结构包括多个层级，分别为购物广告账户、广告系列和广告组等。商家在注册一个广告账户之后，便可在这个广告账户中建立搜索、购物、展示等不同类型的广告系列。商家也可以注册多个广告账户，根据实际需求将不同类型的广告系列放置在不同的广告账户中进行管理。

5.1.2 Google 购物广告账户内容说明

1. 广告系列

同搜索广告一样，广告系列位于广告账户中，一个购物广告系列通常由一组共享广告预算、地理位置定位和其他设置的广告组组成。对于面向日常消费者进行商品销售的 B2C 商家而言，购物广告系列是其需要的广告类型。

2. 广告组

广告组位于广告系列中，每个广告系列由一个或多个广告组构成。而一个广告组则包含一个或多个商家销售的产品组，以及与产品对应的购物广告创意。购物广告的广告组是投放在搜索市场营销活动中的产品的集合。一个好的广告组需要包含与商家的目标用户直接相关的产品组和具有吸引力的广告创意。

同样，制作有效的广告组可以帮助商家以较低的成本吸引更多的流量和潜在用户，同时增加其在网站上的转化次数。商家在设置广告组之前需要考虑应该在广告组里放置与潜在用户需求相符的哪类产品和广告内容，以激发用户的兴趣。

3. 产品组

产品组是指由于实际投放并呈现产品信息的一系列产品的集合。通过第 3 章的介绍可以了解到，搜索广告是通过匹配制作投放关键字与用户搜索的关键字，从而触发包含产品或服务的广告内容。而对于购物广告而言，用于匹配用户搜索而呈现产品信息的方式，即是产品信息。因此，类似搜索广告的关键字，购物广告中的核心部分便是提交给 Google 广告系统的产品信息。

产品信息是触发购物广告的核心，因此向 Google 广告系统提交高质量的产品信息，并且不断进行产品信息的优化，对于商家提升网站转化率及销售回报，起着关键的作用。

4. 购物广告内容

从购物广告呈现在搜索结果中的内容来看，购物广告内容主要包括产品图片、产品标题、商家名称、产品价格等。与搜索广告相比，这些内容无须手动撰写，而是由 Google 广告系统从商家提交的产品信息中提取相应内容，并在购物广告触发后自动生成并展示出来。呈现的产品信息能否吸引潜在用户点击并最终在网站上形成购买，是购物广告制作及优化的重点。

5.2 购物广告的建立

通过第 4 章的介绍可以了解到，搜索广告是在广告账户中建立的，包括各个层级所对应的各项内容，如广告系列、关键字、广告文本等。而购物广告的触发和呈现，则是从产品信

第 5 章　购物广告操作与优化

息中提取和生成的,那么这些产品信息 Google 是如何获取的呢？这些是由商家将产品信息提交给 Google 商家中心（Google Merchant Center，GMC）的,当产品信息存在于 Google 商家中心后,广告账户便可以调用这些产品信息以进行广告的投放。因此,与建立搜索广告的区别是,建立购物广告需要创建并设置 Google 商家中心。

5.2.1　Google 商家中心的建立与操作

Google 商家中心与 Google 广告一样,同属于 Google 产品,因此使用同一个 Google 账户即可登录 Google 商家中心,如图 5-2 所示。

图 5-2　登录 Google 商家中心

登录 Google 商家中心后,应在商家信息页面填写商家名称、商家所在国和时区等信息,如图 5-3 所示。

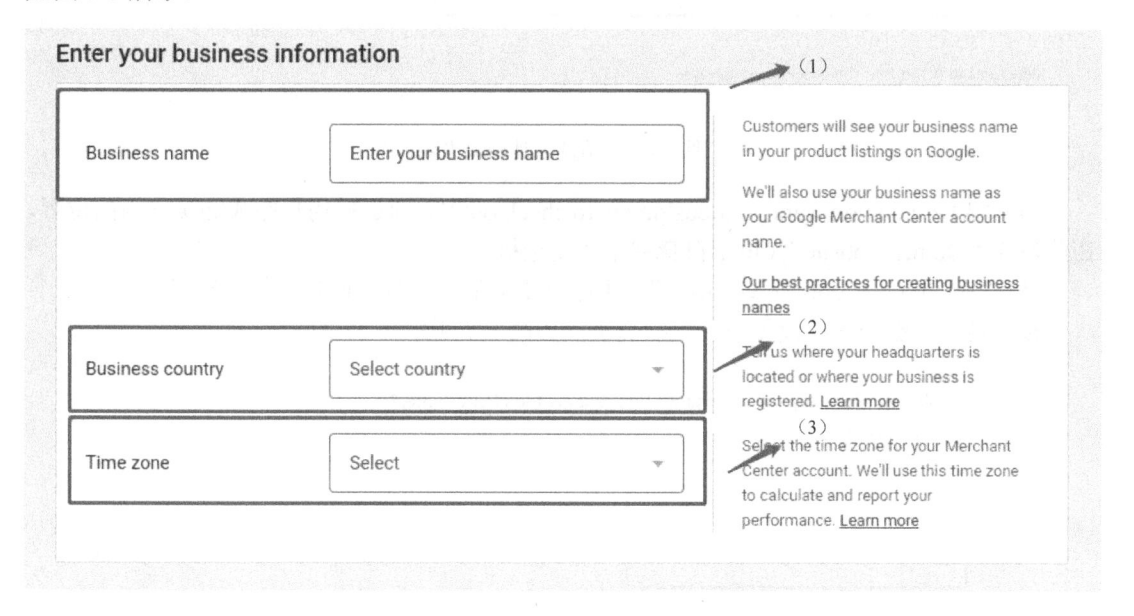

图 5-3　填写商家信息

（1）Business name,即商家名称。商家名称会直接出现在广告中,一般以网站的主域名进行填写,并可采用首字母大写。

（2）Business country,即商家所在国。此处填写的是商家的企业总部或注册所在地。注意不要将企业的销售目标地区填写在此处。

（3）Time zone，（商家所在）时区。选择与广告账户相同的时区。

完成商家信息的填写后，来到如图 5-4 所示的网站及工具相关设置页面，进行以下选项的设置。

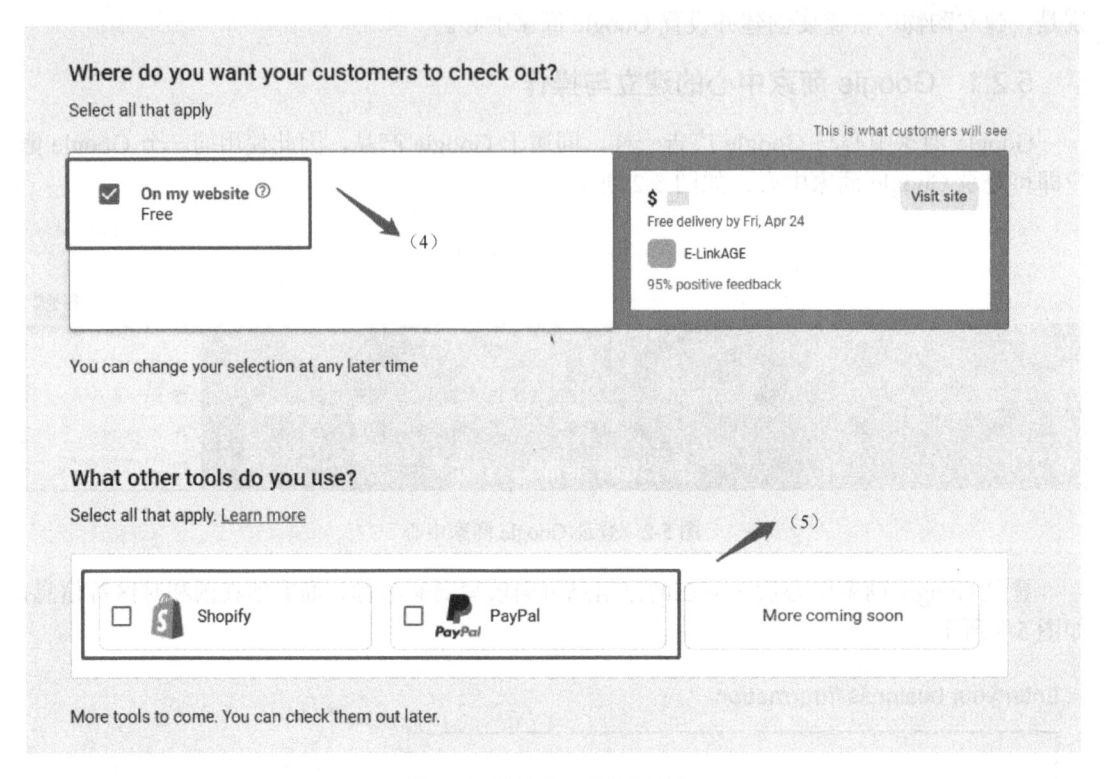

图 5-4　网站及工具相关设置

（4）"Where do you want your customers to check out?"，即选择用户完成购买行为的位置。在此勾选"On my website"（位于自身网站）复选框。

（5）"What other tools do you use?"，即是否使用某些工具。此项一般不选择。

接着是对一些偏好的设置及条款的确认，如图 5-5 所示。

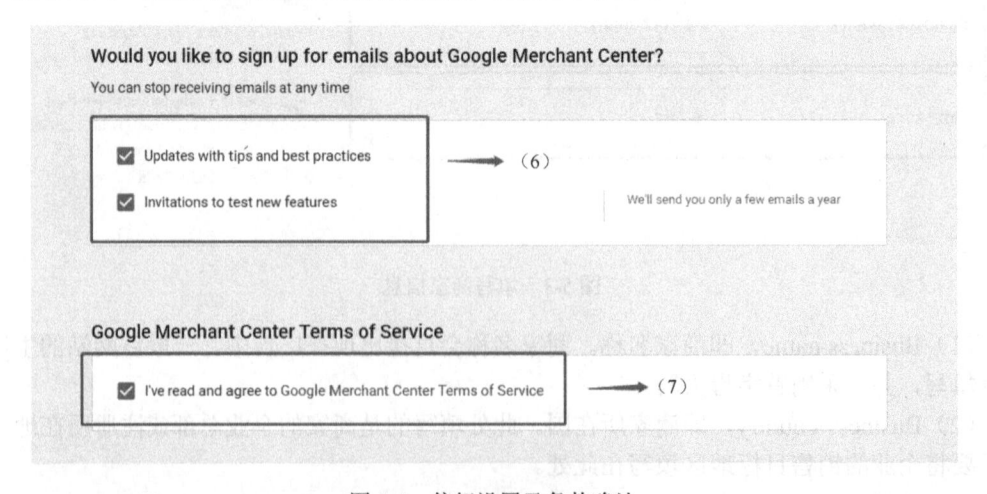

图 5-5　偏好设置及条款确认

（6）根据自身需求，选择是否通过邮件接收产品更新。

（7）确认并勾选商家中心的基本政策条款。

通过以上步骤，Google 商家中心便建立完成。接下来应进行产品和商家具体信息的初步设置，如图 5-6 所示。

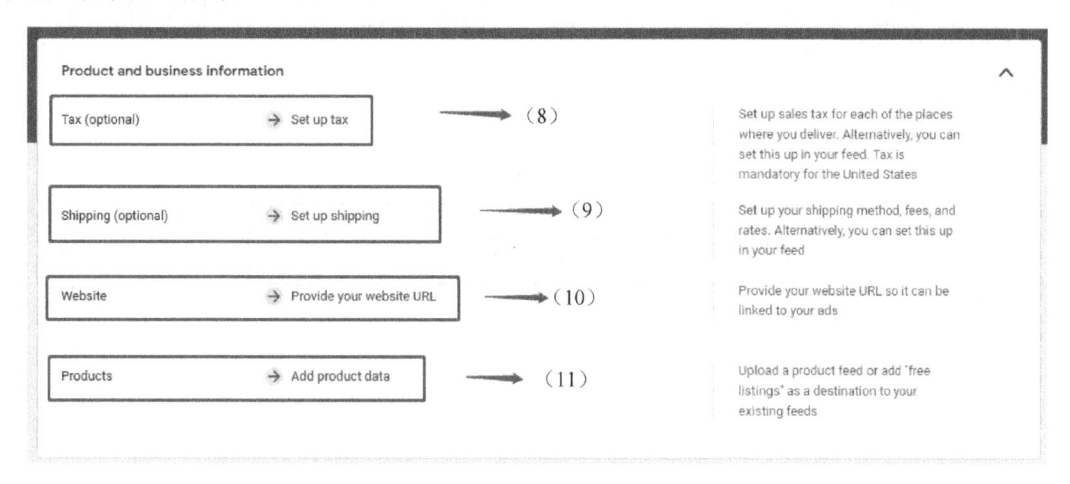

图 5-6　产品和商家信息设置

（8）Tax，即税费相关设置。此项为可选项，且目标销售地区为美国的才需要进行设置。此项可以在产品目录（product feed）中进行设置。

（9）Shipping，即运费相关设置。此项也为可选项，可以在产品目录中进行设置。

（10）Website，即网站，将网站与商家中心进行关联。

（11）Products，即产品，在此项中添加产品信息。

下面详细讲解（8）～（11）这 4 个选项的设置。

对于税费设置，如果销售至美国，则可以在此进行设置。点击其中的链接，转到税费设置页面，点击"Switch to advanced settings"链接，如图 5-7 所示。当展开美国各州列表后，可根据税率等情况进行选择和填写，如图 5-8 所示。

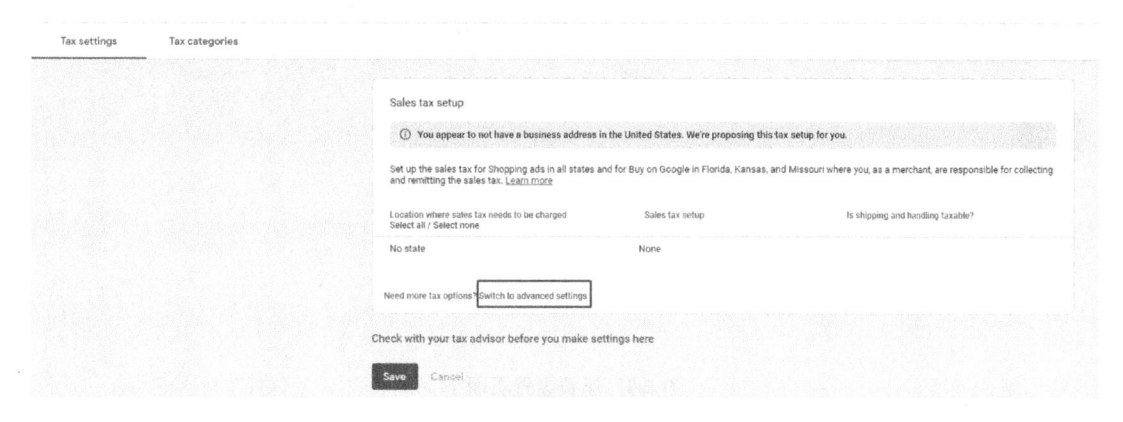

图 5-7　税费设置页面 1

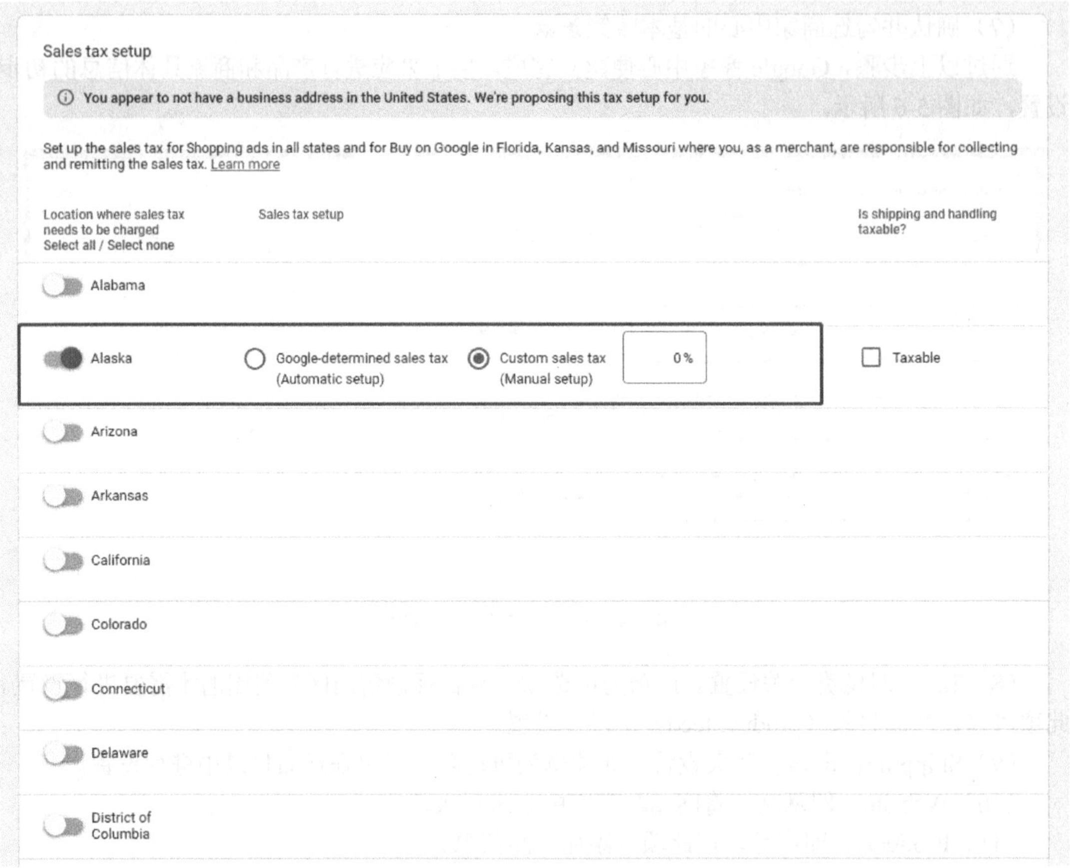

国际搜索引擎优化与营销

图 5-8　税费设置页面 2

点击其中的链接，转到运费设置页面，如图 5-9 所示。

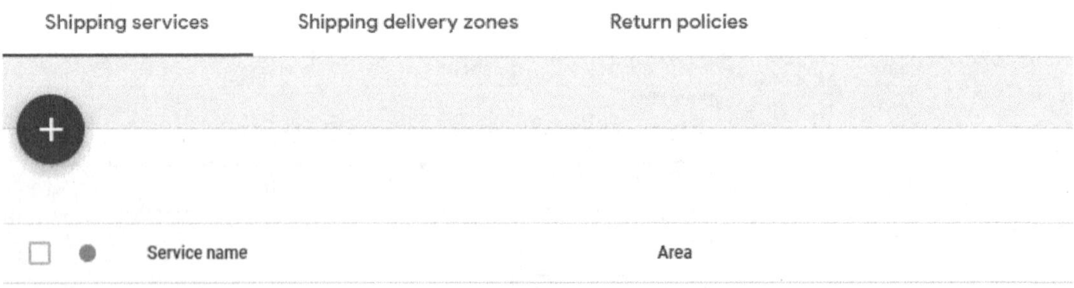

图 5-9　运费设置页面 1

第 5 章　购物广告操作与优化

点击"+"按钮，进行运费的具体设置，如图 5-10 所示。

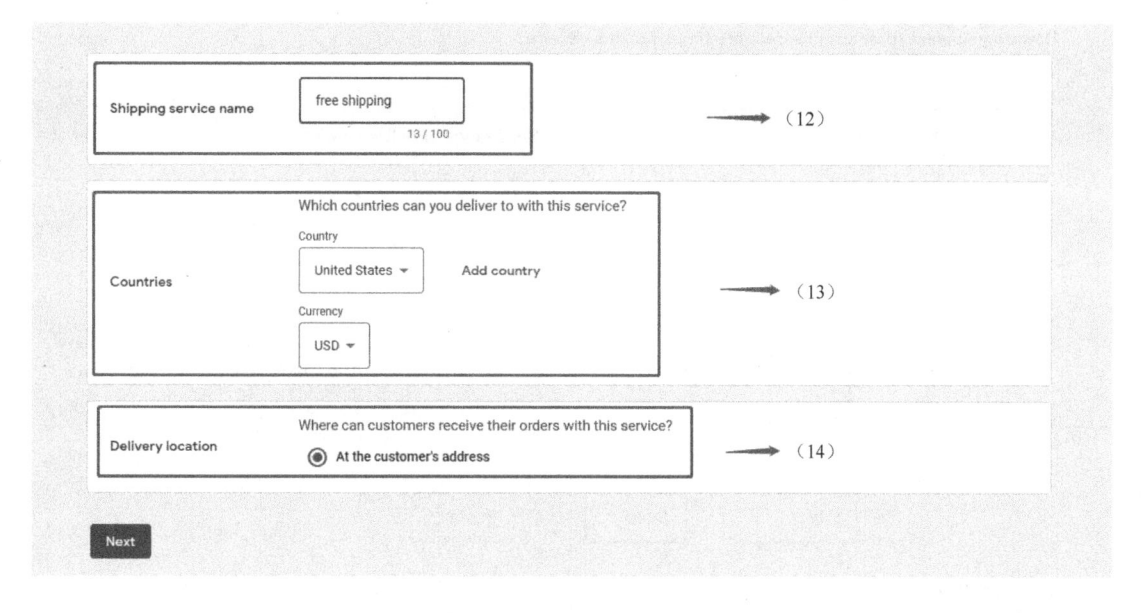

图 5-10　运费设置页面 2

（12）命名该运费。
（13）选择该运费适用的国家及对应的货币。
（14）设置邮寄地址。默认邮寄至用户收货地址。

完成以上设置后，转到设置送货时间设置页面，如图 5-11 所示。

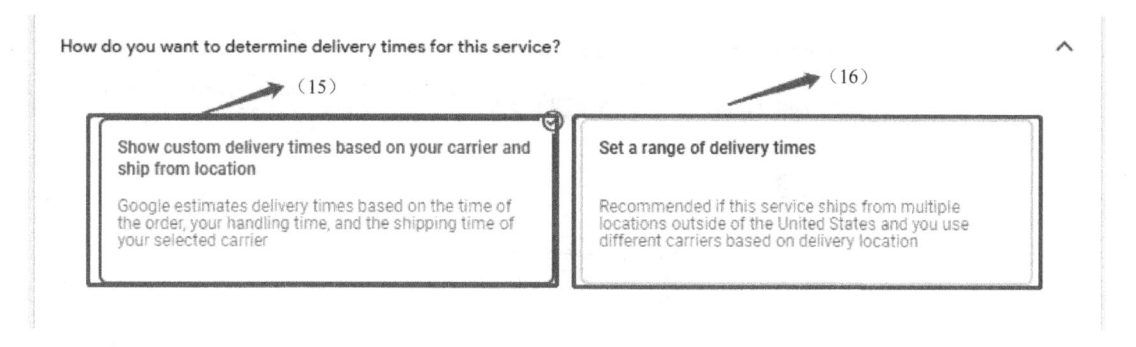

图 5-11　送货时间设置

（15）如果选择"Show custom delivery times based on your carrier and ship from location"（根据物流服务运营商的送货时间）选项，则继续填写发货地址、订单处理和截止时间，并选择相应的物流服务运营商，如图 5-12 所示。

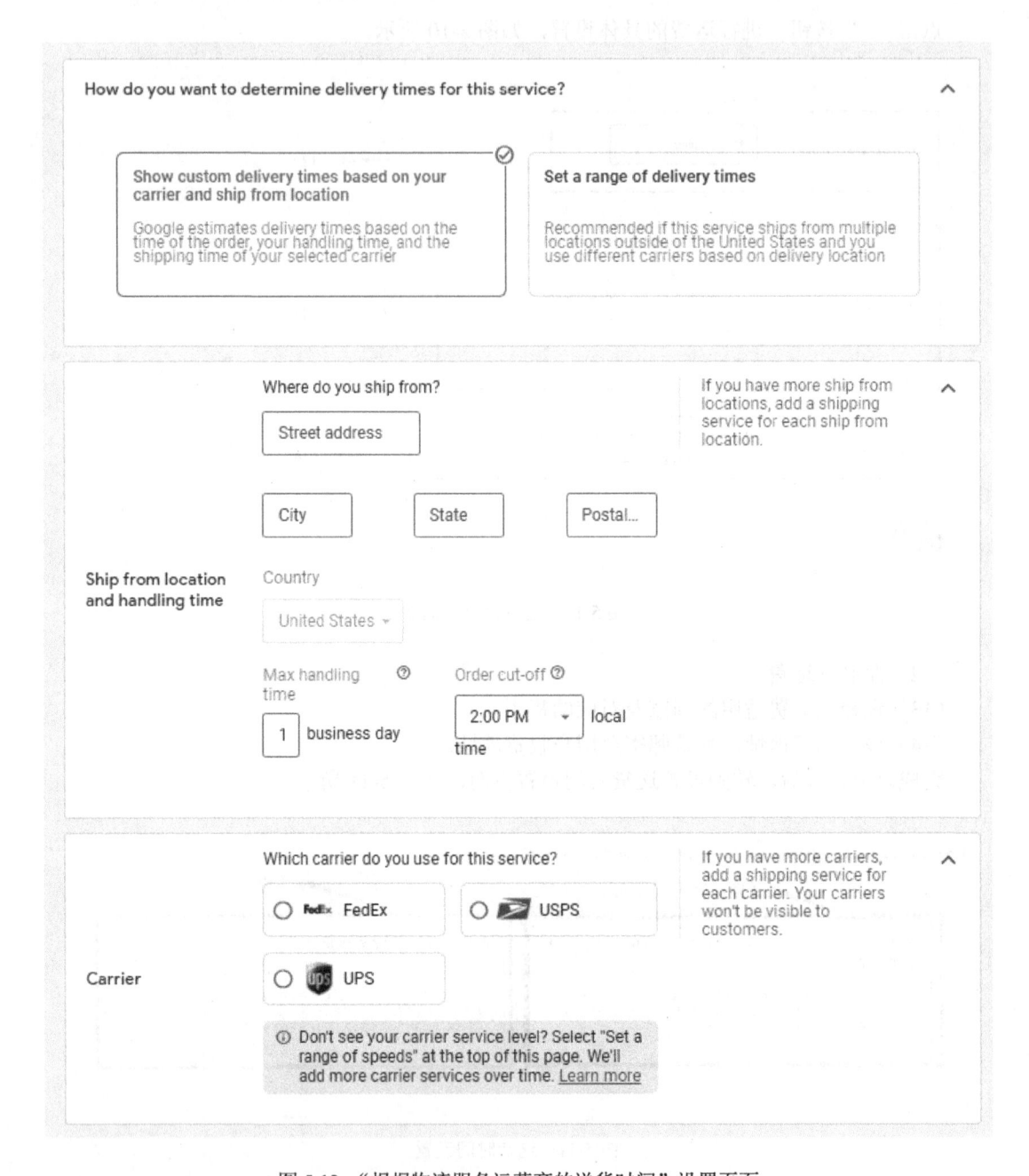

图 5-12 "根据物流服务运营商的送货时间"设置页面

（16）如果选择"Set a range of delivery times"（自定义送货时间）选项，则继续填写订单截止时间、订单发货时长、特殊节假日是否送货，如图 5-13 所示。

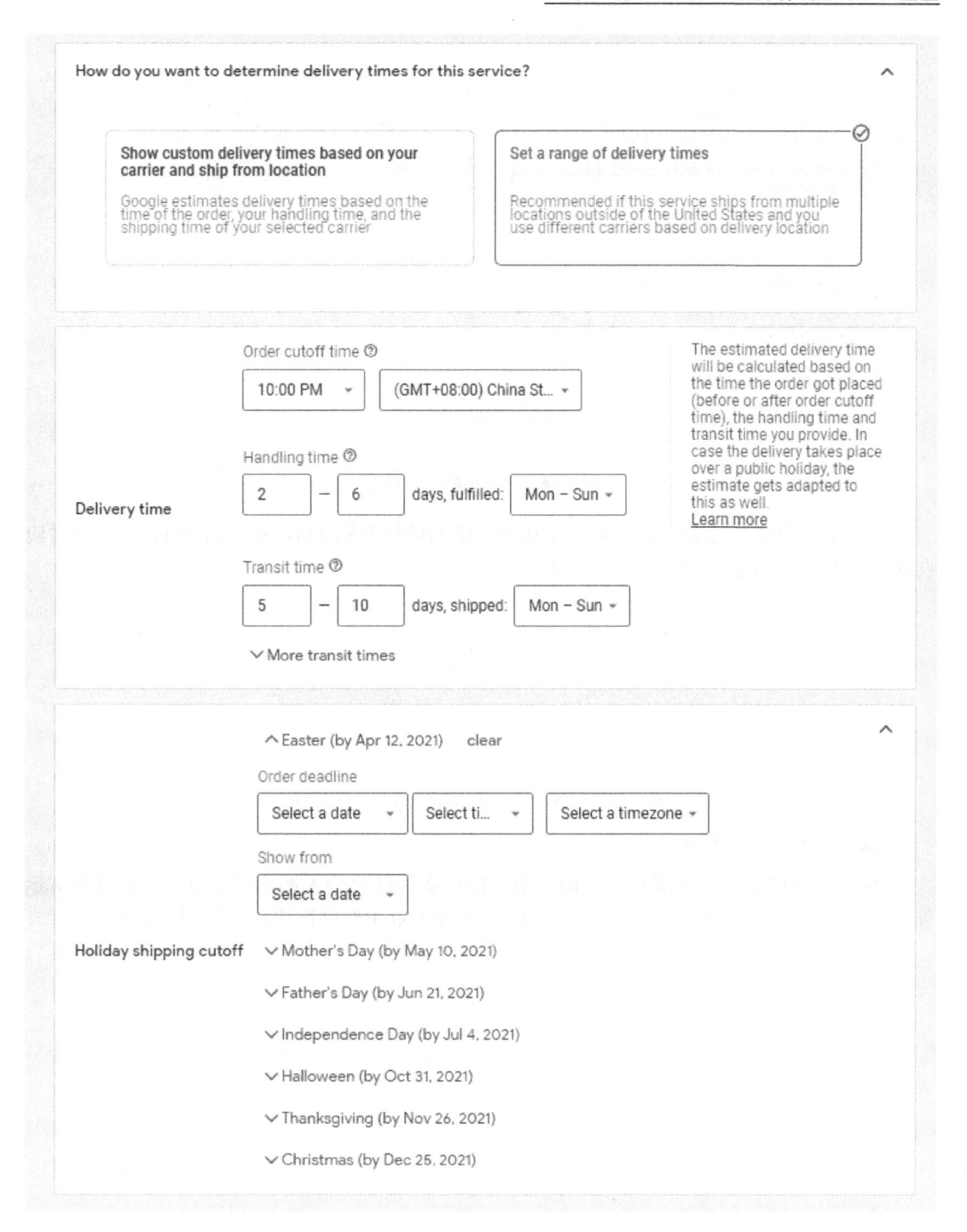

图 5-13 "自定义送货时间"设置页面

完成送货时间的设置后，进入运费金额设置页面，如图 5-14 所示。

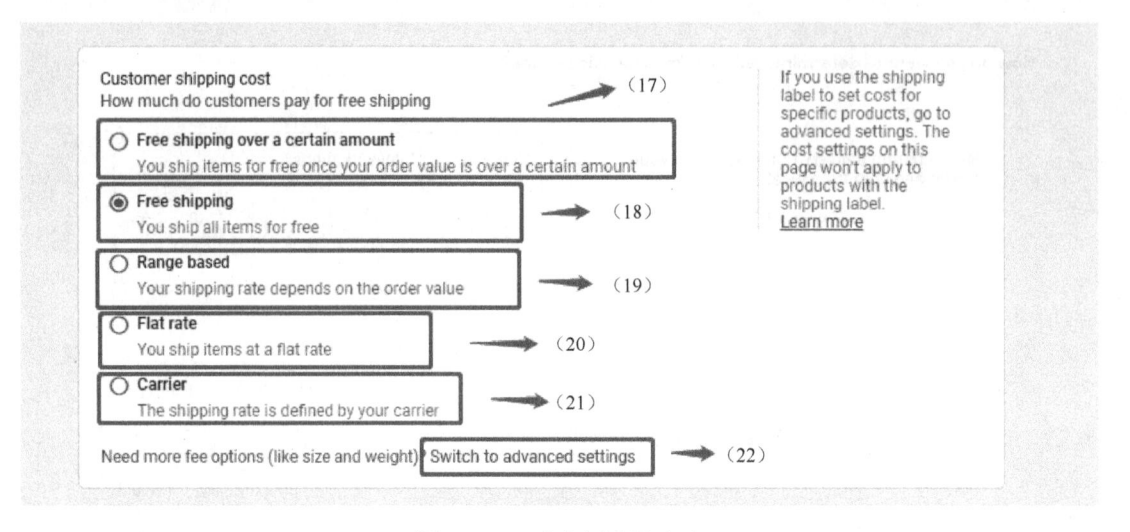

图 5-14 运费金额设置页面

（17）订单满一定金额包邮。输入不达到包邮的最低金额（For order price below）及对应收取的运费（I charge），如图 5-15 所示。

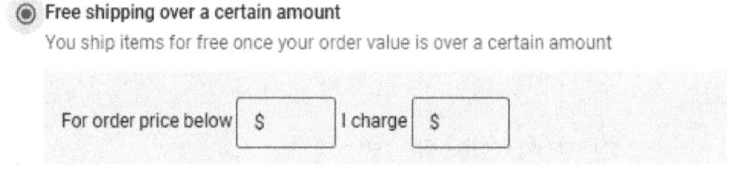

图 5-15 "订单满一定金额包邮"设置页面

（18）任意订单都包邮。

（19）不同订单金额范围对应不同运费。根据实际情况输入不同订单金额区间及对应运费。如果有多个订单金额区间，则点击"INSERT RANGE"进行添加，如图 5-16 所示。

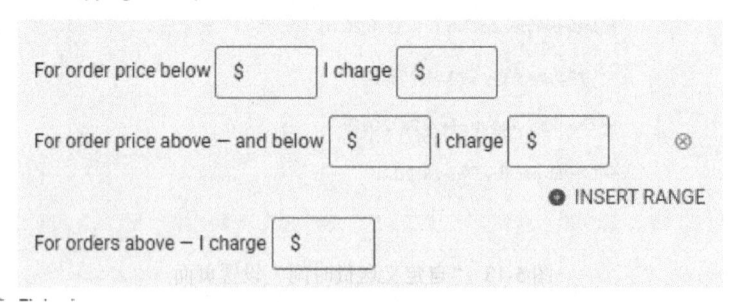

图 5-16 "不同订单金额范围对应不同运费"设置页面

（20）固定运费。输入用于所有订单的一个固定的运费金额，如图 5-17 所示。

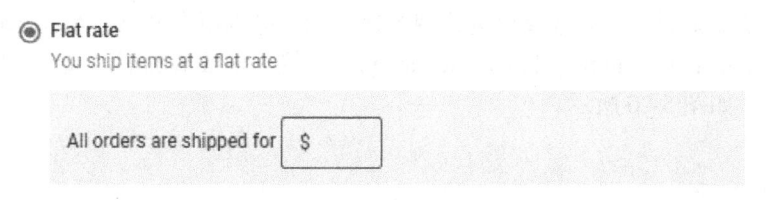

图 5-17　固定运费设置页面

（21）根据物流服务运营商收取运费。选择对应的物流服务运营商，输入发货地的邮编（Origin postal code）。如有需要，还可以将物流服务运营商提供的运费金额调整一定的百分比（Percent adjustment）或设置固定金额（Flat adjustment），若运费上调则直接输入相应数值，若下调则输入负数，如图 5-18 所示。

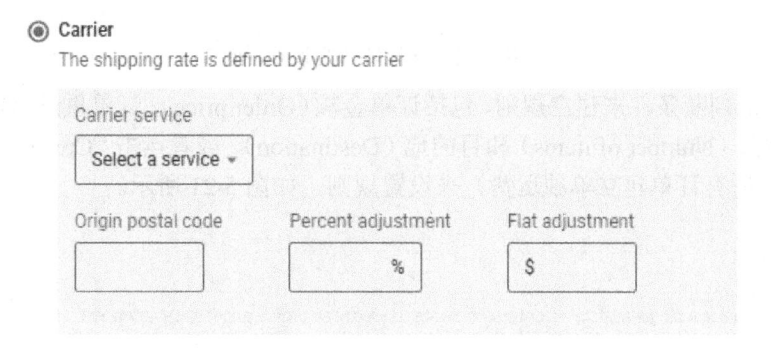

图 5-18　"根据物流服务运营商收取运费"设置页面

（22）如果前面几个选项均无法满足网站的运费规则设置，则点击链接进入自定义运费规则的高级设置页面，如图 5-19 所示，点击"+"按钮新增一项运费规则。

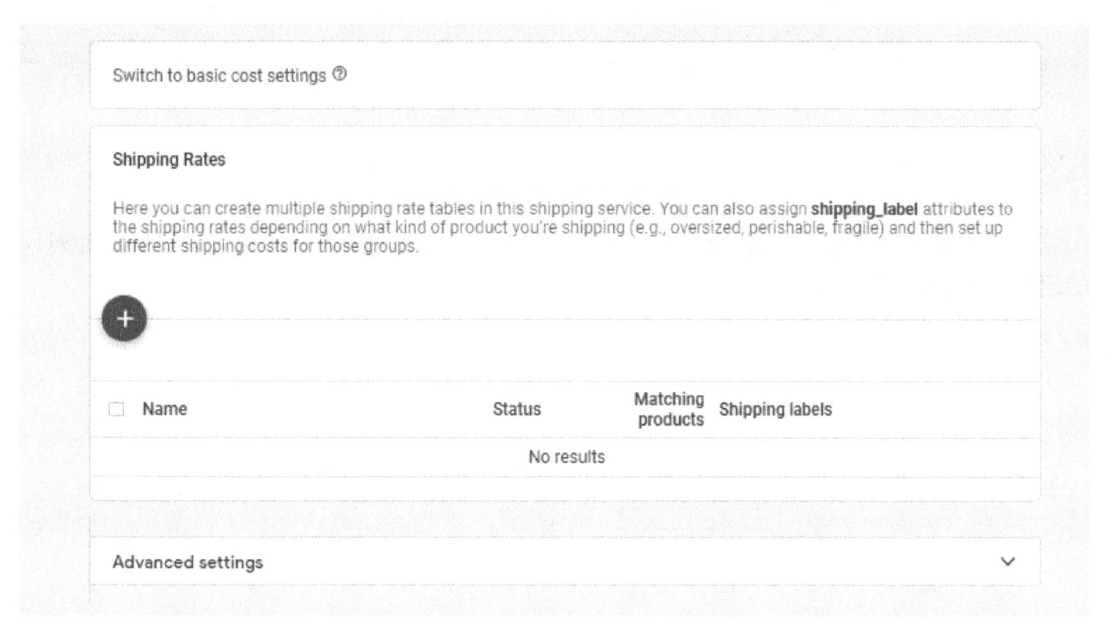

图 5-19　自定义运费规则设置页面 1

在设置运费规则时，首先选择该运费规则适用的产品为所有产品（All products）或部分产品[Filter products by shipping label（advanced）]，绝大多数情况下，选择适用所有产品，并命名该规则，如图 5-20 所示。

图 5-20　自定义运费规则设置页面 2

指定不同的判断条件来建立规则，包括订单金额（Order price）、订单重量（Order weight）、订单内商品数量（Number of items）和目的地（Destination），或者点击"Create a single rate for all orders"（为所有订单建立单独运费）来设置规则，如图 5-21 所示。

图 5-21　自定义运费规则设置页面 3

以订单重量这个条件为例，设置自定义运费的。在相应的输入框中输入重量区间和对应的运费，如图 5-22 所示。

图 5-22　自定义运费规则设置页面 4

其中，运费金额有多种选项，如图 5-23 所示，选择相应的选项，便可以进行设置。

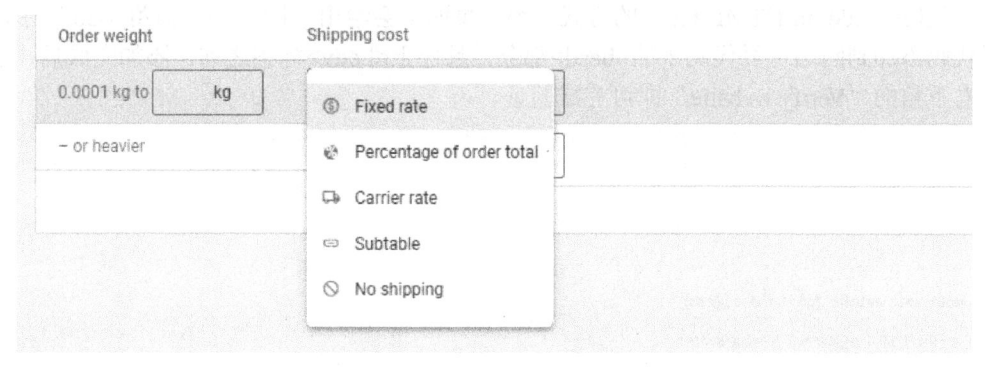

图 5-23　自定义运费规则设置页面 5

通过以上步骤，运费的设置便完成了。

对于将网站与商家中心进行关联，是指在商家中心中必须验证网站所有权，从而将网站与其绑定才能用于推广该网站。首先输入网站域名，如图 5-24 所示。

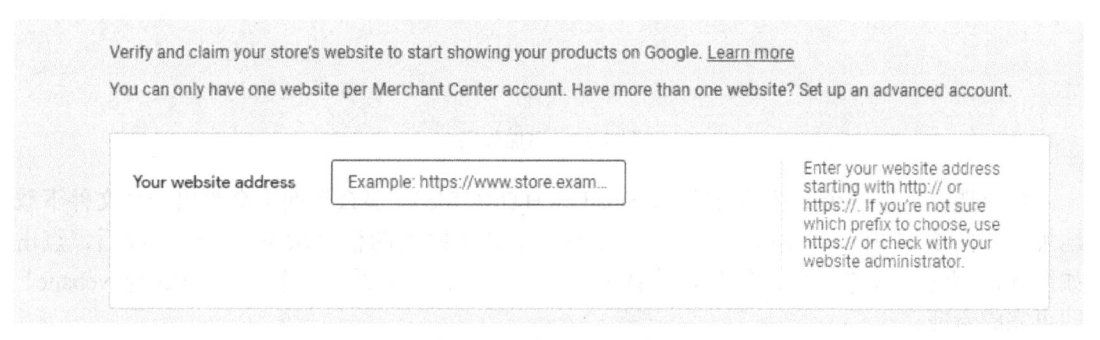

图 5-24　输入网站域名

然后选择一种方式验证网站所有权，包括在网页上添加一段代码或向网站上传一个文件（Add an HTML tag or upload an HTML file to your website）、通过 Google Tag Manager 账户进行验证或通过 Google Analytics 账户进行验证三种方式，如图 5-25 所示。

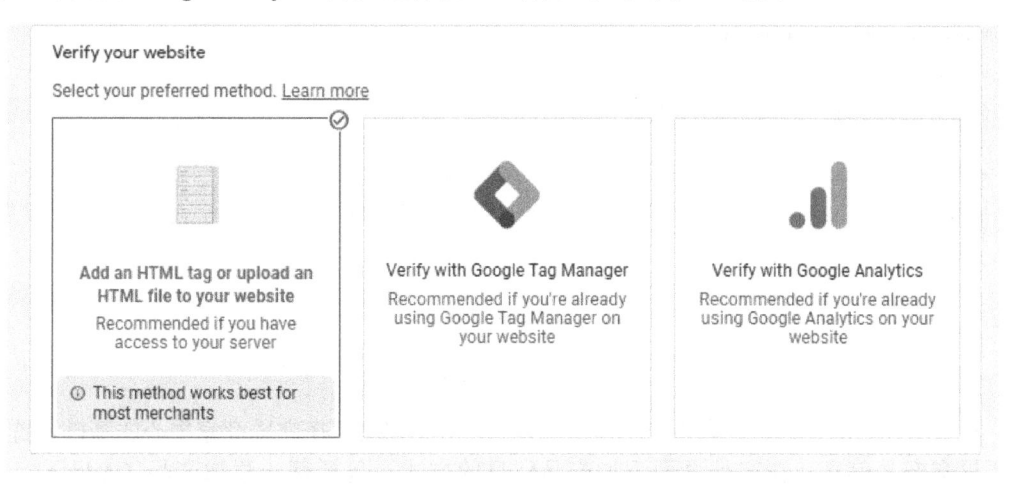

图 5-25　网站所有权验证方式

通常会选择在网页上添加一段代码或向网站上传一个文件的方式进行验证。如果选择添加一段代码（Add an HTML tag）的方式，那么页面上会给出一段代码，如图5-26所示。将这段代码添加到网站首页代码中的<head>部分，且位于<body>标签之前。添加完成后，点击页面右下角的"Verify website"即可完成验证。

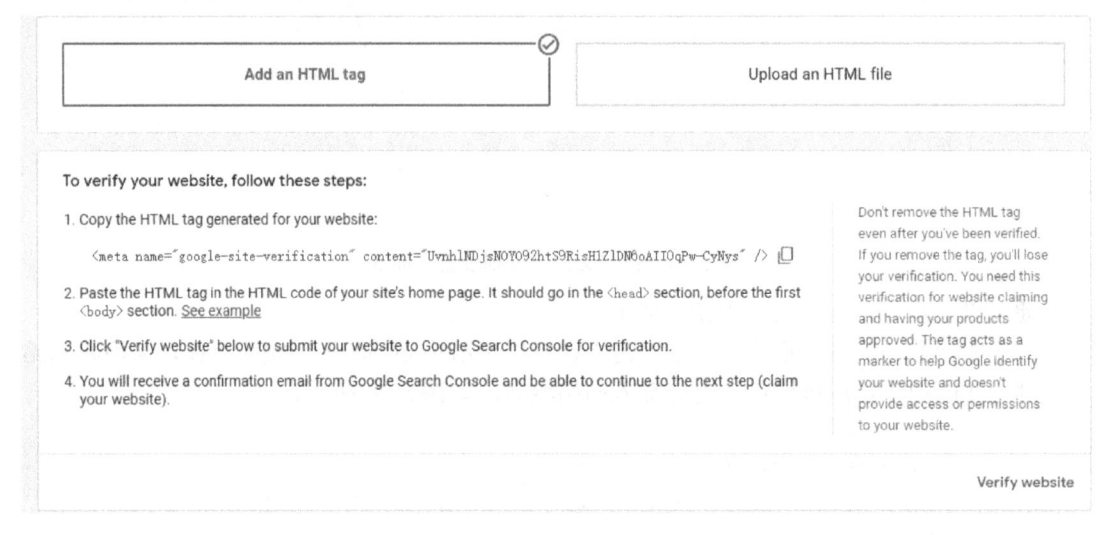

图 5-26　添加代码

如果选择上传一个文件的方式（Upload an HTML file），那么页面上会给出一个文件下载地址，如图5-27所示。然后，将此文件下载并上传至网站的根目录下。上传完成后，点击如图5-27所示中第3步中的链接，确认上传成功。最后点击页面右下角的"Verify website"即可完成验证。

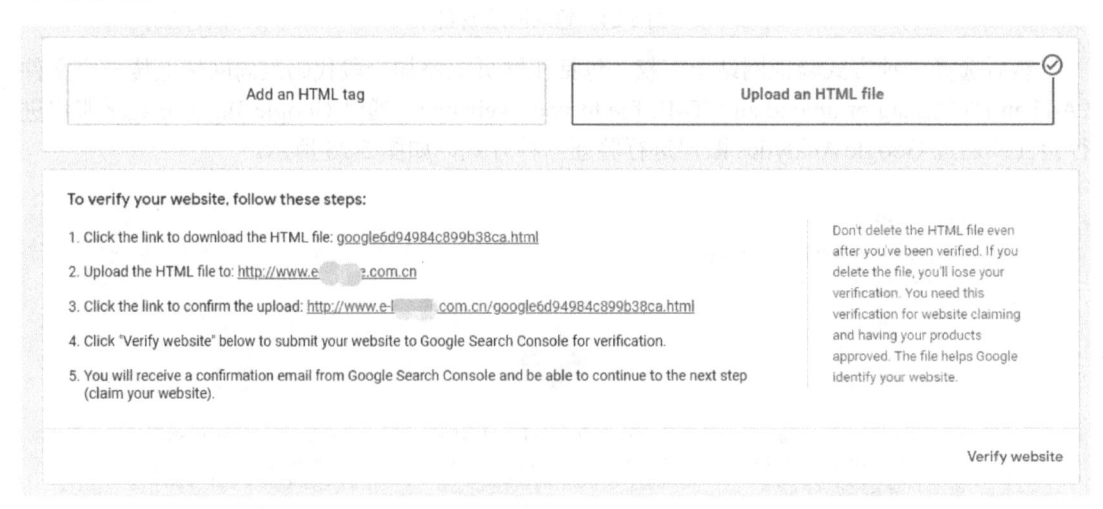

图 5-27　上传文件

对于添加产品信息，具体的产品信息是购物广告的核心，在完成商家中心的基础设置后，需要提交产品信息。在产品页面添加产品信息的方式，包括逐一添加产品（Add a single product）和上传产品数据（Upload multiple products）两种，如图5-28所示。由于B2C商家的网站内通常包含较多的产品，因此绝大多数情况下，选择页面右侧的上传产品数据选项，并以产品数据表（product feed）的形式进行产品信息的添加。

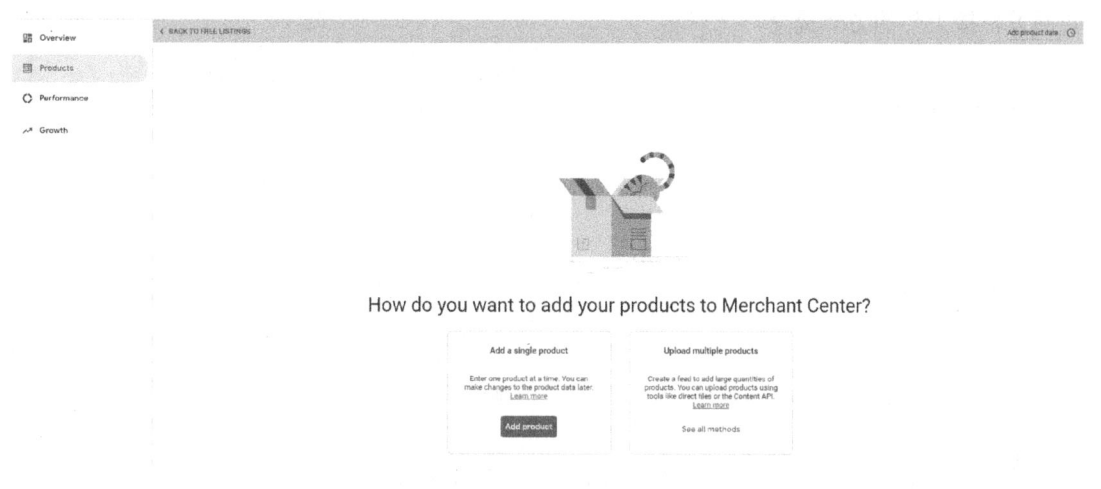

图 5-28　添加产品信息

进入产品数据表设置页面后，首先选择购物广告投放的目标国家和语言，并勾选免费展示产品复选框，如图 5-29 所示。

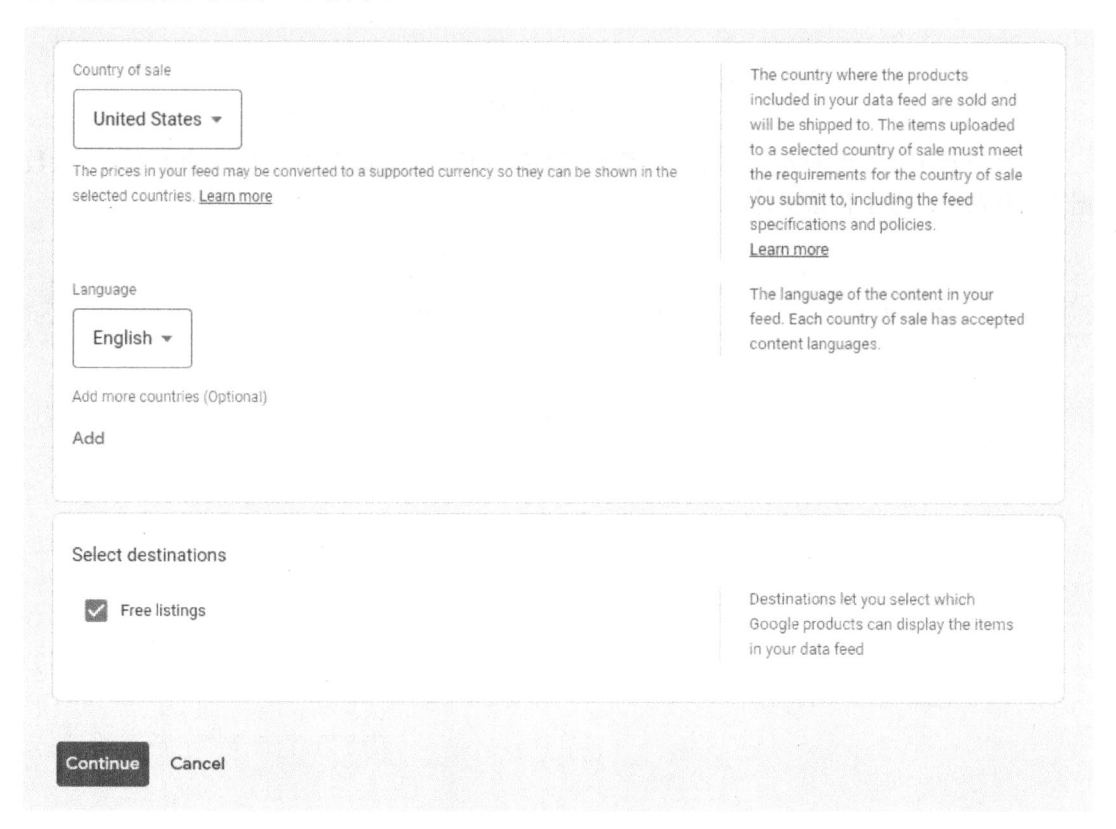

图 5-29　产品数据表设置 1

然后命名该产品数据表，并选择一种数据提交方式，包括通过 Google 电子表格制作的数据文件（Google Sheets）、定时抓取放置于网站上的数据文件（Scheduled fetch）、直接上传（Upload）及使用 API 自动获取（Content API）四种方式，如图 5-30 所示。绝大多数情况下，会通过直接上传的方式提交。

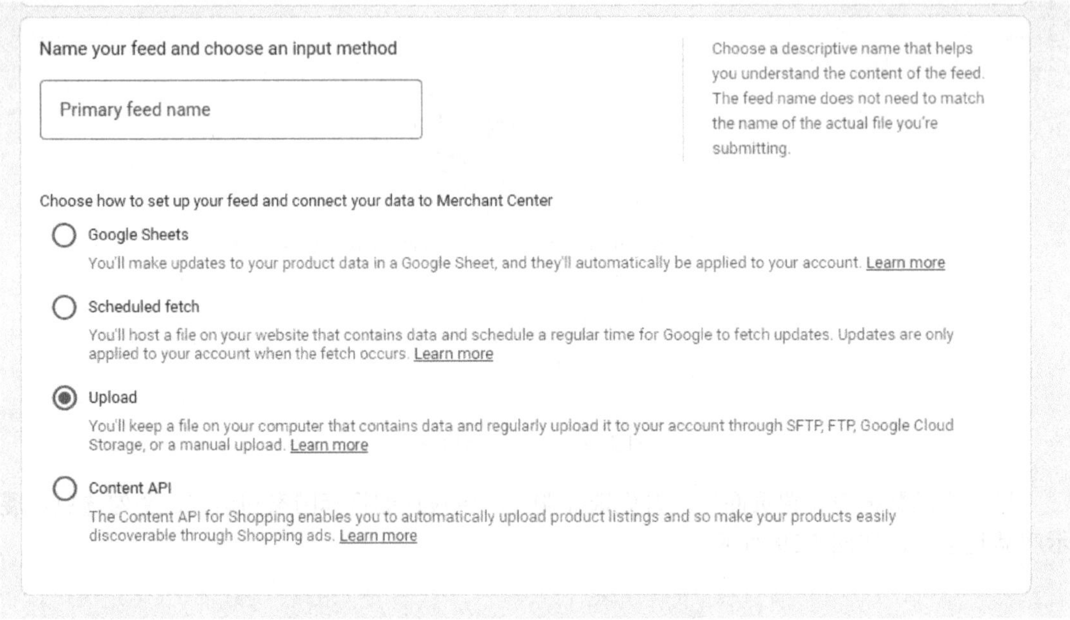

图 5-30　产品数据表设置 2

选择直接上传文件的方式进行产品数据表的提交后，进入如图 5-31 所示的页面，为该数据表文件命名，并上传该文件。

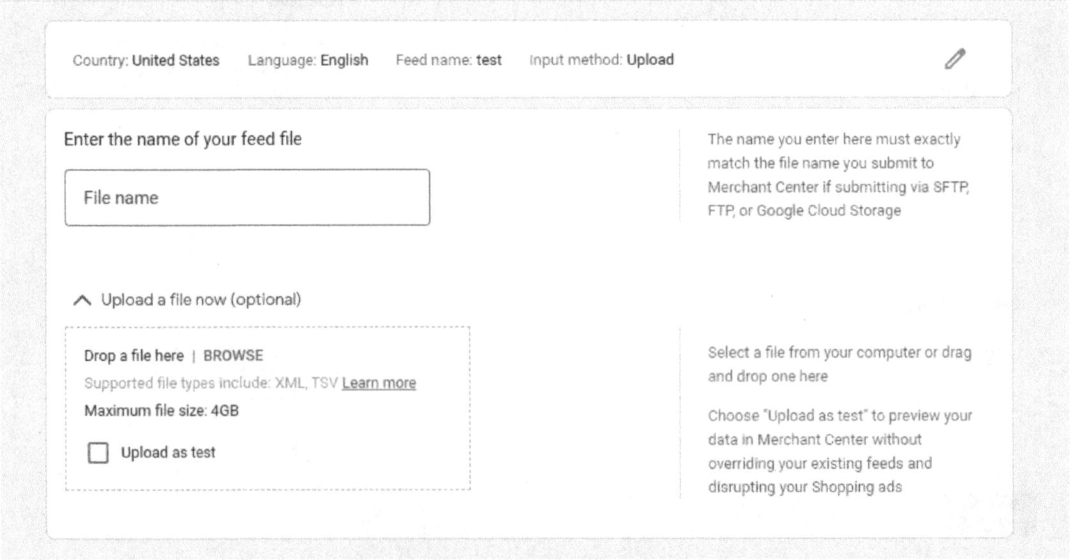

图 5-31　产品数据表设置 3

数据表文件最大不能超过 4GB，而且仅支持.xml、.txt、.tsv、.gz、.zip、.bz2 这几种文件格式。

上传完成后，进入产品数据表详情页面，如图 5-32 所示，如果页面中提示出现问题，则该数据表中相应有问题的数据不会进入广告系统进行投放。因此，一旦出现问题就需要及时改正。

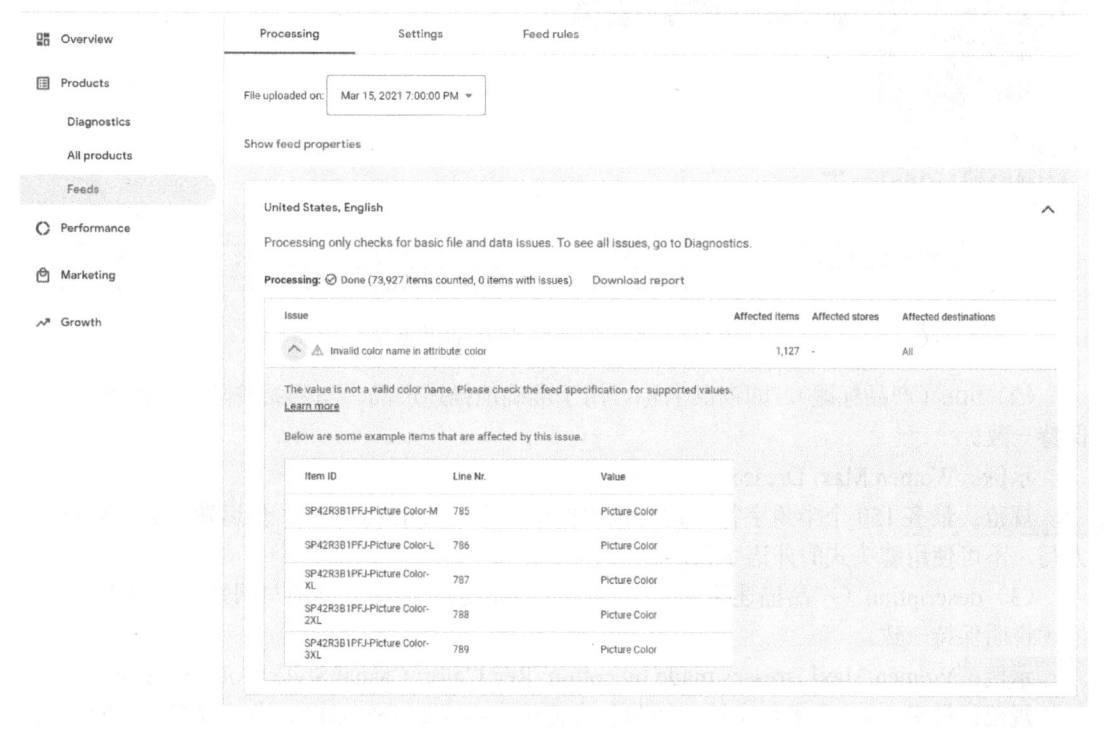

图 5-32　产品数据表详情页面

5.2.2　制作产品数据表

购物广告的触发及广告呈现的内容都是以产品信息为基础的，制作产品数据表是整个购物广告制作过程中相当重要的一环。

制作产品数据表的过程，其实是将网站中的产品信息，分列填入电子表格中，如图 5-33 所示。其中，产品数据表中的项目称为产品属性，包括必选属性和可选属性。这些属性值也要符合相应的规范。

1．必选属性

（1）ID（产品标识符），即不同产品唯一的标识符号。同一个数据表中的每个产品 ID 不可重复，应尽可能使用产品在网站上的库存保有单位（Stock Keeping Unit，SKU）作为 ID。

示例：AABB1234

规范：最多 50 个半角字符；同一个产品更新数据时确保 id 不变；不同国家/地区或语言的同一个产品可以使用相同的 ID。

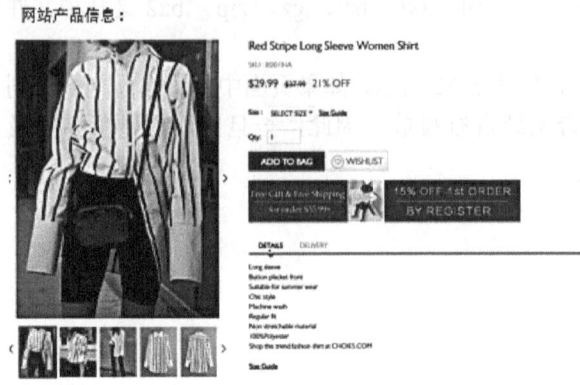

图 5-33　网站产品信息与产品数据表

（2）title（产品标题），即商品名称。用于准确地描述产品，与网站着陆页上的产品名称保持一致。

示例：Women Maxi Dresses

规范：最多 150 个半角字符；切勿包含促销文字（如 15% OFF、免运费等），不可全部大写，不可使用噱头式的外语字符。

（3）description（产品描述说明），即商品具体信息的描述。该项与网站着陆页上的产品描述说明保持一致。

示例：Women Maxi Dresses made by cotton; Red Color; Casual Style; Cold Water Wash

规范：最多 5000 个半角字符；切勿包含促销文字（如 15% OFF、免运费等），不可全部大写，不可使用噱头式的外语字符；只包含与产品有关的信息，切勿包含指向商店、销售信息、竞争对手的详细信息及其他产品的链接。

（4）link（产品链接），即产品的着陆页网址。

规范：必须链接到该产品的详情页，切勿链接到首页或插页等其他页面；必须使用通过网站所有权验证的域名；以 http 或 https 开头；使用经过编码且符合 RFC 2396 或 RFC 1738 规范的网址，如英文逗号表示为"%2C"。

（5）image_link（产品图片链接），即展示该产品的主图片的链接。

规范：以 http 或 https 开头；使用经过编码且符合 RFC 2396 或 RFC 1738 规范的网址，如英文逗号表示为"%2C"；确保 Google 可以抓取到网址；使用可接受的格式，包括非动画格式的 GIF（.gif）、JPEG（.jpg/.jpeg）、PNG（.png）、BMP（.bmp）和 TIFF（.tif/.tiff）；切勿放大产品某处或使用产品缩略图；切勿包含文字、水印或边框；切勿使用占位图或通用图（除五金和车辆两类产品，油漆可使用纯色图片）；服饰产品图片的像素不低于 250px×250px，非服饰产品图片的像素不低于 100px×100px；图片最大像素不超过 6400 万像素或文件大小不超过 16MB。

（6）availablity（库存状态），即产品的库存情况，必须与着陆页上的库存状况保持一致。

示例：in stock（有货）

规范：仅支持 3 种属性值，分别为 in stock（有货）、out of stock（无货）、preorder（预订），根据实际库存状态选择。

（7）price（价格），即产品的原价。设置准确的产品价格和对应的货币币种，需要与着陆页上的价格保持一致。

示例：20 USD

规范：确保在着陆页上有明显的价格，且能够直接找到以目标销售国家/地区的货币表示的价格；确保产品能够以提交的价格被在线进行购买；确保目标销售国家/地区的所有用户都能够按照产品提交的价格购买产品，而无须支付会员费等其他费用，并在运费设置中添加最低订单金额；除合约价购买手机外，价格不得为 0；对于批量或套装销售的产品需要提交最低购买量、套装或多件组合装的总价格；对于美国和加拿大，提交的价格中不得包含税费，对于其他国家/地区，提交的价格中需添加增值税或服务税。

（8）shipping（运费）。如果向澳大利亚、奥地利、比利时、加拿大、捷克、法国、德国、爱尔兰、以色列、意大利、荷兰、韩国、西班牙、瑞士、英国和美国等销售，那么必须提交运费，其他国家/地区为可选属性。如果在产品数据表中提交了运费，那么商家中心账户中的运费设置将会被替换。

示例：US:CA:ServiceName:10.00 USD

规范：包括 4 个子属性，分别为：country（国家/地区）为可选子属性，使用 ISO 3166 国家/地区代码填写，如 US（美国）；region（国家下级地区）或 postal_code（邮政编码）、location_id（地理位置 ID）、location_group_name（地理位置组名称）为可选子属性，如上海可以填写 SH 或邮编 200000；service（配送服务名称）为可选子属性，如"包邮""当日达"等；price（配送价格）是固定运费价格，为必选子属性，如果有增值税，则提交的运费价格需包含增值税。

运费写法有两种。

在 shipping 后添加括号，括号中添加要提交的子属性名称，以英文冒号（:）分隔。例如，要提交 country 为美国、region 为加利福尼亚州、price 为 10 美元，那么在数据表中输入"shipping（country:region:price）"，对应的属性值则填入"US:CA:10 USD"。

如果未在 shipping 后添加子属性名称，那么需按照 country、region、service、price 的顺序提交子属性值。例如，要提交 country 为美国、region 为加利福尼亚州、service 为快递、price 为 10 美元，那么在数据表中输入"shipping"即可，对应的属性值则输入"US:CA:Express:10 USD"。如果某个子属性不提供相应值，如不提供 region 和 service 的值，则仍需添加英文冒号（:），对应的属性值则输入"US:::10 USD"。

（9）产品标识符。提交以下属性作为产品标识符，定义在全球市场上销售的产品。

①brand（品牌），适用于所有新产品，但电影、书籍和音乐唱片品牌除外。如果是产品制造商，那么提供制造商名称作为品牌。如果商家没有自己的品牌，则不提供该属性值。

示例：谷歌

规范：最多 70 个半角字符；切勿使用"不适用""常规""无品牌"或"不存在"等文字。

②gtin（产品的全球贸易项目代码），适用于所有具有制造商指定 gtin 的新产品。

示例：43459049504

规范：最多 50 个半角字符；对于不同的国家/地区或不同产品类型，gtin 值的写法不同。

北美使用 UPC（也称 GTIN-12），有 12 位数字，如 323451234012。如果是 8 位的 UPC-E，则应转换为 12 位代码。

欧洲使用 EAN（也称 GTIN-13），有 13 位数字，如 3234512340129。

日本使用 JAN（也称 GTIN-13），有 8 位或 13 位数字，如 49123232 或 4901234565794。

图书使用 ISBN，有 13 位数字，如 3234512340129。

组合装产品使用 ITF-14，有 14 位数字，如 10856445671702。

③mpn（产品的制造商部件号），使用尽可能具体的 mpn。例如，不同颜色的产品使用不同的 mpn。

示例：ADFS34343FD

规范：最多 70 个半角字符。

根据不同的产品类型需要提交不同的产品标识码作为必选属性。最佳做法是提交以上全部 3 种属性。如果出现无法完全提供 3 种属性的情况，则按以下规则进行提交。

- 具有 gtin 的产品，提交 gtin 值和 brand 值作为必选属性。
- 没有 gtin 的产品，提交 brand 值和 mpn 值作为必选属性。可能没有 gtin 的商品包括自有品牌产品、替换部件、原始设备制造商（Original Equipment Manufacturer，OEM）部件或 OEM 部件替换件、定制产品（如定制 T 恤、工艺品和手工制品）、在 ISBN 于 1972 年获批成为 ISO 标准以前出版的图书、复古物品或古董、预售商品[在数据表中以 condition（使用情况）属性表明]。
- 没有 brand 的产品。产品没有明确的相关品牌归属（如影片、图书和音乐）或为定制产品（如定制 T 恤、工艺品和手工制品），则无须提交 brand 属性。

④ identifier_exists（是否有标识符）。如果制造商没有为新产品指定 gtin、brand 和 mpn，或者产品没有 gtin 和 brand，又或者产品没有 mpn 和 brand，则该值设置为"no"；如果新产品的产品标识符由制造商指定，则该值设置为"yes"。若不提交该属性，则默认为"yes"。产品标识符提交总结如表 5-1 所示。

表 5-1　产品标识符提交总结

已有的产品标识码属性	缺少的产品标识码属性	作为必选属性提交	作为可选属性提交
brand、mpn	gtin	brand、mpn	—
gtin、brand	mpn	gtin、brand	—
brand	gtin、mpn	brand、identifier_exists 为"yes"	—
gtin、brand、mpn	—	gtin、brand	mpn
都没有	gtin、mpn、brand	identifier_exists 为"no"	—

2. 常用可选属性（特殊情况下为必选属性）

（1）condition（使用情况）。如果该产品为全新产品（new），则可以不提交此属性；如果为翻新或二手产品，则必须提交该属性。

示例：new

规范：仅支持 3 种属性值，分别为 new（全新）、refurbished（翻新）、used（二手）。

（2）adult（成人）。如果产品包含裸露、性暗示等成人内容，如情趣内衣，则需设置该属性为"yes"。

示例：yes

规范：属性值仅为"yes"和"no"；如果商家中心账户中已经勾选了网站含有成人内容的选项，那么无须再提交 adult 属性。

（3）age_group（年龄段）。对于指定年龄段的产品，如服装（对儿童和成人进行明确区分），如果广告投放至巴西、法国、德国、日本、英国和美国，则为必选属性。

示例：newborn

规范：属性值可为 newborn（3 个月以下新生儿）、infant（3~12 个月的婴儿）、toddler（1~5 岁的儿童）、kid（5~13 岁的儿童）和 adult（13 岁以上的青少年及年龄更大的人群）。

（4）color（颜色）。对于服装产品或有明显不同颜色的其他产品，如果广告投放至巴西、法国、德国、日本、英国和美国，则为必选属性。

示例：red

规范：最多 100 个半角字符（每种颜色最多 40 个半角字符）；切勿使用数字；切勿仅使用一个字母（除中文、日语、韩语，如"红"）；切勿使用类似"参考图片色"这样的表达；切勿将多种颜色合成为 1 个单词，应使用"/"将不同颜色分开，如产品含有红、黄、蓝 3 种颜色，应写为"红/黄/蓝"；如果产品具有多种颜色，那么应列出主体颜色。

（5）gender（产品适用性别）。对于有明显性别区分的产品，如服装，如果广告投放至巴西、法国、德国、日本、英国和美国，则为必选属性。

示例：male

规范：属性值可为 male（男性）、(female）女性和 unisex（男女通用）。

（6）size（尺寸）。对于服装和鞋类产品，以及提供不同尺寸的产品，如果广告投放至巴西、法国、德国、日本、英国和美国，则为必选属性。

示例：M

规范：最多 100 个半角字符；如果尺寸中包含多种规格，则精简为一个值，如领口 15 英寸、袖长 30 英寸、适合中等身材，则写为"15/30 中等"；如果是均码，则写为"one size""OS""one size fits all""OSFA""one size fits most""OSFM"这 6 种形式之一。

（7）material（材质）。如需以材质来区分同一款式的不同产品，则为必选属性。

示例：cotton

规范：最多 200 个半角字符；如果一件产品有多种材质，则先写出主要材质，再在其后添加最多两种辅料材质，并以"/"分隔，如"棉/羊毛/涤纶"。

（8）pattern（图案）。如需以图案来区分同一款式的不同产品，则为必选属性。

示例：leopard

规范：最多 100 个半角字符。

（9）item_group_id（产品组 id）。同一款产品有不同款式，如果广告投放至巴西、法国、德国、日本、英国和美国，则为必选属性。在 age_group、color、gender、size、material、pattern 中一个或多个属性存在差异的一组产品中使用。

示例：ABC1234

规范：最多 50 个半角字符；为产品组中的每个产品添加相同的属性，如一款产品有几个颜色不同的产品，那么每个产品需提交不同的 color 属性值和相同的 item_group_id（产品组 id）属性值。

（10）tax（税费）。以百分比表示的产品销售税率，仅限美国使用。

示例：US:NY:5:y

规范：包含4个子属性，分别为可选子属性country（国家/地区），使用ISO 3166 国家/地区代码；可选子属性region（国家下级地区）或postal_code（邮政编码）、location_id（地理位置ID；必选属性rate（税率），以百分比的数字提交；tax_ship（配送税率），值仅为"yes"或"no"。

如果在商家中心账户设置中提交了所有产品的税费信息，则无须提交此属性。

（11）google_product_category（Google 产品类别）。Google 为产品定义的产品类别，在产品数据表中提交该类别的完整名称或数字形式的类别ID。Google 产品类别可以通过类别页面下载相应的表格进行查看。

示例：如果销售皮夹克，则该属性值提交为"Apparel & Accessories > Clothing > Outerwear > Coats & Jackets（服饰与配饰 > 服装 > 外套 > 外套与夹克）或371"。

规范：每个产品仅提交一个最相关的类别；必须添加官方提供的标准名称或类别ID。

（12）product_type（产品类型）。为产品赋予一个自定义的产品类别。一般来自网站自己各层级产品类别名称。

示例：如果销售红色裙子，则该属性值提交为"Apparel > Women > Dresses > Red Dresses"。

规范：最多750个半角字符；使用">"分隔同一类别中的多个层级，">"符号前后都应添加空格；添加完整的类别路径名称，类似Google 产品类别，如提交"图书 > 旅行 > 英国游"，而不是仅提交"英国游"。

综上所述，根据产品规范将网站上的产品信息填入电子表格中，并且保存为规定的文件格式，便可上传至商家中心。

5.2.3 关联商家中心与广告账户

购物广告需要商家中心与广告账户的配合才能进行投放。因此，在完成商家中心的各项设置后，还必须将其与广告账户进行关联，使得产品信息能够传递至广告账户。

（1）点击商家中心右上角齿轮状的设置按钮，选择"Linked accounts"选项，如图5-34所示。

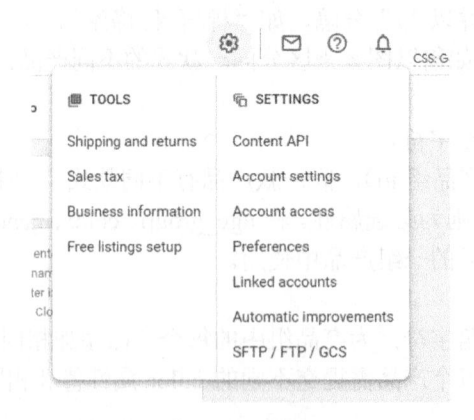

图5-34 关联广告账户1

（2）进入关联账户页面，如图 5-35 所示。如果商家中心与欲关联的广告账户位于同一 Google 账户下，则该广告账户的 ID 会直接显示在页面上，直接点击"Link"即可关联；如果商家中心与欲关联的广告账户不在同一 Google 账户下，则点击"Link account"，在弹出的对话框中输入欲关联的广告账户 ID，并点击"Send link request"，发送关联请求，如图 5-36 所示。

图 5-35　关联广告账户 2

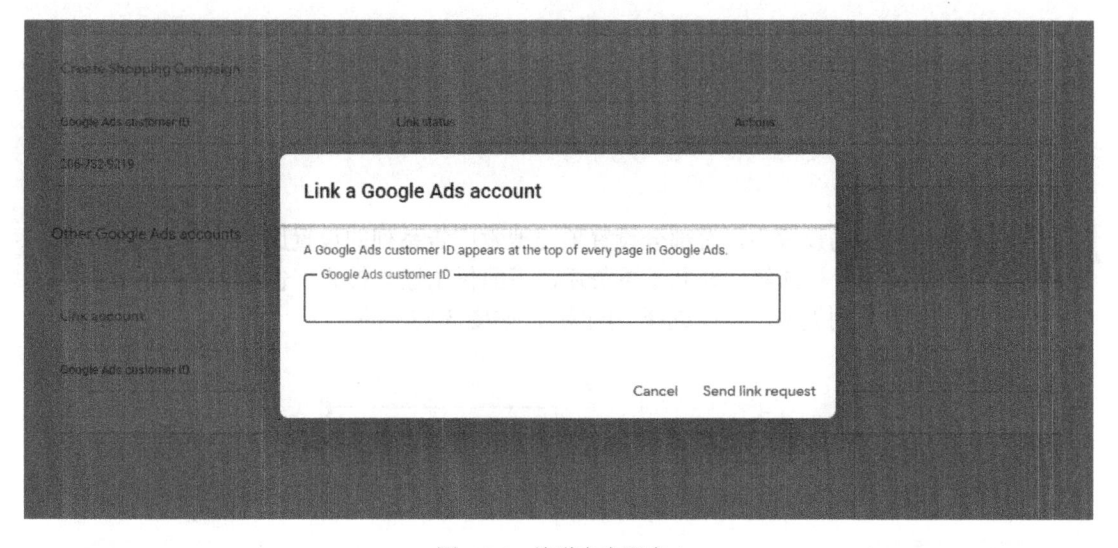

图 5-36　关联广告账户 3

（3）在商家中心发送关联请求后，需要在广告账户中的"设置和结算"区域"已关联账户"选项中找到商家中心的本次关联请求，点击"了解详情"，在弹出的对话框中点击"APPROVE"，批准此次关联请求，如图 5-37 所示。

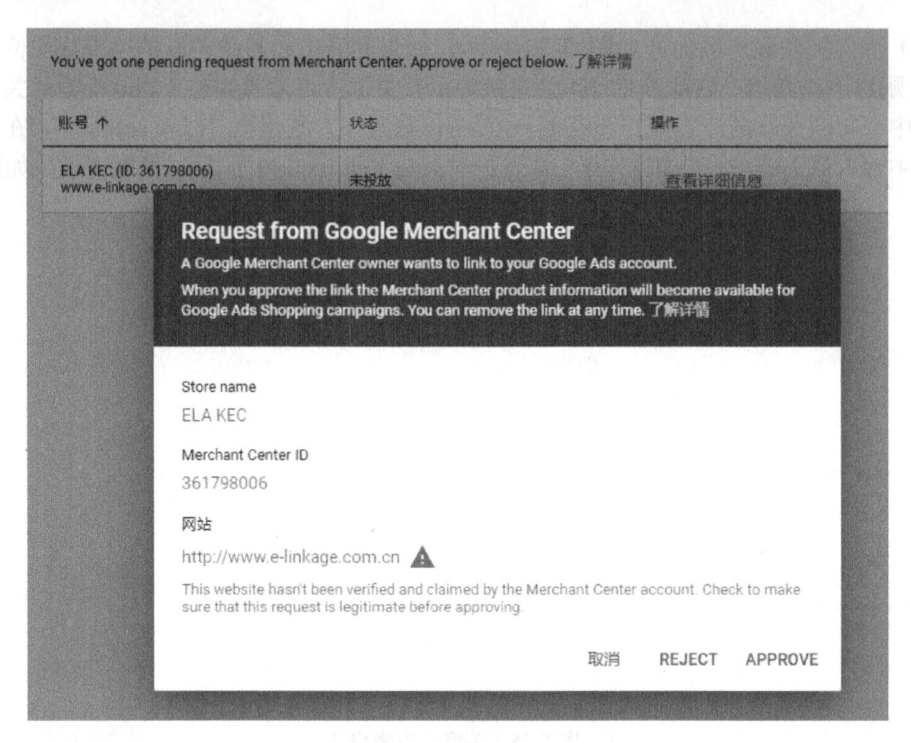

图 5-37　关联广告账户 3

5.2.4　购物广告系列的建立

在完成商家中心与广告账户的关联后，便可以在广告账户中建立购物广告系列。

1．广告系列设置

在购物广告系列的设置中，有部分设置项与搜索广告系列的设置原则及方法相同，如广告投放地理位置、出价模式等，在此不再赘述，下面仅阐述与搜索广告系列不同的设置项。

（1）选择广告系列类型，在此选择"购物"，如图 5-38 所示。

图 5-38　选择广告系列类型

（2）选择已经关联好的商家中心账户，以及产品销售的国家/地区，如图 5-39 所示。注意，这里的国家/地区选择的是对应产品的销售目标地区，与广告投放地区不同。

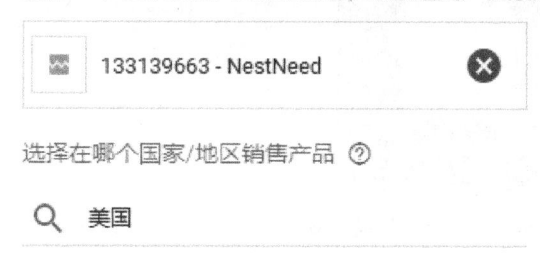

图 5-39　选择商家中心账户及销售目标地区

（3）选择广告系列子类型为"标准购物广告系列"，如图 5-40 所示。

图 5-40　选择广告系列子类型

（4）选择广告系列优先级。广告系列优先级是购物广告系列特有的设置项，其主要功能是当同一个产品在不同的广告系列中均有投放时，确定这个产品主要在哪个广告系列中投放。优先级高的广告系列中的产品将会被优先投放，如图 5-41 所示。

图 5-41　选择广告系列优先级

2．广告组设置

（1）选择广告组类型。绝大多数情况下，选择如图 5-42 所示的"产品购物"。

（2）命名广告组，如图 5-43 所示。对于一个新的购物广告系列，该系列需要根据产品的二级或二级以上分类进行细分。例如，一个销售女装的广告系列，其中的广告组应该按照"裙子""上衣""裤子"等女装类型进行分类。

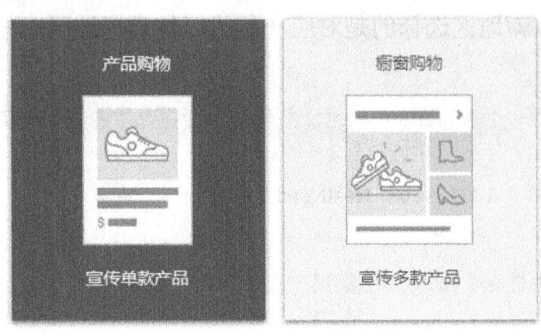

图 5-42　选择广告组类型

图 5-43　命名广告组

（3）设置广告组出价，如图 5-44 所示。类似搜索广告的广告组出价，在该组内的产品组本身未设置出价时，该产品组会自动使用广告组设置的出价。

图 5-44　设置广告组出价

（4）至此，广告组已经建立成功，但还需要进入广告组进行对应产品组的设置。进入广告组后会看到广告组自动生成了一个"所有产品"的定位，这意味着整个产品数据表里的产品均在这个广告组进行投放，但是必须根据广告组的划分将对应产品区别开来。这时，需要点击"所有产品"旁的"+"按钮，在"选择产品组"页面上选择该广告组需要投放的产品组，如图 5-45 所示。

图 5-45　选择产品组

第 5 章　购物广告操作与优化

由于购物广告的广告内容是在广告组建立成功时自动生成的，相较于搜索广告，省去了撰写广告的步骤。

经过以上步骤，一个购物广告系列就建立完成了。

5.3　购物广告优化

5.3.1　购物广告的主要报告及重点数据

1. 商家中心及产品数据问题

购物广告的核心是产品，在查看购物广告的相关报告时不能只着眼于广告数据，对商家中心及其中产品数据的报告也要关注。

（1）在商家中心页面左侧依次选择"Products"（产品）→"Diagnosis"（诊断），点击上方的"Item Issues"（产品状态）标签，可以看到所提交产品的状态，包括 Active（有效）、Expiring（即将过期）、Pending（待定）和 Disapproved（未获批准）。如果上传的产品超过两个工作日还处于"待定"状态，甚至"未获批准"，则需要及时提交申诉。定期保证数据表更新，最少一个月要更新一次，不要有"即将过期"的产品。在下方"Issue"栏中也列出了错误（红色标记）和警告（黄色标记）的产品的具体违规信息，可据此信息及时改正，如图 5-46 所示。

图 5-46　产品状态

（2）点击页面上方的"Feed Issues"（产品数据表问题）标签，如图 5-47 所示，系统会给出具体的产品数据表本身的一些错误或建议修改的信息。例如，必选属性栏缺失，提交的产品价格与实际不符等，以指导商家及时修改。

图 5-47　产品数据表问题

（3）点击页面上方的"Account issues"（账户问题）标签，系统会给出目前商家中心账户的一些错误或建议修改的信息，如图 5-48 所示。例如，账户是否因为违反政策被关闭。

图 5-48　账户问题

2．广告账户应关注的重点数据

（1）广告账户报告主要查看的重点数据有展示次数、点击次数、点击率、转化数、每次转化费用、费用等。

（2）广告系列报告主要查看的重点数据有展示次数、点击次数、点击率、转化数、每次转化费用、费用、地区、时间、设备、投放网络（合作伙伴）等。

（3）广告组报告主要查看的重点数据有展示次数、点击次数、点击率、转化数、每次转化费用、费用等。

（4）产品组报告主要查看的重点数据有展示次数、点击次数、点击率、基准点击率、每次点击费用、基准最高每次点击费用、转化次数、转化率、每次转化费用、展示份额等。

（5）产品报告主要查看的重点数据有产品 ID、展示次数、点击次数、点击率、每次点击费用、转化次数、转化率、每次转化费用、展示份额等。

其中，大部分关注的重点数据与搜索广告相同，下面介绍购物广告中的一些特有的数据。

（1）基准点击率，指其他投放购物广告的商家中的相似产品被用户点击的频率。如果自身的点击率明显低于基准点击率，那么代表购物广告缺乏一定的吸引力，需要进行优化。

（2）基准最高每次点击费用，指其他投放购物广告的商家中的相似产品的出价情况。将自身最高每次点击费用与基准最高每次点击费用进行对比，能够反映自身在出价方面的竞争力。

5.3.2　购物广告数据分析及优化目标

与搜索广告一样，购物广告也会面临流量和转化方面的问题。这就需要从购物广告的各项报告中获取相应的数据并进行分析，以明确优化目标，指导相应的优化操作。

1．优化流量分析

（1）广告系列因预算错失的展示次数份额超过 10%，由于预算不足导致流量不足。

（2）产品数据表中没有涵盖网站上的所有产品，由于可用于投放广告的产品数量不足导致流量不足。

（3）转化好的产品（组）出价低于基准最高每次点击费用，由于在竞价中缺乏竞争力导致流量少。

（4）产品（组）的点击率低于基准点击率，由于点击率低导致流量少。

（5）网站某产品（组）转化好，购物广告对应产品（组）没有流量，需要提升这部分产品（组）的流量。

（6）某个投放转化产品（组）转化好，与之类似的相关潜力产品（组）需要提升流量。

2．优化转化分析

（1）产品（组）流量低导致转化少。

（2）有转化产品（组）但转化成本高。

（3）搜索字词与产品相关度低，导致转化率低。

（4）无转化产品（组）花费高。

5.3.3 购物广告的优化操作

1．筛选产品及调整出价

购物广告在初始投放时，通常会将一些产品组成一个产品组进行投放。在投放一段时间后，部分产品在流量或转化表现方面就会出现如上一小节所列出的各种现象，这时就要将这些产品从产品组中独立出来，以进行优化。操作方法如下。

（1）进入某个广告组，找到需要调整的产品所位于的产品组，点击旁边的"+"按钮添加子类，如图 5-49 所示。

（2）进入子类选择页面，选择"产品 ID"选项，如图 5-50 所示。

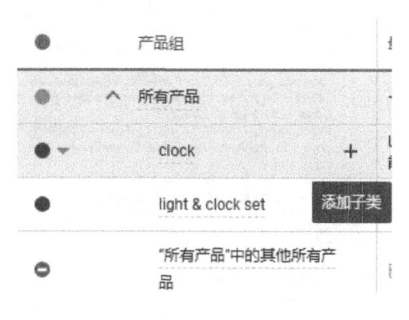

图 5-49 添加子类

图 5-50 选择子类

（3）页面上会展示出该产品组中的所有产品及对应的数据，对需要调整的产品进行勾选，或者点击下方的"手动批量添加值"，便可以将其从此产品组中筛选出来以进行调整，如图 5-51 所示。

图 5-51　筛选产品

（4）通常在筛选出产品后，会进行出价的调整。可以直接点击图 5-51 下方的"继续修改出价"按钮，进入如图 5-52 所示的页面，在"新的最高每次点击"项目下输入新的出价，或者选择"排除"项不进行该产品的广告投放。

图 5-52　产品出价调整 1

（5）也可以点击图 5-51 下方的"不修改出价而直接保存"按钮，返回产品组页面，找到该产品进行出价（最高每次点击费用）修改或排除，如图 5-53 所示。

		产品组	最高每次点击费用	点击次数	展示
☐	●	∧ 所有产品	–	66	10
☐	●	∧ clock	–	62	8
☐	●	"clock"中的其他所有产品	US$0.75（智能）	41	6
☐	●	shoplaza_us_5e4ec419 a427-431f-ae44- 0e84db272ed6	最高每次点击费用 ⦿ US$ 0.75 ○ 排除 取消 保存		2
☐	●	light & clock set			1
☐	○	"所有产品"中的其他所有产品			

图 5-53 产品出价调整 2

在如图 5-53 所示页面，同样可以对其他产品（组）进行相应的出价调整。

2．添加否定关键字

与搜索广告不同，购物广告无须制作产品相关关键字以触发广告；但与搜索广告相同，对于用户实际搜索而触发购物广告的字词，Google 也提供相应的数据报告。因此，与优化搜索广告相同，在搜索字词报告中发现的与销售产品无关或花费较多却无法带来转化的字词，要将其添加为否定关键字。

3．产品优化

除以上位于广告账户中的优化调整，购物广告的优化也需要针对产品进行。
（1）确保网站上的所有产品都加入产品数据表中，以保证整体的广告流量。
（2）保证数据质量，包括在产品出现变动时，如修改价格、上下架等，及时准确地更新数据；提供符合政策规范且能直接体现产品的高质量的图片；尽可能多地提供推荐属性。
（3）优化标题与描述。
①标题不超过 70 个半角字符；描述字数建议为 500～1000 个字符。
②产品标题在广告展示时能出现的字符数有限，因此核心信息需要前置，如"1V 5A iPhone portable charger"可以写成"portable iPhone Charger-1V 5A"。
③结合账户中触发关键字或事件性关键字进行优化：产品被关键字触发是由于标题和描述的相关性导致，因此，为了提高产品被触发的概率，对于数据表中标题和描述的优化，可以将搜索字词与网站内的产品内容相结合，对产品的标题进行相应修改。例如，产品是蜡烛，在圣诞节期间，标题可以改成"圣诞蜡烛"；在情人节期间，标题可以改成"情人节蜡烛"。网站内的标题和描述要一同更改，保证网站和数据表的内容保持一致。

5.4 购物广告编辑政策

购物广告同样需要遵循广告整体的产品政策，但与 Google 搜索广告政策相比，Google 购物广告在政策和规范方面有其特有的要求。

（1）退货地址及联系方式、退换货政策用户需要采取的措施、退货和退款的适用情形、接受退货的时间期限、用户多久会收到退款，这些内容必须容易被用户看到（要有直接清晰的链接指向）。

（2）清楚、明确地说明付款方式及用户在购买前后需承担的所有费用。产品价格（总价、货币）可能取决于额外的条件，进而影响用户需要支付的总费用。例如，定价、折扣价、会员费、合同、支付方式、加购要求、处理付款时产生的未披露的额外付款义务。

（3）价格信息和数据表保持一致。页面上出现的任何价格（如原价、折扣价）都要在数据表中体现，并保持严格准确。

（4）库存信息和数据表需保持一致。

（5）明确说明产品使用情况，包括全新（new）、翻新（refurbished）、二手（used）。

（6）标题和描述不得出现促销含义的字句，包括免运费、折扣等。

（7）行文排版符合规范，包括空格、大小写、单词拼写保证正确等。

（8）产品数据及时更新。网站上任何信息出现变动都需要及时更新到数据表里，以保持数据一致性。每 30 天需要更新一次数据，以免过期。账户出现产品拒登或封号时，数据表也要注意更新后再提交审核。

（9）取消 robots.txt 限制。例如，robots.txt 禁止 Google 抓取工具下载图片，Google 会无法抓取部分产品指定的图片，这些产品将被拒批，直到 Google 能够抓取图片为止。

（10）不要出现声称可以实现用户期待的结果，而事实上对于所有人群不能 100%实现该结果（即使该结果对于小部分人群是可能实现的），如针对医学病症的"灵丹妙药"、极其不合常理的减肥产品等。

（11）对于所有产品而言，以下属性在数据表中必须提供：ID、title、description、link、image link、price、availability。

（12）不要有不必要的标点符号重复，不要所有字母大写，不要使用"*"等与描述产品无关的符号。

（13）不要有不必要的关键字重复叠加，如 APPLE IPOD I-POD I POD。

（14）不要使用攻击性或不恰当的语言描述。

（15）图片上不能有文字，即使是品牌的标志水印也不能有。

（16）图片必须直接展示所销售的产品，产品至少占据 75%的图片面积，最多不超过 90%。最好使用纯白色或透明背景。如果是套装，则必须展示出套装内的所有产品。

（17）为每款产品提交不同的数据，并使用与之最相关的图片。例如，销售蓝色和绿色的裙子，则分别提交两条产品数据，分别使用蓝色裙子图片和绿色裙子图片。

本 章 小 结

本章主要介绍了 Google 购物广告的账户内容和优化。首先介绍了购物广告账户结构与广告账户各层级的内容，必要的商家中心的建立和产品数据的制作内容，详细讲述购物广告的建立步骤。接下来介绍了购物广告的具体优化手段，包括利用购物广告相关的数据报告进行投放效果分析，以及购物广告的优化操作。最后简单介绍了购物广告编辑政策。希望读者在认识 Google 购物广告、掌握购物广告优化方式的基础上，能够具体实践 Google 购物广告的投放和优化，实现跨境电商经营者的海外市场的直接销售，提升产品知名度并实现利润最大化。

本 章 习 题

一、选择题

1. 小张销售被 Google 归类为成人用品的产品时，应该（　　）。
A．在产品数据表中提交 product_category 属性
B．向 Google 广告帮助中心团队发送申请邮件
C．使用 adult 属性
D．在产品标题中写入"成人"字词

2. 要在不同国家/地区通过购物广告销售产品，应该（　　）。
A．以当地语言展示产品
B．每个国家/地区都使用相同的着陆页
C．所有产品都使用同一个数据表
D．价格、币种都设为美元

3. 以下哪项是产品数据中的可选属性？（　　）
A．产品 ID　　　　B．运费　　　　C．产品标题　　　　D．图片链接

4. 以下哪项是购物广告特有的数据？（　　）
A．点击次数　　　　　　　　　　B．转化率
C．基准点击率　　　　　　　　　D．实际每次点击费用

5. 以下哪些是商家中心需要设置的项目，以进行购物广告投放？（多选）（　　）
A．商家信息填写　　　　　　　　B．网站验证
C．提交产品数据　　　　　　　　D．提供营业执照

二、简答题

简述购物广告建立的步骤及要点。

三、实训题

1. 打开一个服装品牌官网，制作一份含有 30 条以上产品且符合规范的产品数据表。
2. 根据图 5-54 购物广告的呈现效果，提出优化产品数据表的建议。

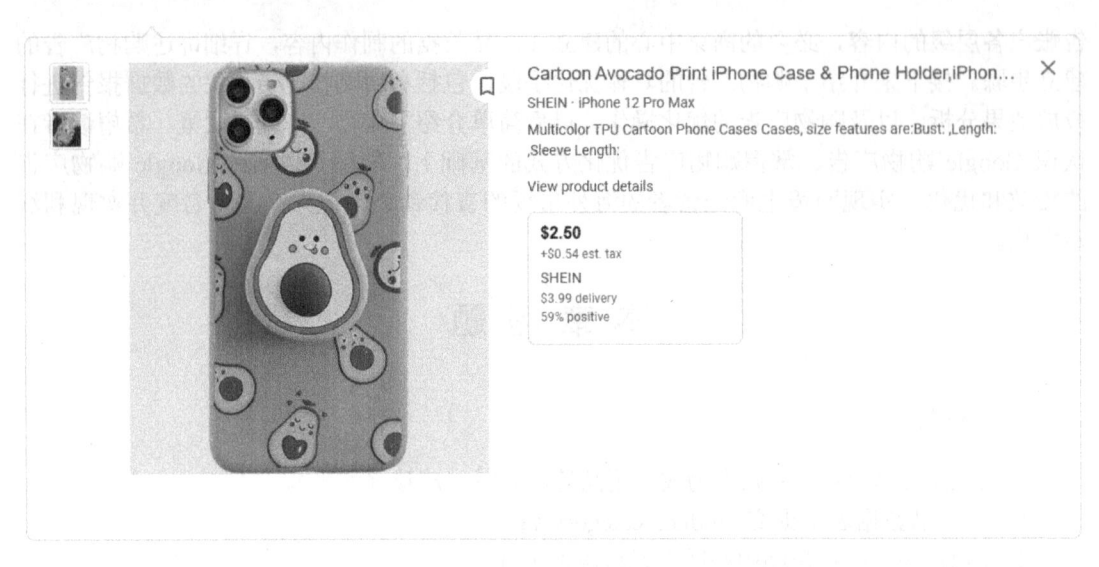

图 5-54 实训题 2

第 6 章　展示广告操作与优化

Google 的广告不止限于搜索引擎，Google 展示广告助力更高效投放。

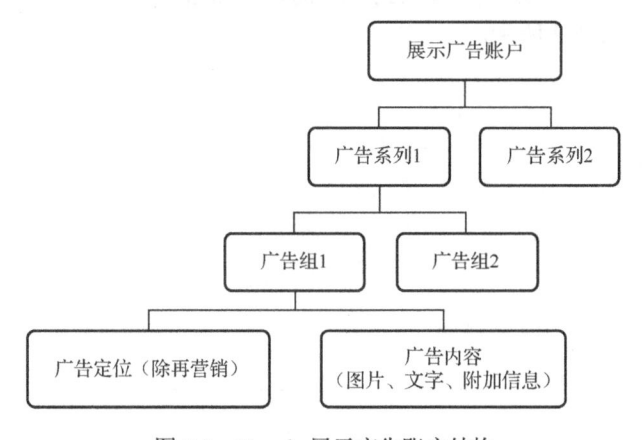

6.1　Google 展示广告账户内容

当在 Google 展示广告网络上投放广告时，广告可能会出现在众多网站、移动应用和视频内容中。Google 展示广告网络囊括超过 200 万家网站，覆盖全球 90% 以上的互联网用户。

6.1.1　Google 展示广告账户结构

如图 6-1 所示，Google 展示广告账户结构类似搜索广告账户。

图 6-1　Google 展示广告账户结构

从整个广告账户结构来看，搜索广告是以关键字的形式定位，而展示广告是以不同的广告定位方式进行定位，具体的展示广告定位方式在第 3 章中已详细阐述。

6.1.2　Google 展示广告账户各层级内容说明

1. 广告系列

广告系列包含使用相同的预算、地理位置定位和其他设置的多个广告组，Google Ads 账户可投放一个或多个广告系列。在广告系列中可以设置包括预算、语言、地理位置、投放设备、网络、移动操作系统、广告展示频次等。

2. 广告组

广告组包含定位到一系列展示网络定位方式的一个或多个展示广告。在广告组中可以设置广告组出价、广告轮播选项等。

3. 定位方式（除再营销）

通过选择不同的定位方式，使广告覆盖不同特征的用户，还可以选择在哪些网站或网页上展示广告。

4. 广告内容

广告内容指以图片、视频、HTML5 等富媒体形式呈现的宣传产品或者服务的内容。

5. 附加信息

通过附加地址信息、附加关联商户地址信息及附加电话信息这 3 种形式，展示更多宣传内容，吸引更多点击量，以提升广告效果。

6.2 展示广告的建立

（1）进入广告账户，来到"广告系列"页面，先点击页面中"+"号按钮，再点击"新广告系列"按钮，如图 6-2 所示。

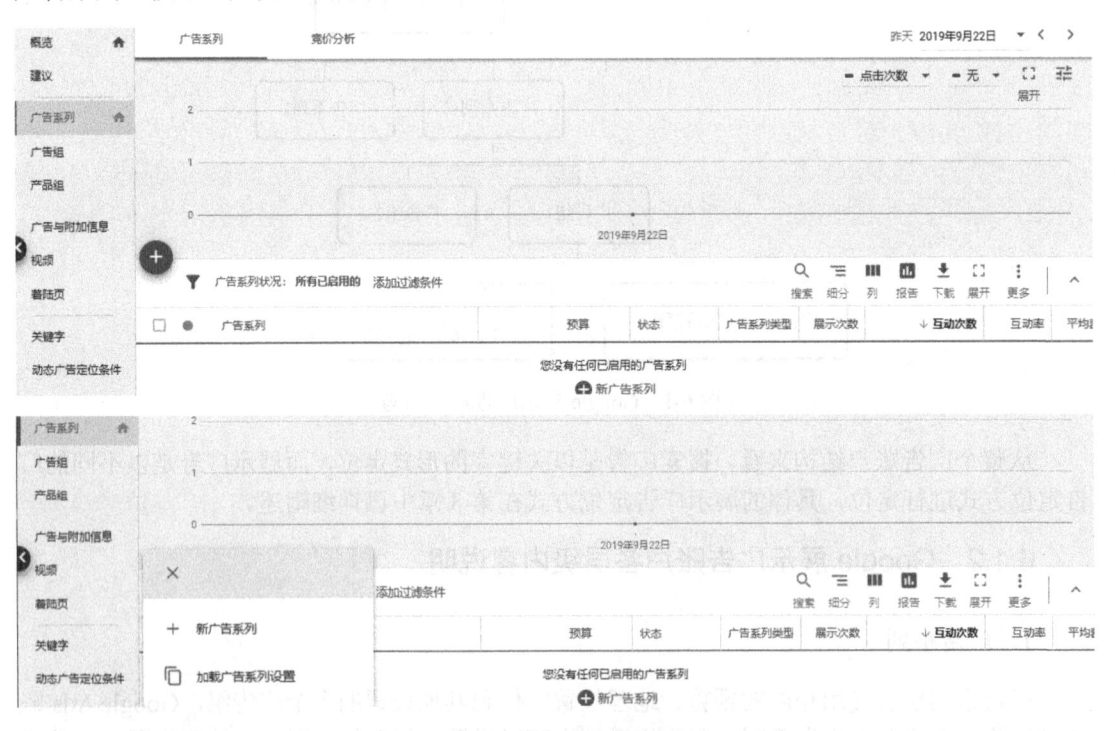

图 6-2 新建广告系列

（2）选择广告系列目标，Google 会根据不同的目标建议不同的广告系列，通常选择"在没有目标导向的情况下制作广告系列"项，如图 6-3 所示。

图 6-3　选择广告系列目标

（3）选择广告系列类型为"展示"，按需选择"广告系列子类型"后填入推广网址，如图 6-4 所示。

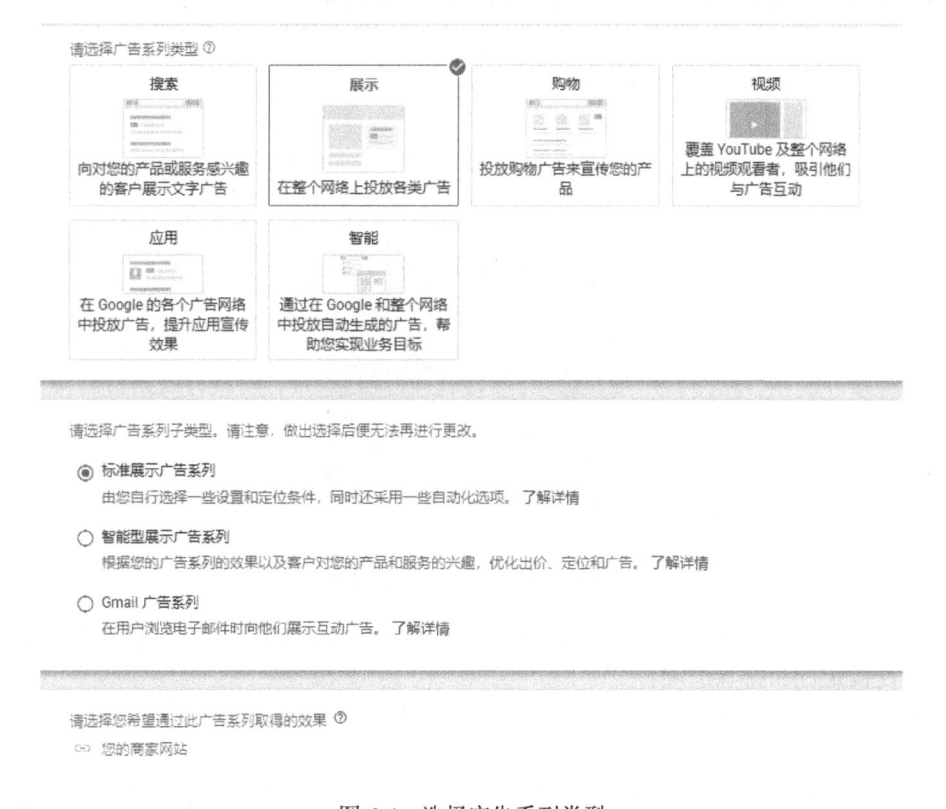

图 6-4　选择广告系列类型

借助 Google 展示广告网络，商家的广告将会在与 Google 合作展示广告的其他网站上展示。

展示广告系列类型有标准展示广告系列、智能型展示广告系列和 Gmail 广告系列。一般

137

有具体定位目标,并且对广告创意有严格要求时,选择标准展示广告系列;对展示定位方式没有特殊要求时,可以选择智能型展示广告系列,智能型展示广告系列是利用 Google 人工智能技术智能化投放广告,人为可干预因素较少;Gmail 广告系列是针对 Gmail 投放的广告,商家希望投放广告到 Gmail 平台时可以选择该选项。

(4) 命名广告系列,如图 6-5 所示,并进行地理、语言设置。

广告系列名称　　　　　　展示广告网络-1

图 6-5　命名广告系列名称

商家可以在这里输入广告系列的名称。虽然 Google Ads 会为商家指定一个默认的广告系列名称,但商家应选择一个可以清楚说明广告系列主题的名称,以便自己在账户中可轻松找到此广告系列。广告系列名称不会向商家的客户显示。

命名展示广告系列有利于管理账户,建议把投放区域、投放的产品,以及投放的定位方式直接体现在名称中。

(5) 设置广告系列投放地理位置及语言,如图 6-6 所示。

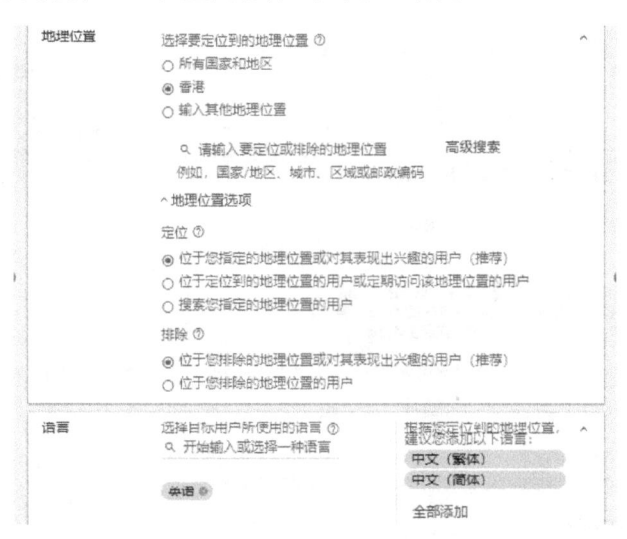

图 6-6　地理位置及语言设置

设置广告投放地理位置:选择要投放的国家或者输入地名(如国家名称)获取提示后进行选择;设置定位和排除选项。

设置语言:选择广告投放语言,语言选择直接影响可投放的广告位的多少,一般展示广告语言定位取决于投放广告的语言及投放地区的官方语言。

广告系列中的广告会展示给位于指定地理位置的用户,或者展示给将商家的指定语言设置为浏览器语言的用户。我们建议商家选择在向客户提供服务时所使用的语言。

(6) 设置完地理位置及语言后,需要对展示广告设置预算及出价方式,如图 6-7 所示。

第 6 章　展示广告操作与优化

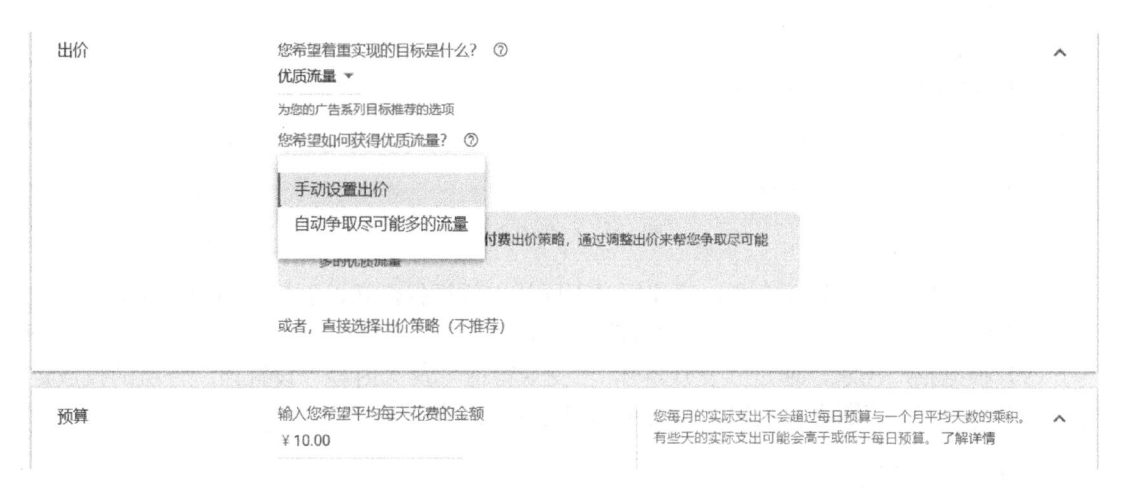

出价	您希望着重实现的目标是什么？ 优质流量 ▼ 为您的广告系列目标推荐的选项 您希望如何获得优质流量？ 手动设置出价 自动争取尽可能多的流量 或者，直接选择出价策略（不推荐）	付费出价策略，通过调整出价来帮您争取尽可能	∧
预算	输入您希望平均每天花费的金额 ¥ 10.00	您每月的实际支出下会超过每日预算与一个月平均天数的乘积。 有些天的实际支出可能会高于或低于每日预算。了解详情	∧

图 6-7　预算及出价方式设置

可以选择手动设置商家对广告点击的出价，也可让 Google Ads 为商家代劳。根据商家广告系列的类型，商家可能会看到额外的出价选项。出价策略控制如何针对用户与商家广告的互动进行出价。出价限制是指商家愿意针对广告组中的广告所获得的每次点击支付的最高金额。预算是指商家每天愿意为广告系列支付的平均金额。预算的多少完全由商家自己决定，而且商家随时都可以对预算金额进行调整。

预算及出价方式的选项等同于搜索广告中的设置。选择手动出价时，广告组会要求设置广告组出价。

（7）按需进行转化次数、广告投放时间、广告轮播方式等设置，如图 6-8 所示。

广告轮播	优化：优先展示效果最佳的广告	∨
广告投放时间	全天	∨
开始日期和结束日期	开始日期：2021年3月22日　结束日期：未设置	∨
设备	在所有设备上展示	∨
广告系列网址选项	未设置任何选项	∨
动态广告	无数据 Feed	∨
转化次数	为您的账号设置转化跟踪，以跟踪对您重要的操作	∨
排除内容	在所有内容上展示广告	∨

图 6-8　展示广告系列选项设置

广告系列会定位所有类型的设备，包括桌面设备、平板电脑和移动设备。日后商家可以选择针对不同的设备定制广告。

展示广告与搜索广告的不同之处在于设备可以直接选择投放的设备操作系统、设备的型号以及投放的网络（WiFi 或运营商）。

（8）设置完广告系列选项后进入广告组设置，命名该广告组，如图 6-9 所示。

国际搜索引擎优化与营销

图 6-9　广告组命名

关于展示广告的广告组命名，建议针对不同的定位进行命名，例如不同的兴趣、不同的人群、不同的主题，这样有助于对账户的优化管理。

（9）根据推广需求，通过"受众群体""受众特征"及"内容"设置该广告组的投放定位，并对内容定位范围进行设置，如图 6-10 和图 6-11 所示。

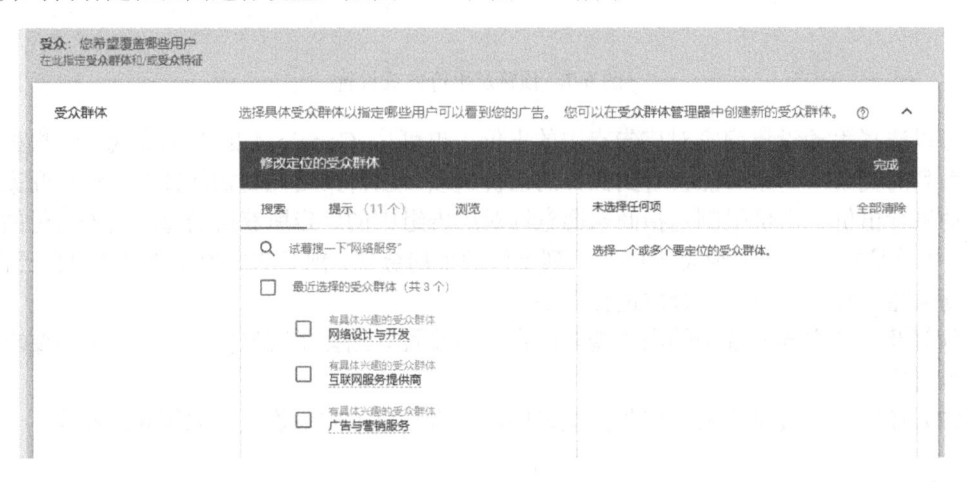

图 6-10　受众群体选择

图 6-11　受众特征及内容定位

受众是根据用户的行为和兴趣进行定位的，而内容是根据关键字、主题或展示位置进行定位的。

（10）选择完广告组定位，在出价策略选择手动出价后，接下来需要设置广告组出价，如图 6-12 所示。

图 6-12　广告组出价

（11）根据所需宣传的内容，将制作好的广告图片上传，并撰写自适应型广告，如图 6-13 所示。

图 6-13　制作自适应型展示广告

自适应型展示广告将成为展示广告网络中的默认广告类型。此类广告既可用于标准展示广告系列，又可用于智能型展示广告系列。要制作自适应型展示广告，只需上传广告主的素材资源（图片、标题、徽标、视频和广告内容描述），Google 就会自动生成要在 Google 展示广告网络中展示的广告。

制作自适应型展示广告时，商家可提供标题（最多 5 条）、广告内容描述（最多 5 条）和徽标，且最多可提供 15 张营销图片。Google 会采用机器学习算法，将这些素材资源组合为在网站和应用中展示的各种形式，同时不断优化来提升效果。

制作自适应型展示广告步骤如图 6-13 所示：

首先，添加并保存广告主的图片和徽标，点击"+视频"按钮，添加视频的 YouTube 链接（添加与 Google Ads 已经关联好的 YouTube 账户中的视频）。然后，填写广告主的广告信息（撰写文字部分），右侧可直接预览广告，点击保存。

如果广告主想更好地控制展示广告系列中的广告素材，那么还可以制作并上传广告主的图片广告。上传的图片广告是在 Google Ads 之外（例如 Google Web Designer）制作的，并以 ZIP 文件的形式上传到 Google Ads 中。

最后，检查进行的各项设置是否符合实际推广计划及要求，如图 6-14 所示。

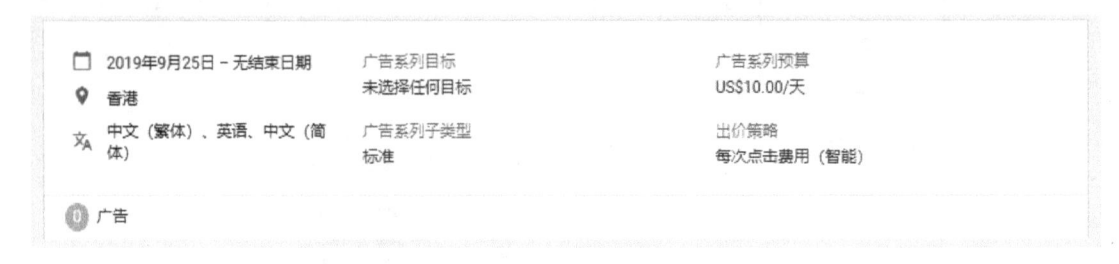

图 6-14　设置检查

6.3　建立再营销广告

6.3.1　建立标准再营销广告系列

1．添加再营销代码

关于添加再营销代码的内容，在本书第 3 章已经详细介绍。

2．建立再营销列表

一个再营销列表就是一组网站访问者或应用用户，通过添加到商家的网站或应用中的代码段加以收集。创建再营销列表时，商家需要设置规则来指定应在什么条件下将访问者或用户添加到列表中。还需要指定成员资格有效期，以表明商家希望访问者或用户保留在列表中多长时间。创建好再营销列表后，商家需要将其添加到广告系列的广告组定位条件中，以便向列表中的访问者或用户展示广告。

建立再营销列表步骤如下所述。

（1）选取一个大型综合网站，如 amazon.com 等，在 Excel 表格中列出不同类型的产品线及转化流程页面及其 URL 规则，如图 6-15 所示。

转化流程页面			产品线页面	
购物车	/cart		服饰类	/apparel
订单信息页面	/order		电子类	/electronics
付款成功	/thankyou		家居类	/homegarden
			美妆类	/beauty

图 6-15　产品线及转化流程页面

（2）根据步骤（1）中总结出的产品和网站的内容，结合受众成员资格有效期，在 Excel 表格中列出所要建立的详细的再营销列表，如图 6-16 所示。

第 6 章 展示广告操作与优化

	再营销列表	转化流程		受众成员资格有效期	
8					
9	再营销列表	转化流程		受众成员资格有效期	
10		没有到购物车页面	3天	7天	30天
11	看过服饰类	购买了的用户	3天	7天	30天
12		没有付款的用户	3天	7天	30天
13		没有到购物车页面	7天	14天	30天
14	看过电子类	购买了的用户	7天	14天	30天
15		没有付款的用户	7天	14天	30天
16					
17					

图 6-16　建立再营销列表

（3）准备好再营销列表的各项内容后，来到"创建受众群体"页面，填写相应内容，建立对应的列表，如图 6-17 所示。

图 6-17　创建受众群体

刚创建的列表是空的，没有任何访问者或用户。但随着用户访问商家的网站或使用商家的移动应用，系统会根据商家设置的规则将他们添加到列表中。为了确保访问者或用户能添加到商家的列表中，请务必在商家的网站上添加相应的代码或在商家的移动应用中启用再营销。

要向再营销列表中的用户投放广告，需满足一定的要求，具体要求因投放的网络而异。该估算的列表规模的准确性会受到列表设置、代码安装至今已经过去的时长、广告系列设置及其他一些因素的影响：

①如果要投放到 Google 展示广告网络，那么列表在过去 30 天内必须有至少 100 名活跃访问者或用户。

②如果要投放到 YouTube，那么列表在过去 30 天内必须有至少 1000 名活跃访问者或用户。

③如果要投放 Gmail 广告，那么列表在过去 30 天内必须在展示广告网络中有至少 1000 名活跃访问者或用户。只有登录到 Gmail 的用户，才会添加到 Gmail 再营销列表中。

商家可以设置成员资格有效期，指定访问者或用户在列表中保留的时长。在访问者或用户的成员资格有效期结束时，系统就会将他们从列表中移除，除非他们再次使用商家的网站或应用（在这种情况下，系统会重新按商家设置的有效期计时）。商家有责任遵守适用法律规定的任何有效期限制，如表6-1所示。

表 6-1　成员资格有效期

投 放 网 络	默认有效期	最长有效期
展示广告网络	30 天	540 天
Google 搜索网络	30 天	540 天

①如果商家设置的有效期长于允许的上限，那么在达到最长有效期后，系统将从再营销列表中移除访问者或用户。

②如果商家更改列表的成员资格有效期，那么商家在 Google Ads 账户中看到的列表规模可能会暂时出现不准确的情况。

③如果商家在列表已经积累了一些访问者或用户的情况下更改成员资格有效期，那么新的有效期设置将会应用于列表中所有现有的及日后添加的访问者或用户。例如，如果商家设置的有效期是 60 天，而后商家又将其缩短为 30 天，那么系统将移除在 31～60 天前加入列表的所有访问者或用户。相反，如果商家设置的有效期为 30 天，而后商家又将其延长至 60 天，那么列表上已有的所有访问者或用户均可在列表中保留长达 60 天。

选择有效期时，应考虑访问者在访问商家的网站或应用多久后向他们展示广告还有意义。一般来说，成员资格有效期应该与销售周期的长度大体相当。

3．建立标准再营销广告系列

标准再营销广告系列本质上属于展示广告系列，因此对于广告系列、广告组及广告的设置，与展示广告的设置内容没有区别。相较于其他定位方式的展示广告，再营销仅是再定位方式的设置有所不同，因此在广告组选择定位方式的时候选取"受众群体"下已经建立好的在某广告系列和广告组中需要投放的再营销列表即可，如图6-18、图6-19所示。

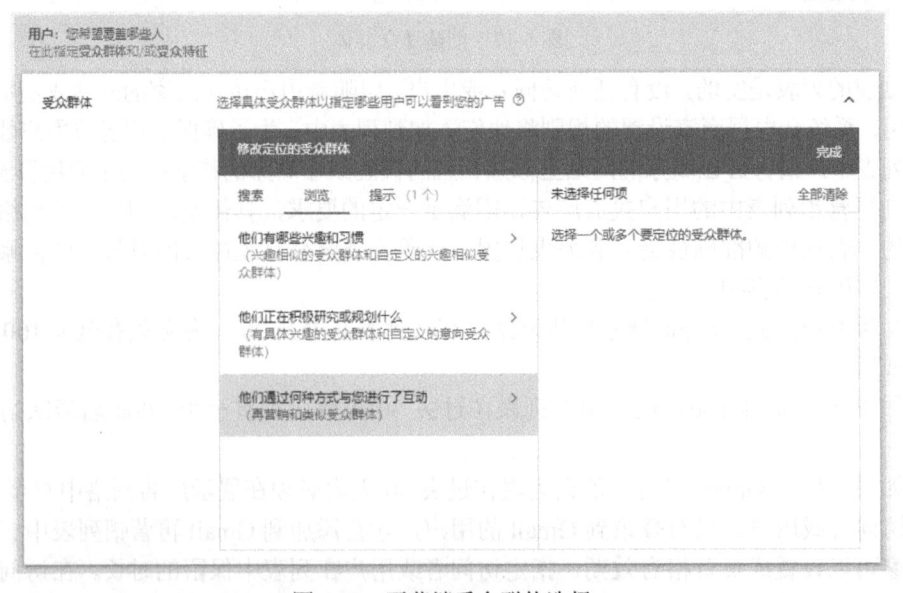

图 6-18　再营销受众群体选择 1

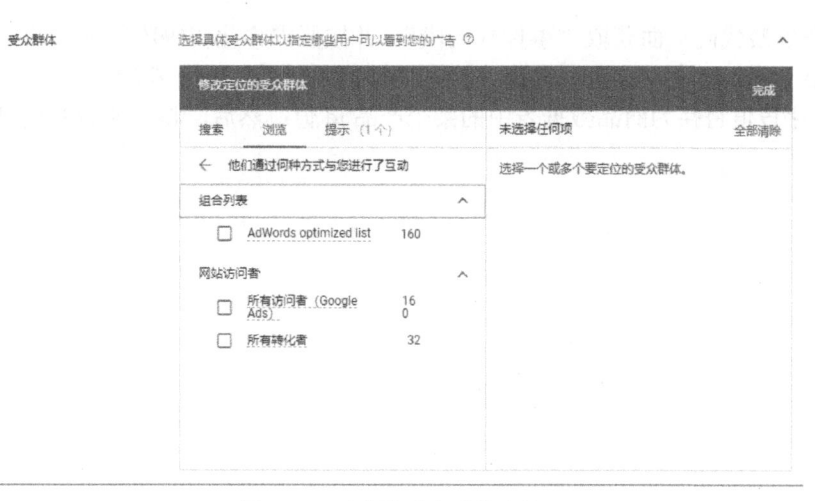

图 6-19　再营销受众群体选择 2

6.3.2　建立动态再营销广告系列

动态再营销广告本质上属于再营销广告，因此在建立广告系列、广告组、设置再营销受众、广告设置方面与标准再营销广告大同小异，下面介绍动态再营销不同的设置要点。

1．设置代码

（1）在"创建 Google Ads 代码数据源"时，选择"收集用户在您网站上执行的特定操作的数据，以展示个性化广告"项，如图 6-20 所示。

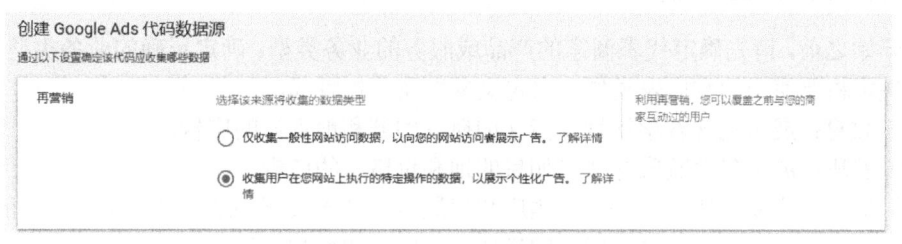

图 6-20　创建代码数据源

（2）选择所销售产品或服务对应的行业，以最常见的"零售"为例，如图 6-21 所示。

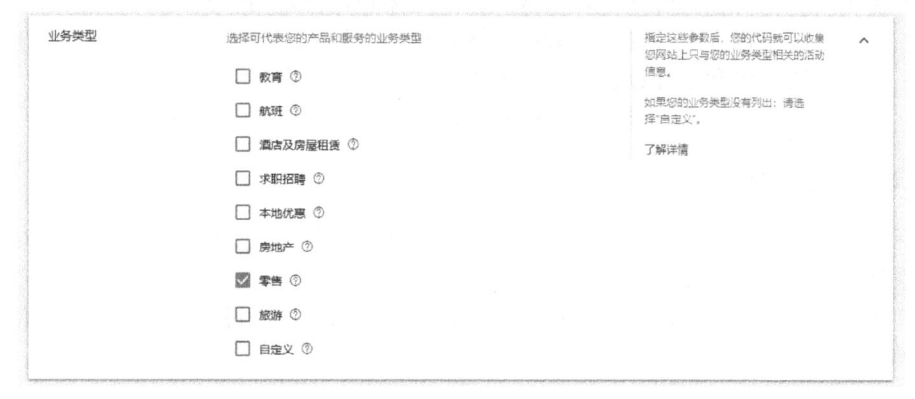

图 6-21　选择业务类型

（3）在安装代码页面获取"事件代码段"，并按要求将此代码段复制、粘贴到跟踪的网页的 <head></head> 标记之间，紧跟在全局网站代码之后，如图 6-22 所示。首先，将代码中的"id"字段值替换为商品数据表中的某个产品 id 值；然后，将修改后的代码段保存至该产品页面上。

事件代码段　　　　　　　事件代码段用于跟踪不同的操作和参数。在您要跟踪再营销事件的网页上需添加此代码段。

请复制下面的代码段，并将其粘贴到您要跟踪的网页的 <head></head> 标记之间，紧跟在全局网站代码之后。

```
<script>
gtag('event', 'page_view', {
  'send_to': 'AW-750322871',
  'items': [{
    'id': 'replace with value',
    'google_business_vertical': 'retail'
  }]
});
</script>
```

图 6-22　设置再营销代码

2．关联商家中心账户

动态再营销广告将根据产品 ID 从商家中心中获取产品图片、名称和价格，并在广告中展示相关信息，因此 Google 广告账户与商家中心账户需要进行关联才可实现动态再营销广告推广，具体操作在本书第 5 章中有详细阐述。

3．确定商家的业务类型

在开始之前，请先确定代表商家的产品或服务的业务类型。确定正确的业务类型很关键，因为它决定将要使用的数据表类型、自定义参数及广告版式。

（1）教育：展示包含教学计划详情（如研究领域和地点）的广告。

（2）航班：展示包含航班详情（如目的地和价格）的广告。

（3）酒店及房屋租赁：展示包含酒店和房屋租赁详情（例如地点和星级评分）的广告。

（4）求职招聘：展示包含求职招聘详情（如职位和薪酬）的广告。

（5）本地优惠：展示包含优惠详情（如说明和价格）的广告。

（6）房地产：展示包含房地产详情（如房源名称和价格）的广告。

（7）零售：展示包含产品详情（如产品图片和价格）的广告。

（8）旅行：展示包含旅行详情（如目的地和价格）的广告。

（9）其他（自定义选项）：展示包含产品或服务详情（如说明和价格）的广告。

4．设置广告系列

与标准再营销广告系列设置有所不同，在制作动态再营销广告系列时，需要将 Feed 附加到广告系列中。

在广告系列设置页面，从"其他设置"中找到"动态广告"设置项，并勾选"使用数据 Feed 量身定制个性化广告"，如图 6-23 所示。

图 6-23　动态广告设置

6.3.3　再营销及动态再营销广告素材制作

1. 再营销广告素材制作

再营销广告本身就是展示网络广告，其广告制作流程与展示广告流程一致，唯一的不同之处在于要针对不同的再营销列表进行对应的广告创意制作，该广告创意有别于用户第一次进入网站时看到的广告，需要针对不同的用户属性，来制作针对性的广告。

例如，对于加入购物车但用户没有下单的产品，其再营销广告除了产品的图片，还需要了解为何用户没有下单，是否是价格或者物流费用导致用户的流失，因此广告文字或内容中可以提供一些折扣券、免运费优惠信息来测试能否提高这类再营销用户列表的转化率。

2. 动态再营销广告素材制作

动态再营销广告系列会根据商家所控制和添加到广告系列中的商品 Feed 向客户显示量身定制的内容。

制作动态再营销广告时，系统会提示"一个零售 Feed 已附加到此广告系列"，然后按需填写价格前缀和宣传文字内容，选取号召性用语文字，甚至对文字颜色等进行自定义调整，如图 6-24 所示。

图 6-24　动态再营销广告制作

注意事项：

一些使用标准动态广告的广告客户，开始时会在自己的动态广告系列中看到已设置好的、推荐使用的自适应型展示广告。但在审核和启用前，这些广告将保持暂停状态。

在 Google Ads 中，现有的标准动态广告将处于只读状态，但仍会投放，除非广告客户将其暂停。

6.4 展示广告优化

6.4.1 展示广告的主要报告及重点数据

1. 报告查看方式

查看展示广告系列报告的操作与搜索广告数据报告相同，唯一的不同之处在于报告的字段中添加了浏览型转换这一项。

2. 主要报告及对应查看数据

（1）关键字（展示广告/视频广告关键字）。

展示次数、点击次数、点击率、CPC、转化次数、转化率、每次转化费用、浏览型转化。

（2）展示位置（展示网站）。

展示次数、点击次数、点击率、平均每次点击费用/平均每千次展示费用、转化次数、转化率、每次转化费用、浏览型转化。

（3）展示位置（展示广告的位置）。

展示次数、点击次数、点击率、CPC、转化次数、转化率、每次转化费用、浏览型转化。

（4）主题。

展示次数、点击次数、点击率、CPC、转化次数、转化率、每次转化费用、浏览型转化。

（5）受众群体（兴趣群体/自定义受众群体）。

展示次数、点击次数、点击率、CPC、转化次数、转化率、每次转化费用、浏览型转化。

（6）受众特征。

年龄、性别、生育状况、家庭收入各标签下的展示次数、点击次数、点击率、CPC、转化次数、转化率、每次转化费用、浏览型转化。

（7）广告系列。

针对广告系列，须查看的指标和数据项为花费、设备、地区、时间段、频次。

6.4.2 展示广告数据分析及优化目标

1. 提升点击率

展示广告的点击率不同于搜索广告，其点击率通常较搜索广告的点击率低，而提高展示广告点击率的方法主要在广告账户结构和广告素材的优化上。

（1）广告账户结构优化。

从展示广告报告数据中主要分析不同的受众和内容的效果，根据效果的不同进行展示广告系列账户结构调整,暂停低效能的定位方式,扩大高效能定位方式的预算及出价,从而提高整体推广的效果。

(2)广告素材优化。

展示广告素材的优化主要针对广告文字、广告图片及视频广告内容进行优化,从而提升点击率效果。展示广告文字内容的优化同搜索广告中的文字优化技巧,本章节主要针对多媒体广告进行详细阐述。

①图片广告优化之图片内容。

内容核心:图片直接突出用户需求与利益,如图 6-25 所示。

图 6-25 图片直接突出用户需求与利益

②图片广告优化之图片文字。

- 避免图片上有过多的文字,少量单词突出卖点及优势即可。虽然 Google 不像 FB 对图片上的文字面积有绝对的比例限制,但由于用户浏览习惯的影响,图片上过多的文字反而会造成视觉疲劳。
- 主题应使用主图背景做到突出,而不是大量文字说明。
- 所有文字都应易于阅读和理解,行文要完整且有实际意义。
- 及时根据网站促销进行图片及文字内容更新。
- 使用适当 CTA。
- 不要违反政策。

2. 提升转化

展示网络广告的转化量的提升其实就是定位方式的优化。如果在某种受众和内容的定位方式中,某个网站或展示广告位效果不好,那么可以对该展示位进行排除。这种优化方式要对 Google 定位和观察的内容进行了解。

(1)定位与观察。

Google 为商家提供了多种不同的广告系列和广告组定位方式,有助于商家覆盖潜在客户。商家可以通过选择定位条件来对广告进行定位,比如指定商家想要覆盖的受众群体,或指定商家希望在其中展示广告的内容。

在某些情况下,商家可能需要针对符合特定条件的客户观察广告效果,但又不希望将广告限制为仅在符合该定位条件时展示。使用观察功能,商家就可以在不限制广告覆盖面的情况下监测一些定位条件的效果,据此针对这些条件设置自定义出价。

其中不同定位方式共同作用时,通过"定位"和"观察",又有不同的影响,如图 6-26 所示。

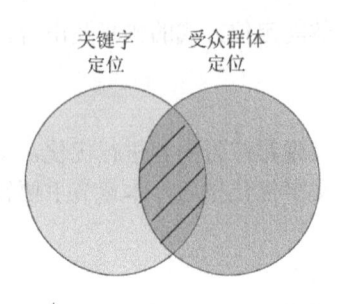

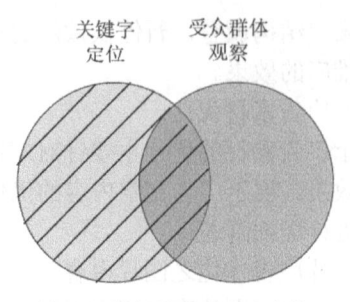

图 6-26 定位与观察

(2) 定位设置简介。

当商家为广告系列或广告组使用定位设置（如兴趣相似的受众群体、展示位置或再营销）时，实际上是在告诉 Google Ads 商家希望自己的广告覆盖哪些受众群体，或者商家希望自己的广告在互联网中的哪些位置展示。

对于展示广告系列，如果商家没有向广告组添加定位方式，则广告展示位置仅受到广告系列及账户设置（例如内容排除、地理位置和语言等）的限制。这意味着，只要不超出商家的广告系列及账户设置的范围，商家的广告就可以在整个网络上的任意位置展示，包括展示广告网络和 YouTube。

①适用情形。

如果商家想缩小广告组的覆盖面，使其仅面向特定受众群体展示，或者仅在商家所选的特定内容中展示，则在广告组或广告系列中使用定位设置。建议所有广告客户在展示广告系列中均使用定位设置。

②注意事项。

a. 定位会限制广告组的覆盖面。

b. 除缩小覆盖面之外，商家还可以选择在商家的定位范围内对特定条件使用自定义出价或出价调整。

(3) 观察设置简介。

使用观察设置时，广告系列或广告组的覆盖面不会受到影响。也就是说，观察设置不会改变广告的目标受众群体，也不会改变广告的展示位置。不过，在广告系列投放期间，商家可以使用观察设置来监测广告针对自选展示位置、主题或受众群体的效果。请注意，观察功能显示的是在商家现有定位条件的范围内增设附加条件的效果。

商家可以使用这些数据来作为指导，以便在广告系列中采取进一步举措，比如设定针对特定条件的出价调整。商家也可以根据观察结果决定在创建新广告组时的定位条件。

商家可以转到"修改所有定位条件"页面来应用"观察"设置。如果某种定位方式尚未用于广告组定位，那么商家可以从该方式的报告页面将其添加为观察方式。请注意，商家在首次制作广告组时无法添加观察方式。

①适用情形。

如果商家不想进一步缩小广告系列或广告组的定位范围，但又希望监测某些定位条件对广告效果的影响，请使用观察设置。建议对所有搜索广告系列以及更高级广告客户的展示广告系列均使用观察设置。

②注意事项。
- 观察设置不会限制广告系列或广告组的覆盖面。
- 系统将针对符合所选的观察及定位条件的广告报告相关数据。
- 除了观察相应定位条件的效果,商家还可以选择根据观察范围内的特定条件使用自定义出价或出价调整。建议详细了解展示广告网络上的出价功能。

(4) 示例。

①定位。

艾比有一家销售女式摩托车夹克的店铺。对于她的广告组"女性摩托车手",艾比选择了受众特征下的"女性"性别,并选择"摩托车爱好者"作为兴趣相似的受众群体。这些"定位"选项将缩小她的广告组覆盖面,因此她的广告只会展示给对摩托车感兴趣的女性。

②观察。

艾比想知道她的客户中是否有许多人有意购买运动服。她想了解更多信息,但又不希望进一步限制她的广告组覆盖面。她点击"受众群体"页面上的铅笔图标,选择相应的广告系列,然后根据"他们正在积极研究或规划什么"选择相应受众群体,再选择服饰与配饰,随后选择运动服作为观察条件。

通过这一观察设置,艾比可以查看相应的报告,了解针对有意购买运动服的女性摩托车爱好者的广告展示次数。需要注意的是,系统只会报告与现有定位条件交叉的观察数据(本示例中为"运动服、女性和摩托车爱好者")。

因此针对上述群体(对运动服同样感兴趣的女性摩托车爱好者),如果面向她们的广告收效有别于其他广告,那么艾比就可以针对该受众群体调高或调低出价。如果她想为这些对运动服感兴趣的用户提供特殊着陆页或专属优惠,那么她还可以创建一个定位到这些用户的新广告组。

(5) 定位和观察的适用范围。

在投放到展示广告网络的广告系列中建议使用定位。商家可以对以下条件进行定位:
- 受众群体。
- 展示位置。
- 主题。

"受众特征"和"展示广告网络关键字"仅可使用标准定位设置。请注意,默认情况下会定位到所有受众群体,除非商家做出更改。在搜索网络广告系列和购物广告系列中,建议商家可以针对受众群体(包括搜索广告再营销列表)使用"观察"。在视频广告系列中,建议使用"定位",无法使用"观察"。在默认情况下,所有方式都使用标准定位条件。

3. 其他设置优化

可以针对展示广告系列的地区、语言、设备、投放时间段进行更多精细化优化,暂停较差的地区、设备、投放时间,针对较好的地区、设备和投放时间进行出价提升,从而提高广告的点击率和转化率。

6.4.3 再营销广告数据分析及优化目标

对于再营销广告来说,查看主要报告及重点数据、指标项,其实就是针对不同的受众人群即以再营销列表为核心的潜在受众群体进行的数据报告的分析。

1. 再营销数据报告查看

（1）受众群体：再营销列表类型报告。

针对受众群体的报告，在受众群体标签下主要查看的核心指标和数据包括：类型为再营销列表的展示次数、点击次数、点击率、CPC、转化次数、转化率、每次转化费用、浏览型转化次数，如图 6-27 所示。

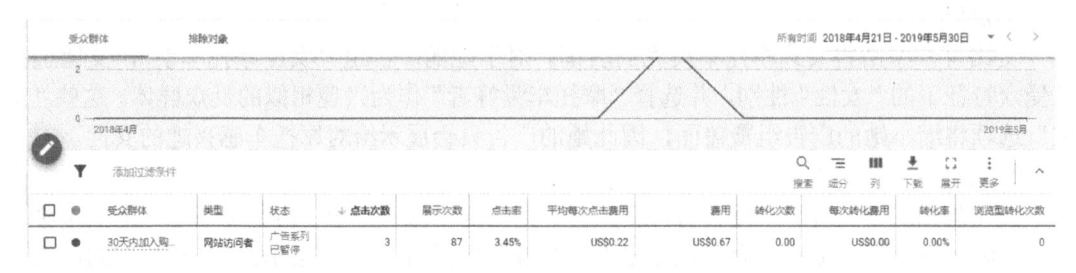

图 6-27　再营销受众群体数据查看

再营销列表报告根据不同的目的，其对应列表的数据查看目的不同：
- 订单流程的再营销列表关注转化率和转化次数；
- 品类之间的拉新，关注点击次数、点击率和转化率；
- 已下单用户的再营销列表关注投放后的点击率和转化率。

（2）广告创意报告。

针对广告，须查看的指标和数据项为点击率、展示次数、转化率，如图 6-28 所示。

图 6-28　广告数据查看

再营销广告创意报告是所有报告中较为重要的，因为再营销列表是根据提前设置的逻辑进行预设，也就是事前预计管理，而针对再营销列表的广告创意会直接影响最终的效果表现。

2. 再营销列表优化

对于再营销列表，需要明确的知道什么样的列表属于较差的列表。

（1）列表过于宽泛。
- 受众数量多，没展示；
- 受众数量多，有展示，没点击，点击率差；
- 受众数量多，有点击，转化差。

（2）列表过于局限。

这会导致受众数量少，没展示。

针对较差的再营销列表，就算广告创意再好，实际的推广效果也一定会大打折扣。所以优化再营销列表，设置合乎逻辑的再营销列表，是再营销广告成功的最重要步骤之一。

接下来举 3 个例子来帮助大家更好地理解如何优化再营销列表。

案例 1：查看产品但没有加入购物车，如图 6-29 所示。

图 6-29　查看产品但没有加入购物车

案例 2：加入购物车但没有形成订单，如图 6-30 所示。

图 6-30　加入购物车但没有形成订单

案例3：用户购买了一段时间后，回到网站进行复购，如图6-31所示。

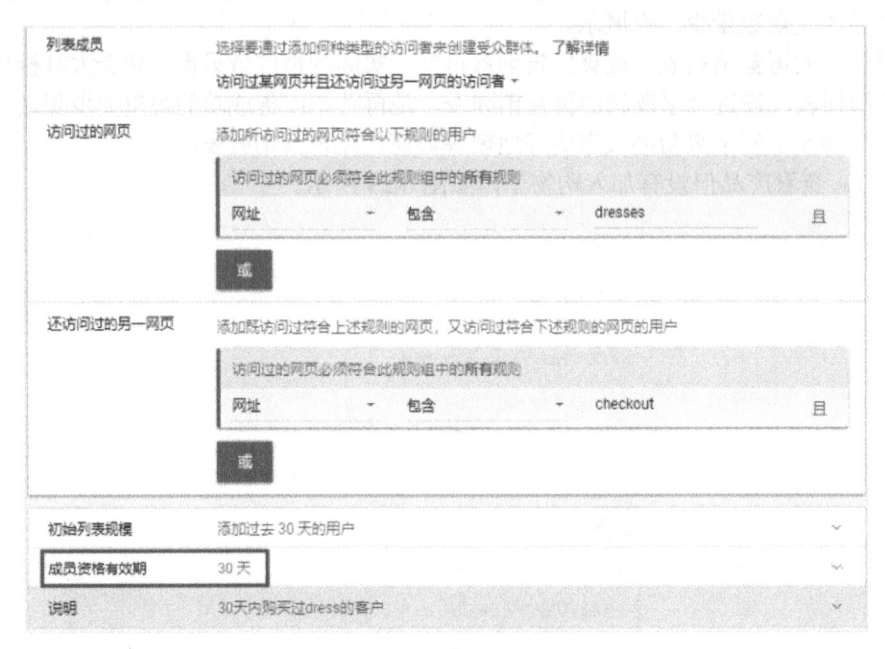

图6-31 复购用户

6.4.4 优化操作

（1）调整"展示了广告的位置"，选定要排除的位置，然后点击对应的排除项即可，如图6-32所示。

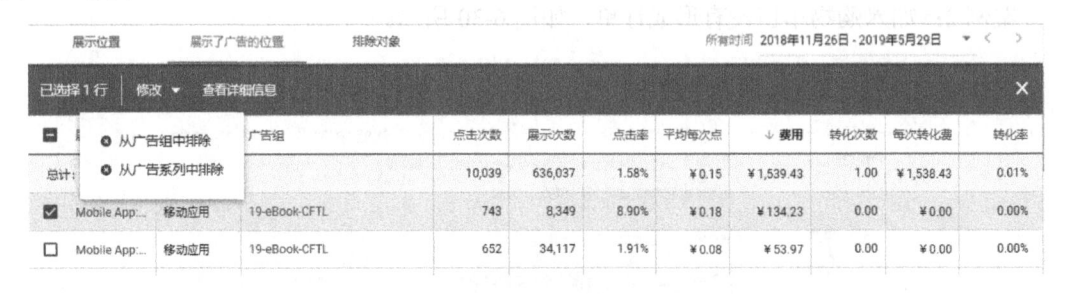

图6-32 调整"展示了广告的位置"

（2）调整兴趣、受众群体、关键字等在投放的定位方式的出价（广告组出价），如图6-33所示。

图6-33 调整定位出价

（3）对受众特征进行调整，如图 6-34 所示。

图 6-34　调整受众特征

（4）使用关键字定位缩小受众范围，提升投放精确度，如图 6-35 所示。

图 6-35　缩小受众范围

（5）调整设备出价，如图 6-36 所示。

在设备的设置中也可以进行设备的出价调整，以使得该广告系列只进入投放需要的某种设备。进入某个已经建立好的广告系列的"设备"设置中，根据需求，进行某种设备的出价调整。

针对特定设备优化广告系列的预算，可以降低出价（降幅最高可达 90%），或提高出价（增幅最高可达 900%）。如果针对某种设备选择不出价，那么将出价降低 100%。

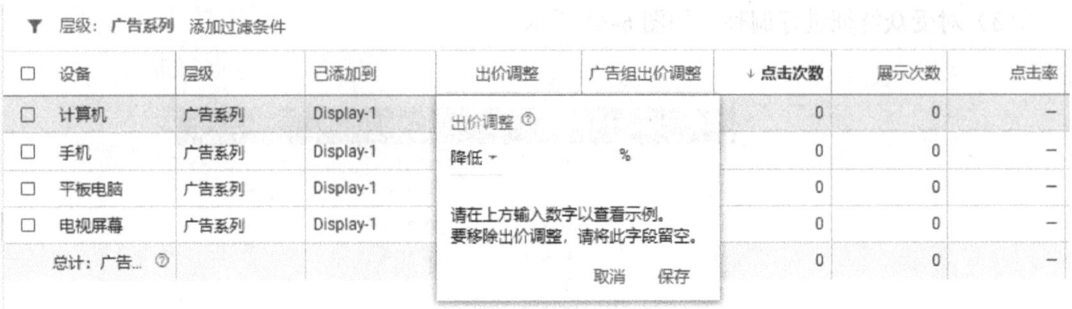

图 6-36 调整设备出价

（6）调整再营销定位本身出价（广告组出价），如图 6-37 所示。

广告组 ↑	状态	默认的最高每
bottoms but view cart	有效	US$0.30（能）
coats(jackets) but view cart	有效	US$0.45（能）
dresses but view cart	有效	US$0.60（能）
outerwear but view cart	有效	US$0.25（能）
tops but view cart	有效	US$0.40（能）

图 6-37 调整再营销定位本身出价

6.5 展示广告编辑政策

6.5.1 图片质量

关于图片质量，不允许出现以下情况：

（1）图片翻转或倒立显示，或者没有占满所选图片大小的整个空间。

（2）图片模糊不清、无法辨识或含有难以辨认的文字。

（3）图片使用频闪、闪烁或会让用户分散注意力的其他效果。

注意：操纵鼠标时产生的视觉效果（例如，响应鼠标移动的图像）不在受限之列，前提是鼠标移动是用户执行的，且该效果会在 5 秒钟后停止。

（4）广告延伸到框架之外，或者侵占网站或应用的空间。

6.5.2 视频质量

关于视频质量，不允许出现的情况：所含文字难以辨认、音质不佳、视觉效果模糊不清或无法辨识的视频。

6.5.3 素材规范

1. AMP HTML 广告

商家可以使用 AMP（Accelerated Mobile Pages，加速移动页面）来制作广告。AMP HTML 广告比常规广告加载速度要快，因此非常适合移动设备。

使用 Google Web Designer 制作 AMP HTML 广告。

2. HTML5 广告的使用要求

一旦商家的账户在平台上生成足够的历史记录并满足以下要求，商家就能够访问 Google Ads 账户中的 HTML5 广告：

（1）已开设超过 90 天的时间。

（2）开设至今的总支出超过 9000 美元。

（3）一直遵守政策。

请注意，满足上述要求并不保证一定能够获得 HTML5 广告的使用权限。

如果商家的账户无法使用 HTML5 广告，可以通过表单申请访问权限。在提交申请之前，请确保商家的账户符合下面列出的资格条件：

（1）一直遵守政策。

（2）付款记录良好。

（3）开设至今的总支出超过 1000 美元。

在提交申请后的 7 个工作日内，商家会收到关于状态更新的电子邮件通知。为了能够持续使用 HTML5 广告，确保商家没有违反政策并保持良好的政策合规记录。

在此期间，商家可以使用其他选项，如上传的 AMPHTML 广告或自适应型展示广告，确保始终遵循正确的展示广告规范。如果商家要制作应用广告系列，那么请参阅应用广告系列的 HTML5 素材资源简介。

3. HTML5 广告注意事项

上传.zip 文件夹时，文件夹中包含的文件数上限为 40 个。

必须对非 ASCII 字符使用 UTF-8 编码。

表 6-2 提供了可供商家使用的更多图片广告尺寸，具体还要取决于商家展示广告的地理区域。

表 6-2 部分地区可用的广告尺寸

广 告 类 型	尺寸（px）	大 小 限 制	使 用 区 域
PL 广告牌	750×100	150KB	波兰
PL 两倍广告牌	750×200	150KB	波兰
PL 三倍广告牌	750×300	150KB	波兰
竖向矩形	240×400	150KB	俄罗斯
全景	980×120	150KB	瑞典
顶部横幅	930×180	150KB	丹麦

续表

广 告 类 型	尺寸（px）	大 小 限 制	使 用 区 域
三倍宽屏	250×360	150KB	瑞典
Netboard	580×400	150KB	挪威

4．自适应广告素材

要使用 Google 所有的广告格式，商家需要提供图片。建议商家使用多种素材资源，因为这可以让 Google 更轻松地对商家的广告进行优化。商家可以将单张图片分别剪裁为横向格式和方形格式，也可以针对每种宽高比使用不同的图片。可以上传图片，扫描商家的网站中的图片，或者选择使用免费提供的专业图库中的图片。此外，商家还可以从最近使用的图片中选择。

（1）横向格式。如果商家选择此上传选项，那么请注意，横向图片的宽高比应为1.91∶1，尺寸应不小于 600px×314px，文件大小上限为 5MB。

（2）方形格式。如果商家选择此上传选项，那么请注意，方形（1∶1）图片的尺寸应不小于 300px×300px，文件大小上限为 5MB。

（3）徽标（可选）。如果商家选择此上传选项，那么请注意，徽标应该为方形（1∶1），尺寸应不小于 128px×128px。方形徽标的建议尺寸为 1200px×1200px。为达到最佳呈现效果，我们建议商家再添加一个横向（4∶1）徽标，尺寸应不小于 512px×128px。横向徽标的建议尺寸为 1200px×300px。对于所有徽标，最好使用透明背景，但前提是徽标必须处于居中位置。文件大小上限为 5MB。

（4）避免添加文字。文字在图片中所占空间不得超过 20%。注意：为了适应某些广告空间，商家的图片可能会遭到横向裁剪，每边最多裁掉 5%。

（5）填写商家的广告信息。商家可以创建多个要在自适应型展示广告中呈现的标题和广告内容描述。商家可以上传以下内容的多个版本：

- 输入短标题（至少 1 个，最多 5 个，且不得超过 30 个字符）。短标题是广告的第一行文字，会在广告空间比较紧凑而无法容纳长标题时显示出来。广告内容描述可能会随短标题一起显示，也可能不显示。
- 输入长标题（最多 90 个字符）。长标题是广告的第一行，在较大的广告空间中，它会取代短标题。广告内容描述可能会随长标题一起显示，也可能不显示。注意：在广告中实际显示时，长标题的长度取决于展示广告的网站。如果需要省略内容，那么长标题将以省略号结尾。
- 输入广告内容描述（至少 1 个，最多 5 个）。广告内容描述是对标题的补充，有助于吸引用户采取行动。广告内容描述最多可以包含 90 个字符，并且可能会在长标题或短标题之后显示。请注意，在实际显示时，广告内容描述的长度取决于展示广告的网站。如果需要省略内容，那么广告内容描述将以省略号结尾。
- 商家名称。这是商家或品牌的名称。
- 最终到达网址。用户点击商家的广告后将前往该网页。
- 若要向商家的网址添加跟踪参数或自定义参数，请使用高级网址选项。
- 点击更多选项，然后选择号召性用语文字。从左侧下拉菜单选择语言，然后从右侧下拉菜单选择具体的号召性用语文字。

- 动态自适应广告的可选选项：宣传文字（如"免费两日内送货"）和价格前缀。

5．使用 HTML5 广告的要求

（1）如果商家首次使用 Google Web Designer，那么请阅读 Google Web Designer 操作说明。重要提示：请不要从头开始制作广告！如果商家之前使用过 Google Web Designer，那么商家可以在 Rich Media Gallery 中找到模板和完整指南。

（2）确保商家已将 Feed 添加到要放置广告的广告系列或广告组。

（3）选择广告与附加信息，然后点击"+"按钮。

（4）选择上传展示广告。

（5）使用模板制作广告，或上传广告。

（6）点击保存。

注意：当商家上传新的自定义动态广告时，请确保它具有合适的类型（动态）和业务类型。广告素材的业务类型应与广告系列相匹配。商家可以在"广告系列设置"下找到有关商家的 Feed 的更多信息。

此外，请务必将商家的广告设计为展示一个或多个商品，而非固定数量（例如，2 个或 3 个）的特定商品，因为 Google 只能保证展示一个或多个商品来进行动态再营销。

本 章 小 结

本章主要介绍了 Google 展示广告的账户内容、建立和优化，以及再营销广告的制作和优化。首先介绍了展示广告账户结构与广告账户各层级的内容，以及展示广告及再营销广告系列的建立步骤，包括如何进行展示广告定位和展示广告素材制作。接下来介绍了展示广告和再营销广告的具体优化手段，包括利用各项报告进行数据分析以及广告的优化操作。最后简略地介绍了展示广告的编辑政策。希望读者在认识 Google 展示广告、掌握展示广告和再营销广告优化方式的基础上，能够具体操作 Google 展示广告和再营销广告的投放和优化，实现客户特别是跨境商家的 Google 广告投放的进一步扩展，从而提升自身的产品及品牌知名度，实现效果的最大化。

本 章 习 题

一、选择题

1．以下哪项是展示广告系列特有的设置项？（　　）
  A．地理位置设置　　　　　　　　　　B．预算设置
  C．广告展示频次设置　　　　　　　　D．语言设置

2．以下哪项不是可用于上传的图片广告的图片文件格式？（　　）
  A．jpg　　　　　B．gif　　　　　C．bmp　　　　　D．png

3．以下哪项不是再营销列表内受众的有效期？（　　）
  A．30 天　　　　B．1 天　　　　C．180 天　　　　D．600 天

4．以下哪些是展示广告定位效果须重点查看的指标？（　　）

A．点击次数　　　　B．CPC　　　　　　C．转化次数　　　　D．质量得分

5．以下哪项不是展示广告的常用报告？（　　）

A．广告系列报告　　　　　　　　　　B．展示广告关键字报告

C．搜索合作伙伴报告　　　　　　　　D．受众人群报告

二、简答题

简述图片广告创意优化的步骤。

三、实训题

计算表 6-3 中缺少的指标值，并结合其他两个报告，给出在保有整体转化数量不变的前提下降低整体转换成本的建议。

表 6-3　指标参考表

展示网络关键字	花费（元）	点击次数	转化次数	转化成本	转化率
足球鞋		15434	163	80.5	
球鞋	17874	24355	210		
男球鞋	10934			77.8	1.1%
女球鞋			190	100.7	0.33%
篮球鞋	12343	18980			0.93%

展示了广告的位置	花费（元）	转化次数	转化成本（元）
a.com	5000	100	50
b.com	15768	185	85.23
c.com	10934	15	728.9
d.com	8903	0	0

年龄（岁）	花费（元）	转化次数	转化成本（元）
18～24	12000	65	184.62
25～34	23456	410	57.21
35～44	18934	180	105.19
45～54	8903	20	445

第 7 章　广告账户数据分析与优化

数据分析是优化推广效果的依据，优化是实现效果最大化的手段。

对于商家来说，要明确广告投放的优化目的是什么。选择了投放 Google 广告，意味着需要进行投放优化的是互联网广告的广告效果。在商家的广告创建完毕并且正式开始投放之后，就需要看商家的广告效果是否达到了预定的营销目标。因为广告投放开始之后，意味着开始支付费用，每一分钱都可能产生转化。如果没有转化，就需要商家定期去监控和分析数据。之前提到过 Google 平台提供了多维度、多指标的数据报告，来呈现广告投放后的表现。如表 7-1 所示，数据分析的基础建立在营销目的之上，而营销目的可以划分为以下三类：

- 品牌知晓，主要目的是提升品牌的知名度。
- 流量增加，主要目的是给网站增加流量，带来优质的访问流量。
- 销售促进，主要目的是为网站带来销售业绩与销售机会。

表 7-1　不同营销目的所关注的数据指标

营销目的	关注数据指标		
	前端数据	后端数据	其他
品牌知晓	展示量、点击量、关键字及广告语的点击率	品牌检索量、新访客	—
流量增加	点击量、点击率、每次点击费用	独立访问者、页面访问量、平均访问页数、停留时间、跳出率、高质量访问流量	—
销售促进	消费、点击量、点击率、每次点击费用	订单量、投资回报率、每次行动成本、转化率	客单价、路径转化、流失率

商家需要根据不同的营销目的来关注不同的数据指标。研究和分析网站关键指标的目的就是通过观察用户的行为来分析用户的意图，以了解用户的兴趣，从而根据用户的需求优化所投放的广告。

营销目的不同，对应的数据指标的冲突点也就有所不同，大致有流量、成本、转化量三大数据点。基于推广效果的数据分析，可以先分析以上三个数据点之间的主要矛盾，如图 7-1 所示。

从图 7-1 可以看出，主要的矛盾为流量低、转化成本高、转化量低。下面将根据这三个数据点进行详细说明。

流量	成本	转化量
多	⊙多	多
多	多	⊙少
⊙少	少	少

图 7-1　三个数据点的主要矛盾

7.1　流量低的广告优化

商家投放广告的目的是为了凭借广告传播影响受众的认知、心理或行为，以获取有效流量，最终带来直接和间接的效益。网站常用的分析指标，如页面访问量和独立访客，都可以反映网站的可见度。广告显示的频率、点击频率、页面访问量或转化率等数据最终都反映商家需要哪些优化流量的方式。对于商家来说，无论最终的营销目的是以上三类的哪一种类型，低流量都不是一个好消息，所以流量低的广告必须优化。

7.1.1　数据报告及相关数据点

在广告投放过程中，商家经常面临的问题是"我的广告都有这么多展示了，怎么就是没有人点击呢？"。很可能出现的情况是商家广告账户的展示量正常，但点击量少。

衡量一个网站流量的指标有很多，以下几个指标非常重要：

- 点击率，代表广告在展示期间有多少人点击了广告内容。
- 平均每次点击费用，代表广告在曝光期间每次被点击所产生的费用，广告成本依据点击次数来计算。
- 平均转化率，代表每次广告点击带来的平均转化次数。
- 每次转化费用，代表每次转化操作的费用。

在广告投放的过程中，时常会出现投放数据不理想的情况，商家需要根据数据报告的情况来更改广告账户的设置。

通常商家在优化中能够获取的数据有展示量、点击量、转化量以及最终成交量。根据销售漏斗分析商家广告获得流量少的情况，如图 7-2 所示。

➢ 主要矛盾分析——流量少

流量	成本	转化量
⊙少	少	少

· 点击量=展示量×点击率
· 展示量低：修改匹配方式，扩充关键字，预算限制，地域限制，时间限制
· 点击率低：优化创意，优化排名，过滤不精准关键字

图 7-2　流量少的情况分析

广告的流量少意味着广告的点击量低。根据点击量的公式可以看出，对于一个网站来说，广告展示量和点击率都有可能影响一个广告系列的流量。

1. 展示量

首先要保证有一定数量的展示量（impression）。展示量就是广告的曝光次数，没有展示意味着用户根本看不到你。如果用户看不到你，就不可能了解你的产品，也不会主动向客服咨询，更不可能有成交订单。所以保持广告展示量的稳定可以看作整个广告投放的前提。展示量低是广告点击率低的一个原因。Google 的广告资源是有限的，考虑到 Google 自身的广告收益以及用户的广告体验，Google 会在最大程度地保证广告收益的情况下，有选择性地对广告的曝光进行限制。在广告投放前期，商家可以以竞价的方式来进行广告的投送，出价越高，获得的曝光率也就越高；在广告投放中后期，Google 则会根据广告系列的广告素材、地域、时间段或受众的设置，以及目标登录页面的响应时间来进行评估，以确定广告是否符合 Google 自身用户的体验标准来展示商家所投放的广告。

影响广告展示量的因素有以下几个：

（1）关键字匹配形式。不同的匹配形式会触发不同的搜索词，因此修改关键字匹配形式是提高展示量的一种有效的优化方式。

（2）关键字数量、定位数量、产品数量。针对搜索广告，账户中关键字的数量是直接影响展示量的因素之一。适当地增加相关关键字的数量是提升展示量的一种优化方式，一般可以采用添加搜索词报告中的相关搜索词或使用关键字工具来寻求更多相关关键字。针对展示广告，定位数量是影响展示量的因素之一。针对购物广告，产品数量是影响展示量的因素之一。

（3）预算。广告系列或账户共享预算的限制也是影响整体账户展示量低的因素之一。适当地提高广告系列的预算，是一种有效提高展示次数的优化方法。

（4）地域设置与时间设置。过多的地域限制及时间限制也会影响展示量。添加更多的地理位置、开放更多的投放时间段，以及针对不同国家/地区、不同时间段增加出价系数，也是提高展示量的一种有效方法。采用以上提高展示量的方法的前提是广告系列的预算必须充足，因此提高预算是优先级最高的优化方式。

2. 点击率

点击率（Click Through Rate，CTR）低是流量低的另一个重要原因。商家都希望以最低的每次点击费用（Cost Per Click，CPC）来获得最高的点击率。在展示量既定的前提下，点击率的提升主要取决于广告素材的吸引力。相对而言，点击率也是衡量一个广告素材是否优秀的重要指标。广告创意的吸引力、创意内容与产品相关度以及排名都会影响广告的点击率。

影响广告点击率的因素有以下几个：

（1）分组不清晰。合理的分组是提高广告与关键字相关性的因素之一。让广告能够很好地描述广告组中的每个关键字是高质量分组的标准，因此合理的分组也是提高点击率的有效方法之一。

（2）广告创意。制作优质的广告创意也是提高广告点击率的方法之一。如何制作优质的广告创意，在第 4 章中已经介绍。

（3）优化排名。提高排名不一定带来高点击率，前提是要有合理的分组以及优质的广告创意。提高关键字的出价，是提高排名最快、最有效的操作方法。

商家首先可以将 Google 搜索引擎带来的流量作为一个整体，分析账户报告以观察哪些广告带来的流量多，哪些途径进入的用户转化率高；其次需要看哪些搜索关键字可以带来流量，从搜索关键字的角度来做流量分析。

7.1.2　广告优化策略及操作

1. 提高展示量的优化策略及操作

（1）展示量低与关键字匹配形式有关系，可以尽量使用词组或精准匹配形式的关键字以提高展示量，而使用否定关键字则可以帮助商家节约一些不必要的费用，以提高广告投放的精准度。关键字匹配方式的比较，如表7-2所示。在修改匹配形式的同时增加否定关键字。增加否定关键字的方法包括：从搜索词报告中寻找点击率低的词；利用关键字工具寻找不相关的词。

表7-2　关键字匹配方式的比较

比 较 指 标	广 泛 匹 配	词 组 匹 配	完 全 匹 配
优势	潜在用户覆盖面较广	潜在用户覆盖率较高	针对性较强
劣势	针对性较差	无效点击率较高	潜在用户覆盖面较低
转化成本	较高	相对正常	较低
展示量	较高	相对正常	较低
点击率	较低	相对正常	较高
预算	偏高	相对偏高	较低

如果广告的关键字与用户的搜索意图不匹配，那么用户是不可能去购买广告所推荐的产品或服务的。用户搜索一个具体的词的时候，如搜索"red dress discount"，一定是想看到一条在打折的红色裙子这样的精准结果，而不是任意一个颜色的裙子这样宽泛的结果。如图7-3所示，广告标题中没有体现出与"discount"相关的任何字眼，甚至在点开其目标登录页面之后，连红色裙子都没有，如图7-4所示。这个目标登录页面就很难带来很高的流量。理想的关键字与搜索词的比例一定是1∶1的，即用户搜索"red dress discount"时，广告关键字又恰好涵盖了"red dress discount"，让用户能看到自己想要的结果，商家也能获得自己想要的精准流量。因此，商家需要修改匹配方式，将自己所设置的关键字与 Google 的搜索引擎结果尽量匹配。例如，商家通过查看搜索词报告，发现"wedding dress"匹配出"lace dress""boho dress"等，则需要将匹配方式更改为词组匹配。假设商家只是设置了广泛匹配，有可能使所设置的关键字与搜索内容之间的差距太大，导致流量不精准，广告的投资回报率也就随之降低。

图7-3　Google 广告搜索示例

第 7 章　广告账户数据分析与优化

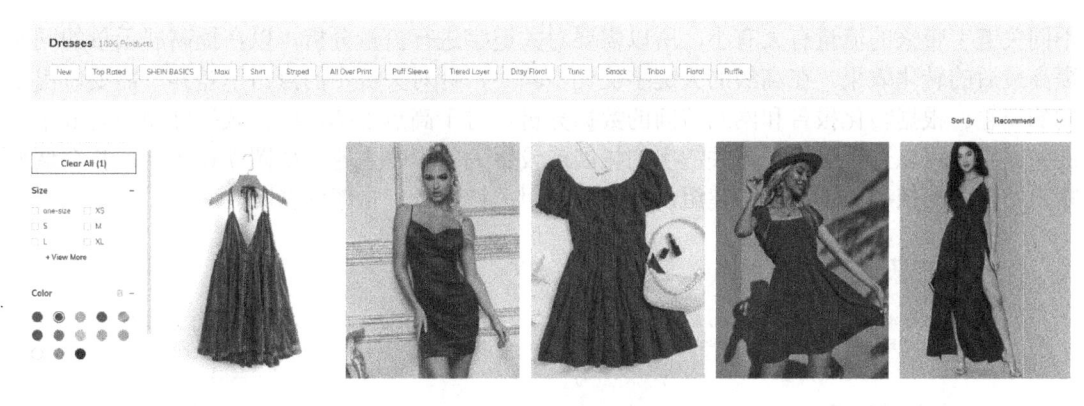

图 7-4　目标登录页面示例

关键字是广告投放过程中需要重点关注的部分，需要持续测试并不断地调整。如果关键字过于宽泛或笼统的话，Google 就会将广告展示在不够精准的受众面前。修改关键字匹配方式的页面，如图 7-5 所示。

图 7-5　修改关键字匹配方式

（2）增加关键字。可以将搜索词报告中点击率高、相关性好的关键字直接添加到广告组中，也可以利用关键字工具推荐的相关关键字增加新的广告组，制作新的广告。

关键字的扩展可以看作账户优化的核心。添加合适的流量词与效果词，从而扩充和丰富商家的关键字列表，以起到既提高展示量又提高账户流量的作用。在第 4 章中曾经提到，行业的核心词与热门词、竞争对手的广告与网站使用效果好的词，以及 Google 关键字规划师等关键字工具所推荐的检索量高、相关性好的关键字，都可以帮助商家扩大关键字列表。当然不同关键字带来的流量有大有小，所以需要对关键字进行流量分析，以在提高展示量的同时提高最后的转化效果。在高级的关键字优化步骤中，针对关键字的点击率差异，需要做出不同的调整。根据转化报告和网站访问的数据分析，对于高点击率、转化效果好和访问效果好的关键字，可以直接进行长尾关键字的拓展或设置为关键字主题，如图 7-6 所示。甚至调整账户结构，给核心关键字单独建组，以降低同组关键字低点击率的影响。

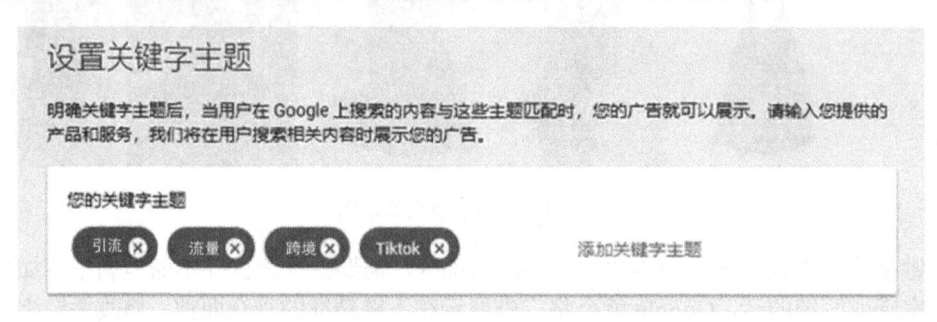

图 7-6　设置关键字主题

（3）预算限制。一般合理的广告系列预算应该是实际花费占预算的 70%～85%。由于出价低或质量得分低的原因，关键字没有出现在搜索结果首页，展示量就会低。预算会影响广告账户的展现，通常来说，广告预算越高，能够获得的展示机会就越多，获得的流量也越多。对于广告预算不充足的商家来说，如果创建过多的广告系列去分散预算的话，那么会导致广告整体的展示量都比较低，广告效果不如集中投放的效果好。对于不明确预算的商家来说，可以根据流量的需求来调整投放的策略。例如，可以将优先的预算集中在有效的投放时间段或目标受众群。在商家设定的一定时间段内，尽量采取智能动态的方式以合理分配展示量，但是如果商家的投放策略是建立新的广告系列且意图在最短的时间内获得最多的曝光量，则可以先设置较高的预算，保持初始的展示量之后，再根据预算的消耗速度和点击率的分布情况来调整广告账户。通过降低出价，也可以在预算相对不充裕的情况下提高展示量。预算是否充足可以从广告账户报告中观察到。如果预算不足，降低出价是一个非常有效的手段，而降低点击价格要比暂停部分广告系列的投放的性价比更高。

（4）地域和时间限制。对于地域限制，可以在原有的广告系列中增加新的地区，也可以新建一个广告系列，增加新的投放区域。对于时间限制，可以根据每个时段的流量放开时间限制，或者对好的时段提高时段出价系数。放开时段限制，是在之前限制时段的基础上前后增加 30 分钟，分阶段放开，而不是一下子将所有时段都放开。

Google 广告账户报告提供了地理位置报告及时间报告，这两份报告的用途之一就是查找广告宣传效果不好的地区和时间段，如图 7-7 所示。

例如，商家可能会根据地理位置报告发现，在纽约地区公司网站的展示量不足；或者根据时间报告发现，一周中的几天或几个时间段的展示量不佳。这时就需要进行地域和时间上的投放调整。例如，针对纽约的市场专门设计一个广告系列，以呈现与其他地区不同的竞价。或者因每天选择的投放时间段过短错过了最佳的时间段，需要更改投放时间段至目标受众群的活跃时间来集中投放，以覆盖最优质的时间段。如果在预算充足的情况下，理想的状态是全天投放，以保证展示量与转化率。

图 7-7 地理位置报告和时间报告

2. 提高点击率的优化策略及操作

（1）合理的分组，或者为某些关键字单独制作新的广告组或广告系列。例如，关键字相关性很好，展示量很大，但是点击率很低，可以单独建立一个广告系列，以不影响其他关键字的效果；某一个或一组关键字花费了整个广告系列 50%以上的预算，则需要给该关键字或该组关键字单独建立一个广告系列，单独进行预算，这样整体流量就会提升。一个广告账户或广告系列的关键字，预算控制在 5%～10%是一个比较合理的区间。

（2）广告系列的点击率高低也受到广告创意的影响。广告素材有创意且能够吸引用户、创意内容与产品密切相关、广告图片清晰度高，这 3 个条件是点击率优化的关键。在制作广告素材前需要先确定广告的受众是谁。如商家要投放的产品为女性化妆品，如果不进行受众的性别设置，那么有可能因为男性用户对其不感兴趣而导致整体的点击率偏低。所以在投放广告时要注意受众的精准度。广告素材尽量不要重复，因为过多重复的素材容易使用户产生视觉疲劳而降低点击率。广告的文字素材需要有针对性和吸引力，要抓住重点，用通俗易懂的语言围绕产品的亮点来展开，拉近与用户的距离；图片素材尽量做到构图简洁，避免使用过多的装饰以造成视觉上的不适。此外，还需要为广告素材选择合适的广告尺寸，根据自身需要进行合理的选择，如网页上方的横幅，或者侧方的竖行，相应位置上的图片都需要对应不同的尺寸。如果广告素材的点击率很低，那么即使出价很高也很难获得较高的流量。针对广告素材的优化，首先要从增加素材的更新频率着手，如果所投放的广告素材在测试期的曝光率和点击率数据持续不佳，那么就应该考虑停止或更换现有的素材。这就需要多观察各行业的投放素材及创意，以找到适合自己的风格。

（3）优化排名。排名在前的广告毋庸置疑能够获得更多的点击率，而点击率的上升必然导致平均每次点击费用的下降，因此排名靠前的广告可以用更低的价格获取更高的流量。

Google 广告排名与最高竞价、质量得分密切相关。商家需要提高账户的质量得分且寻找竞争强度不太激烈的关键字，如关键字的变体或长尾关键字，从而以一个较低的价格获得一个较高的排名。针对低点击率的关键字的优化，可以过滤不精准的关键字，也可以从搜索词报告中查找不相关的关键字将其添加为否定关键字，同时从中寻找并添加相关性更强的关键字。

7.2 转化成本高的广告优化

面对 Google 如此庞大的一个流量平台，商家在投放广告时经常遇到的一个问题是成本过高。如何解决预算花出去却没有提高转化率的问题，是广告优化中需要解决的一个难点。

7.2.1 数据报告及相关数据点

通过分析主要矛盾可以看出，影响转化成本的主要因素有：每次点击费用（CPC），代表广告在曝光期间每次被点击所产生的费用，广告成本依据点击次数来计算；转化率（Conversion Rate，CVR），代表每次广告点击带来的平均转化次数，如图 7-8 所示。

➤ 主要矛盾分析 —— 转化成本高

流量	成本	转化量
多	多	多

- 转化成本=费用/转化量=（CPC×点击量）/转化量=CPC/CVR
- CPC高：降低出价，优化质量
- CVR低：优质流量（修改匹配方式、增加否定关键字、暂停等），着陆页优化，转化流程优化，促销活动

图 7-8 转化成本高的情况分析

著名管理学家史蒂芬·柯维提出了一个四象限法则的时间管理理论，把事情按照紧急、不紧急、重要、不重要分成四个象限，以对时间和亟待解决的事情做出有效管理。任何一个问题都可以用此四象限法则来评估。在做广告推广时，可以用这个四象限法则来分析推广账户内的数据情况。假设以成本的消耗为横坐标，转化量为纵坐标，商家面临的转化成本高的问题，显然位于右上角的第一象限内，属于需要短期内要解决的重要问题，如图 7-9 所示。

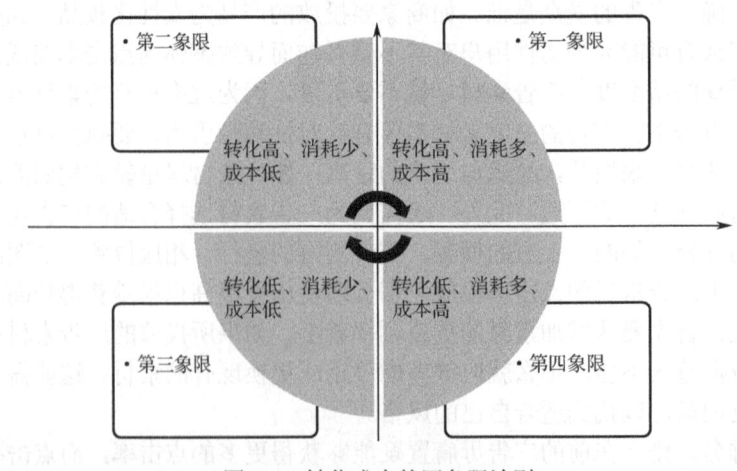

- 第二象限：转化高、消耗少、成本低
- 第一象限：转化高、消耗多、成本高
- 第三象限：转化低、消耗少、成本低
- 第四象限：转化低、消耗多、成本高

图 7-9 转化成本的四象限法则

什么叫转化成本高？例如，商家的客单价（每一个顾客平均购买商品的金额）是 50 元，CPC 为 2 元，如果 50 次点击能带来一次转化，则转化成本为 50×2=100 元，那转化成本就远超客单价了。如果客单价为 500 元，CPC 仍然是 2 元，50 次点击能带来一次转化，转化成本仍然是 100 元，但是由于客单价高，那这个转化成本就更容易让商家所接受。根据转化成本公式可以看出，成本高与 CPC 和 CVR 直接相关。CPC 高意味着商家的出价高，广告是按照点击效果付费。在投放初期提高出价获得更多的流量与曝光度之后，可以根据具体的转化效果来调整出价，在合适的时间段适当地降低出价。提高质量得分也是一个重要手段。提高质量得分可以在既定的展示量前提下，根据 Google 排名原则以更低的价格（即更低的转化成本）获得更高的流量。如果商家竞争对手的关键字排名更靠前，那么用户就更有可能点击竞争对手的广告。

CVR 低是转化成本高的另一个影响因素。有可能广告的点击率很高，但是转化率寥寥无几，导致广告的投放成本过高。假如转化率为 20%，CPC 为 2 元，则 5 次点击就可以带来一次转化，转化成本就为 10 元。但是如果转化率为 1%，100 次点击才能带来一次转化，CPC 仍然是 2 元，则转化成本就上升为 2×100=200 元。CVR 低的原因有很多，如产品的信息不够完备，商家的目标登录页没有优化好，产品对买家没有吸引力，商家设置的转化流程过于烦琐，买家的使用体验不佳等。如果商家广告的点击率很好却无法转化，那么是对广告支出的一种极大浪费。

提高转化率的主要方式如下：

（1）提高优质流量以提高转化率。精准的关键字、精准的目标受众群定位、增加更多的否定关键字，都是提高优质流量的方式。

（2）目标页面优化、与关键字和广告呼应的着陆页，优化是提高转化率的重要因素。

（3）合理地简化网站的转化流程，可以大大地提高转化率。

7.2.2 广告优化策略及操作

通常情况下，如果用户点击了商家的广告，那么应该是对商家网站列出的产品或服务有一定的兴趣。但是如果用户点击了商家的广告之后并没有下一步的动作，那么意味着该流量没有转化。通过 Google 提供的账户数据报告可以了解：哪些地区带来的订单多，哪个关键字的转化率高，哪个着陆页带来的转化率高，等等。通过数据报告，商家可以优化调整广告的关键字和着陆页等。

1. 提高优质流量

如果一个搜索关键字的转化率特别高，那么大概率是因为精确匹配了关键字。通常精确匹配的关键字的转化率高于词组匹配或广泛匹配的关键字。商家需要控制广告的投放，以便了解广告方案及关键字在搜索结果中的展示。可以使用竞价或否定关键字来控制广告的投放。

（1）打开搜索字词报告，把搜索词按照转化次数排序，如图 7-10 所示。可以看到方框里的两个词都带来了 8 次转化，每次的转化费用分别为 22.01 元和 26.38 元，比上面两个词的转化费用更低。这种有转化且费用低的词应添加为关键字，如图 7-11 所示。

国际搜索引擎优化与营销

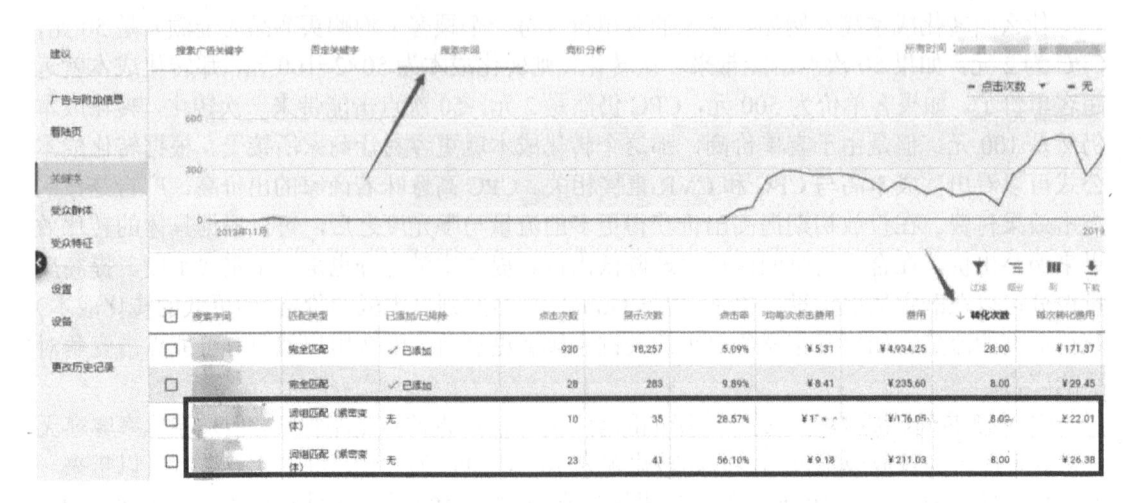

图 7-10　搜索字词报告

图 7-11　添加为关键字

（2）仍然打开搜索字词报告，把关键字按照费用排序，如图 7-12 所示。可以看到方框里的词费用为 675.89 元，有 97 次点击，但是转化次数为 0。这种点击次数多、费用高但没有转化的词需要挑出来分析原因。如果是与商家产品定位不符合，那么就需要将其添加为否定关键字，如图 7-13 所示。之后再有用户搜索这个词，广告就不会展示了。

根据账户报告，了解用户登录网站的习惯，选择最佳的广告发布时间，可以提高转化率。着陆页的内容和用户的活跃度影响流量的质量。低质流量的典型表现是用户对着陆页的点击很少，几乎没有关注任何内容。

2. 优化着陆页

用户通过 Google 搜索结果展示的广告进入商家的网站，如果着陆页是和用户的搜索意图紧密相关的话，用户就十分有可能在页面上完成购买行为。例如，用户搜索的是巧克力，但点击商家的广告之后看到的却是巧克力店的简介，那么用户可能会比较失望，相比较起来，用户更想看到的是相应的巧克力产品介绍及购买途径。

第 7 章　广告账户数据分析与优化

图 7-12　寻找否定关键字

图 7-13　添加为否定关键字

简单来说，着陆页上的广告文案需要提供产品的基本信息。如果点击进去发现货不对版，那么就会严重损害用户对产品的印象，增加网页跳出率。所以要确保着陆页的网页内容与关键字相符。在着陆页的标题及内容中植入相关的关键字，才能够吸引用户的注意力。

3. 优化转化流程

对于电商网站来说，"购物车"图标应该在产品出现的所有页面显示，使用户可以在产品页面、分类页面甚至搜索结果页面上将产品添加到购物车。产品优势介绍、促销活动、品牌等都可以提升登录页的转化力。

以亚马逊中国网站为例，购物车就时刻出现在网站首页、分类页面及产品详情页上，如图 7-14 所示。用户可以看到导航选项，但是任何选项，如更改邮寄地址、添加银行卡等，都是为了驱使用户完成购买环节。像优惠折扣、是否免运费或是否可以邮寄到多个国家等信息，都需要在着陆页上向用户展示。可以在登录页设置新用户指南或加入客服引导的导航信息，但是需要简化流程。也就是说，不要在购物车和最后的支付环节之间设置障碍，并且购物的过程不要超过三个页面，支付的环节越复杂，用户放弃购买的概率就越大。另外，需要在登录页减少放置任何可能引起用户低安全感的信息。设置明确的行动导航路径、提供有吸引力的优惠折扣、帮助用户找到有用的信息、确保用户在转化的过程中操作顺畅，就可以最大程度地提高转化率。

图 7-14　亚马逊购物车示例

7.3　转化量低的广告优化

搜索引擎营销除了要求对网站进行优化，还需要通过付费等途径提高网站的权重，使用户能便捷地找到商家的网站。搜索引擎营销包括网站优化和付费营销两个方面。商家为了达到自己的营销目的，需要在搜索引擎上推广自己的网站以提高网站可见度，并最终带来转化。优秀的推广效果通常需要满足转化量高与转化成本低这两个条件或其中之一。在 7.2 节中讨论了转化成本高的问题，本节来讨论转化量低的广告优化。

7.3.1　数据报告及相关数据点

根据公式"转化量=展示量×CTR×CVR"可以看出，转化量与展示量、CTR（广告点击的次数与展示次数的比率，即点击率）、CVR（转化次数与每次广告点击次数的比率，即转化率）相关。针对成本高、转化率低的情况，账户的优化策略是降低成本和提高转化效果。在关键字方面，可以降低关键字出价，提高关键字的质量；还可以修改关键字的匹配形式，添加否定关键字以吸引更多优质流量。此外，还需要优化网站的着陆页，提升广告文案的创意与网站内容的相关性，给用户带来更好的用户体验，从而降低成本且提高转化效果。转化量低的情况分析，如图 7-15 所示。

对数据报告评估的第一步是要确定对于商家来说，哪些是有效的转化，并准确地统计转化数据。即使广告为网站带来了优质的流量，还需要给用户带来良好的网站体验，才能促成转化。所以在面对转化量低的问题时，需要综合广告与网站数据报告进行有针对性的优化。有可能因为目标关键字是错误的，尽管针对商家的目标关键字搜索引擎可能搜出相关的内容，并且用户很愿意点击，但是这些用户并非真的想要购买产品的目标用户，所以一定要关注那些高转化率的关键字。还可以针对转化量低的情况具体分析需要采取什么措施，如着陆页不能体现预期的指标，就需要改进着陆页的内容。

➢ 主要矛盾分析 —— 转化量低

流量	成本	转化量
多	多	少

· 转化量=点击量×CVR=展示量×CTR×CVR
· 展示量低：修改匹配方式，扩充关键字
· CTR低：优化创意，优化排名，过滤不精准关键字
· CVR低：优化流量（修改匹配形式、增加否定关键字、暂停等），优化着陆页，优化转化流程，促销活动

图 7-15 转化量低的情况分析

7.3.2 广告优化策略及操作

调整关键字是指对广告账户里表现效果好的关键字加大推广力度，对效果不好的关键字通过调整出价、修改匹配形式或修改时间段等方法来优化。对于展示量低、点击量低、咨询量也低的关键字可以暂停或删除，拓展一批新的关键字；对于展示量高、点击量低、咨询量也低的关键字，这类关键字可以被称为流量词，可以带来大量的曝光度，这时可以调整关键字的匹配形式，缩小覆盖范围，如从广泛匹配改成精确匹配，以提高目标受众的精准度。例如，设置的关键字是"白色球鞋"，而用户想搜索的是"如何刷白色球鞋不发黄"，那即使这些搜索用户点击了广告也不会有强烈的购买意愿；或者用户搜索的是"红色假发"，却点击到"黑色假发"广告，这时就需要修改匹配形式或添加否定关键字。

优化广告创意也很有必要，提高关键字与创意的相关性，吸引更多的用户来点击广告创意。根据广告报告来评估广告文案的质量，以发掘最能吸引用户的卖点和表达风格，从内容和形式两个方面持续对广告文案进行优化。以搜索"iphone case"为例，用户在搜索这个关键字时并没有决定要买哪一款产品，所以图片展示可以给用户一定的视觉冲击，这样用户可能会直接点击自己心仪的图片而进入商家网站下单，如图 7-16 所示。

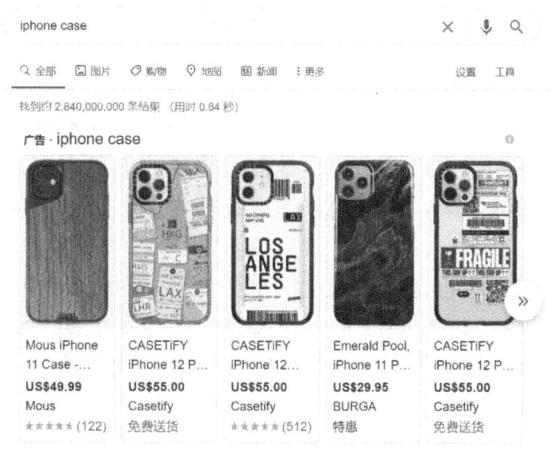

图 7-16 "iphone case"搜索示例

广告中的附加信息，对于提高广告的转化率也很有帮助。有数据表明，在广告中加入附加信息，如电话等，可以将转化率提高 10%。

如图 7-17 所示，加入的附加信息与广告相关且有意义，因为选择的投放地区是美国加利福尼亚州，所以在广告中加入自己实体店铺的营业时间和电话联系方式，可以给用户带来更亲切的感受，为转化带来正面的影响。

图 7-17　"iphone case"广告中的附加信息

广告文案中可以包含价格和促销内容，用户能从广告中了解到的产品相关信息越多越好。如果用户在看到价格之后仍然选择点击，那么说明用户对这个价格比较满意，很有可能进行购买。特别是对个人消费者来说，价格和促销信息很容易引起他们的关注，尤其是以数字形式出现的优惠幅度和折扣额等，如图 7-18 所示。

图 7-18　广告文案中的优惠信息

用户点击广告之后被指引到的下一个目的地十分重要。如果广告链接至公司的主页介绍或一个空泛的产品列表页，那么这样的着陆页与广告的相关性不好，导致广告的质量得分很低；如果着陆页的体验不好，用户得到的不是自己想要的信息内容，那么就会增加页面的跳出率，导致广告的质量得分下降。如果用户的点击行为没有带来任何转化，那么就会降低广告的投资回报率。

优化登录页内容和转化流程是网站优化的重要内容，对每个关键字都需要在网站上找到最适合用户搜索的地方，如 YouTube 上的一个视频、Tumblr 上的一篇博客、Facebook 上粉丝的页面，都可以算登录页。尽管没有必要为每个关键字都找到独一无二的登录页，但是如果多个关键字共用一个登录页的话，就需要保证这些关键字之间有密切的关系。例如，ABC 电器公司将针对"数码相机"活动的相关关键字共用一个登录页，则"数码相机""ABC 数码相机""ABC 相机"等关键字都可以与搜索登录页相关。如果有恶意点击的情况出现，则需

第 7 章　广告账户数据分析与优化

要使用防恶意点击软件；如果网页加载较慢，则需要优化网页代码以提升反应速度。如果用户点击广告进入网站与客服对话之后，有了咨询记录但没有最后下单，那么可能出现的原因有：用户的购买意愿不强烈，用户可能有购买需求但对产品不太信任；产品有可能不是很切合用户的需求；也有可能客服没有有效地引导用户，沟通能力不佳导致转化率不高。

一个好的着陆页不只是关键字的堆砌，需要从用户的角度出发，思考用户在搜索相关关键字、点击广告的时候，他们期待看到什么。例如，搜索"周生生"珠宝品牌，广告信息中的展示重点是"Happy Chinese New Year"，表示是中国春节时的促销活动，并且有"10% off"和"Free shipping on HK\$3,900 spent"，表示打 9 折及消费满 3900 港元即享受免费配送的折扣与优惠，如图 7-19 所示。

广告 · https://www.⬛⬛⬛⬛⬛⬛⬛.com/

Chow Sang Sang - Happy Chinese New Year

10% off fixed price & 40% labour for 2 items. Free shipping on HK\$3,900 spent! Shop our CNY jewellery.

图 7-19　周生生推广广告

点击广告后进入其设置的着陆页，如图 7-20 所示。

图 7-20　周生生广告着陆页

之后跳出的登录页也与广告上所列出的信息相吻合，如图 7-21 所示。

很多商家的广告文案写得很有创意，竞价给出的价格很高，但是着陆页却没有优化，导致最后引流到着陆页的人数越多，转化率越低，投资回报率也就越低。

以上各种优化手段的先决条件都是需要明白用户的搜索意图，给用户呈现想要的信息和内容。从用户的角度出发，去研究如何设置关键字、广告文案、广告组，再研究如何优化着陆页，最终提高转化率。

图 7-21　周生生登录页

本 章 小 结

本章主要介绍了 Google 广告账户整体的效果评估和优化。首先介绍了三类营销目的，以及在广告账户中不同营销目的应该关注的不同数据指标。接下来分别介绍了在面对流量低、转化成本高、转化量低时应该采取的具体优化方式。希望读者在学习完本章后，能够在实际广告投放时知道如何根据遇到的不同场景实施优化行为，实现广告的展示、点击与转化等数据的平衡，打造一个优质的广告账户。

本 章 习 题

一、选择题

1. 在广告投放过程中，账户的主要矛盾为点击量过少，应该首先考虑从（　　）角度优化。（　　）

　A．细分受众群体　　　　　　　　　B．降低出价以控制成本
　C．优化广告文案以提升 CTR　　　　D．只选择高流量时间段投放

2. 关于广告文案的信息，下列说法错误的是（　　）。

　A．广告文案与目标登录页密切相关　　B．广告文案写作高大上，提升产品的格调
　C．文案信息迎合受众心理　　　　　　D．文案使用能够被审核通过的关键字

3. 关于广告账户数据分析的作用，下列说法不正确的是（　　）。

　A．降低推广成本，提高推广效果　　　B．更加了解用户个体特征与行为
　C．有效监测竞争对手　　　　　　　　D．了解哪种广告最有效

4. CPA 是指按照（　　）计费。

　A．平均成本　　　B．转化　　　C．曝光　　　D．点击

5. 某广告账户本周推广消耗 500 元，广告点击次数为 100 次，展现 1000 次。请问点击率是（　　）。

　A．（100/500）×100%=20%　　　　B．（100/1000）×100%=10%
　C．（500/1000）×100%=50%　　　　D．100

二、简答题

简述搜索推广效果转化漏斗评估指标中的 5 个量和 4 个率。

三、实训题

123 体育用品公司是一家老牌户外体育用品公司,为了扩展业务,增加了 Google 搜索引擎推广渠道,但是目前效果不太理想。公司抱怨销售成本太高,订单较少。试通过表 7-3 中的推广数据来分析如何进行优化。

表 7-3 推广数据

关键字	展示量	点击次数	CTR	消费额	CPC	订单金额	订单量
健身器材团购	411	1	0%	2	2.44	0	0
健身团购	13045	395	3%	1096	2.77	10783	20
运动服团购	776	164	21%	386	2.35	780	3
户外运动团购	36	19	53%	45	2.39	922	3
篮球	24361	810	3%	1374	1.70	9582	13
户外露营	24	4	17%	6	1.59	1557	6

反侵权盗版声明

电子工业出版社依法对本作品享有专有出版权。任何未经权利人书面许可，复制、销售或通过信息网络传播本作品的行为，歪曲、篡改、剽窃本作品的行为，均违反《中华人民共和国著作权法》，其行为人应承担相应的民事责任和行政责任，构成犯罪的，将被依法追究刑事责任。

为了维护市场秩序，保护权利人的合法权益，我社将依法查处和打击侵权盗版的单位和个人。欢迎社会各界人士积极举报侵权盗版行为，本社将奖励举报有功人员，并保证举报人的信息不被泄露。

举报电话：（010）88254396；（010）88258888
传　　真：（010）88254397
E-mail：　dbqq@phei.com.cn
通信地址：北京市海淀区万寿路173信箱
　　　　　电子工业出版社总编办公室
邮　　编：100036